宁波文化研究工程·特色文化研究

宁波摩崖石刻

李本侹 著

宁波出版社
NINGBO PUBLISHING HOUSE

图书在版编目（CIP）数据

宁波摩崖石刻 / 李本侹著 . -- 宁波：宁波出版社，2022.11

ISBN 978-7-5526-4739-6

Ⅰ . ①宁… Ⅱ . ①李… Ⅲ . ①摩崖石刻—汇编—宁波 Ⅳ . ① K877.49

中国版本图书馆 CIP 数据核字（2022）第 193671 号

宁波摩崖石刻
NINGBO MOYA SHIKE

李本侹　著

责任编辑	陈金霞　张爱妮
责任校对	晏　洋
责任印制	陈　钰
装帧设计	金字斋
出版发行	宁波出版社
	（宁波市甬江大道 1 号宁波书城 8 号楼 6 楼　315040）
印　　刷	宁波白云印刷有限公司
开　　本	710 毫米 ×1000 毫米　1/16
印　　张	21
字　　数	320 千
版　　次	2022 年 11 月第 1 版
印　　次	2022 年 11 月第 1 次印刷
标准书号	ISBN 978-7-5526-4739-6
定　　价	78.00 元

如发现缺页或倒装，影响阅读，请与出版社联系调换　电话：0574-87248279

序 言

金石文献是中国历史文献中的重要组成部分,摩崖石刻即为其中之一。宁波作为国家历史文化名城之一,素有"文献之邦"的美誉。"文献之邦"的内涵一在于宁波名人众多,纸本著作颇多,经史子集丛无一不包,犹以《北堂书钞》、"宋元四明六志"、《四明丛书》等最著;二在于宁波各地的金石文献,数量多、时间跨度长、类型丰富。近年来,宁波有一批金石研究者已陆续整理出一批成果,如章国庆《甬城现存历代碑碣志》《天一阁明州碑林集录》《宁波历代碑碣墓志汇编》,厉祖浩《慈溪碑志》《越窑瓷墓志》《慈溪碑碣墓志汇编》,朱永宁《宁波古桥碑刻集》《宁波古桥桥联》等。这些著作对宁波文化研究裨益颇多。

李本侹君也是我认识的众多宁波金石研究者中的一位。多年来,他奔走于宁波各地,勘察散落在各处的宁波摩崖、碑刻乃至石宕,鄞东的大松石研究就少不了他的贡献。近年来,李君将自己多年的调查、研究成果陆续成书出版。如阿育王寺中的苏轼书宸奎阁碑,宋时即已是天下名碑,历代研究颇多,却无一专著。李君花费数年时间,成《〈宸奎阁碑铭〉考释》一书,集前人研究之大成,发前人未发之观点。其后,他又多次到太白山一带考察,翻检不少古籍,整理出《天童寺金石录》一书。此书一出,宁波宗教文化、海丝文化、金石文化研究又有了一本极好的工具书。如今,李君的《宁波摩崖石刻》即将付梓,令人欢欣万分。为何欢欣呢?因为这部书是宁波首部摩崖石刻专著,其意义、价值自不待言。

一、摩崖石刻研究小议

说到摩崖石刻的有关记载,历代并不罕见。各地志乘之中多有"金石""金石志"之门类。一些地方还有专门的金石志,如温州戴咸弼的《东瓯金石志》。自清至民国,王昶、陆增祥、方履籛、王言等人有《金石萃编》《金石萃编未刻稿》《金石续编》《金石萃编补正》《金石萃编补略》等全国性金石书录。历代不少金石藏家还编有家藏金石之书。这些石刻文献年代或异、卷帙亦有繁简不等,可有一共同特点:摩崖石刻记载并不多。或因摩崖石刻难以私贮,或因摩崖石刻孤栖野外,难以一一踏访,总之内容不全、讹误极多。涉及摩崖石刻研究之书,最有名者即叶昌炽《语石》,李君书中亦有引之。

近年来,各地有识之士开始陆续勘察、整理、刊印地方摩崖石刻专书。早期,这些摩崖石刻书籍多是作为旅游宣传册的形式出版,如《武夷山摩崖石刻精选》《雁荡山摩崖石刻》。1985年,江苏吴县(今江苏省苏州市吴中区、相城区)在吴县文史资料增刊中编印《吴县小王山摩崖石刻选编》,这是目前已知最早的中国大陆首部"文史研究性质"的摩崖石刻专著。1990年,连云港市博物馆、福建省考古博物馆学会分别出版《海州石刻:将军崖岩画与孔望山摩崖造像》和《福建华安仙字潭摩崖石刻研究》两部摩崖石刻专著。自此以后,各地摩崖石刻录、摩崖石刻研究的收录范围均以摩崖石刻文字、摩崖石刻造像、岩画三类为限。20世纪90年代,《福州摩崖石刻》《广东摩崖石刻》两书分别是中国最早的地级市、省摩崖石刻专著。进入21世纪后,摩崖石刻专著编印进入"春潮期"。2000—2021年,中国大陆正式出版的摩崖石刻专书达91种,中国香港1种,中国台湾2种(1种为台湾出版有关大陆摩崖石刻书籍),这其中有关浙江的有9种,分别是《杭州摩崖石刻》《处州摩崖石刻》《处州摩崖石刻研究》《金华山摩崖石刻题记考》《浙南摩崖石刻研究》《杭州花港摩崖石刻萃编》《杭州宝石山摩崖石刻集萃》《普陀山摩崖石刻》《西泠印社摩崖石刻》。

就21世纪已出版的摩崖石刻专著来看,大致又可分为五类:一者为旅游导览,香港友晟出版社的《探游香港摩崖石刻》一书,既辑录中国香港地区的摩崖石刻,又附交通、住宿等旅行导览信息。其次为单块摩崖石刻的综合性著作,

《海南天涯海角摩崖石刻》即为其代表。全书对"天涯""海角""南天一柱"三块摩崖石刻的概念、研究考证经历、有关历史传说一一予以介绍。由于天涯海角摩崖石刻还是国内知名旅游景点，仍不免带有旅游导览性质。之三为地域性摩崖石刻、摩崖石刻群研究系列，这类的研究又有三种模式：厦门、黄山、北京的是地域性摩崖石刻录，以图照、释文为主；丽水（处州）、桂林的摩崖石刻专著形成系列，即尽可能搜全当地的摩崖石刻，一一予以释文，并从书法学、历史学等学科角度加以阐释；苏州、杭州等地在综合图录的基础上，对代表性的摩崖石刻群重点研究，形成多维度的综合性研究。第四是摩崖石刻拓片研究。对于历史上毁损的摩崖石刻，永州除拓印境内现存摩崖石刻外，还借助国家博物馆等机构之力，搜集已毁损的永州摩崖石刻拓片，形成展览图册性专著。最后就是摩崖石刻图像学、文字学研究，《汉中石门摩崖石刻群书法文化研究》《贵州摩崖石刻的图像学研究》即为其代表，前者的"石门十三品"在中日书法界享有盛誉，后者则以儒释道三家摩崖石刻文字、岩画岩刻为研究对象，从图像内涵、图像演变、图像认知等多角度加以阐释。此外，《绍兴碑刻文化研究》中的摩崖部分则从文字学角度予以研究，《宫殿、摩崖石刻与永恒：南通范氏诗文世家研究文汇》将摩崖石刻研究投射入文学史、家族史研究中，这是摩崖石刻研究的新方向，或为后来者的整理、研究提供新思路。

二、宁波摩崖石刻研究小论

出于各种原因，宁波一直没有一部专门的金石志和摩崖石刻专著。自"宋元四明六志"至民国鄞县、镇海、象山、南田诸志，摩崖石刻的记载散见于方志的"金石""古迹"之中。《四明山志》《候涛山志》《招宝山志》等山志中亦有刊载。这类记载一般包括摩崖石刻文字、方位、书者，有时还有发现经过和历代文人题咏，如前文所述，这类文字所载摩崖石刻数量少，且多有舛误。

清代是朴学发达的朝代，不少学者精于考证。宁波作为浙东经史学派的大本营，也涌现出了全祖望等考据大家。全祖望等人对宁波地区摩崖石刻的研究集中在个别知名题刻之上。如镇海梓荫山的"惩忿窒欲"摩崖石刻，明人以为是王安石所刻，并为成化《宁波郡志》、乾隆《宁波府志》所征引。不过全祖望持怀疑意见。清嘉庆时,胡澧等人实地查访,找到了作者为宋嘉定年间人冯枋。2021年,中国港口博物馆的陈一鸣先生再经考证,确定冯枋为冯柄之误。李君书中对此公案有翔实的记录。

近代,宁波摩崖石刻研究陷入停滞,除方志记载外,报纸、期刊及各类图书中均少有记载。不过由于摄影技术的发展,有一些宁波摩崖石刻的照片仍存于世,如知名的"四明山心"摩崖石刻在《海潮音》等期刊中有影像记录存世。

1949—1978年,宁波摩崖石刻研究仍为停滞状态。1983年,宁波市开始启动文物普查工作。通过历次文物普查,宁波市境内有一些摩崖石刻列入文物名录、"三普登录点",像象山县鹤浦镇大百丈村的"大百丈岩画"、余姚胡公岩摩崖石刻群、达蓬山的佛迹洞摩崖题刻、溪口武岭学校"武岭幽胜"四字摩崖、镇海区巾子山"钩金塘"三字摩崖等五处列入了省级文保单位,横溪镇亭溪岭"阿弥陀佛"四字摩崖、镇海区招宝山梵文摩崖等摩崖石刻列入市级、区县(市)级文物保护点。不过通过李君多年的调查,宁波尚有多处摩崖石刻是文物工作中的"遗珠",未被发现或列入相应文保单位。相比于国内其他城市,宁波的部分摩崖石刻文保级别尚有待提高,保护力度亦有待加强。

就当下摩崖石刻的研究来说,宁波市的有关研究集中在三个方面:

一是摩崖石刻的个案研究,以慈溪达蓬山摩崖石刻和狮子潭摩崖石刻较为充分。慈溪达蓬山摩崖石刻的研究和徐福东渡是分不开的。国内关于徐福东渡的启航地说法颇多,慈溪说起源较晚。1986年,董有华在《浙江社会科学信息》1986年第9期上发表《秦始皇派徐福求仙在宁波入海》一文,正式提出了慈溪说,又经罗其湘《徐福东渡启航地新考》、章钧立《慈溪达蓬山为徐福东渡起航地考证》等文章,以及1995年秦皇岛徐福国际学术研讨会,达蓬山摩崖石刻成为慈溪说的重要依据之一。关于此事,方祖猷等一批学者有不同意见。方祖猷在2000年曾发表《达蓬山并非徐福下海处》一文,对慈溪说多有批驳。抛开徐福不谈,这些研究客观上促进了达蓬山摩崖石刻的研究。2016年,《关于狮子潭摩崖的探索》一文中,提出狮子潭摩崖应归宁波市鄞州区管理,并就其刊刻年代、文物价值等有所阐发。

二是摩崖石刻的综合性研究。《宁波市志》等新志中亦记载了一部分摩崖石刻,多承袭旧志,误亦误之,略亦略之。2011年,《青少年书法》2011年第10

期上刊有《宁波地区摩崖石刻调查概述》一文，文中收录了二十多处宁波各地摩崖石刻，分为海防遗存类、题咏题记类、宗教题材类、标志地点类、警示类、吉语类六类。虽然它收录的摩崖石刻数量不多，但分类上仍有可以借鉴的地方。2015年，《新美术》上刊有《明朝浙东石刻艺术研究》一文，其中有涉及明代宁波摩崖石刻的雕刻技法、文字艺术等内容，惜失于笼统。

三是摩崖石刻的社会价值研究。象山中学的胡朝胜在1995年第6期《历史教学问题》上刊有《乡土史教学的德育效应》一文，提到了摩崖石刻对于中小学乡土教育的重要性。

综上所述，宁波摩崖石刻研究总体尚处起步阶段，缺乏系统性的研究工作，更遑论成果。归根结底，造成这种现象的原因是宁波没有一部内容全面、完整、翔实的摩崖石刻专著，李本侹的《宁波摩崖石刻》弥补了这一缺陷，势必成为未来宁波摩崖石刻、金石研究中案头之书。

三、《宁波摩崖石刻》小识

幸运的是，为了要写这篇序文，李君将大作供我先睹为快。读毕，笔者感觉受益良多，不少摩崖石刻之前闻所未闻，算是大开眼界了。

其实早在2012年10月9日的《钱江晚报》上就有一篇《宁波发现南宋摩崖石刻》的报道，报道中"市民李先生"在宁海西店发现了南宋摩崖石刻。这位李先生就是李本侹。2013—2022年，宁波本地报纸中常见李君发现摩崖石刻的报道，如2021年的天童森林公园悟心洞内的三块南宋摩崖石刻，为鄞州史上首次发现。李君在宁海发现的石屏山摩崖还引起了绍兴等地学者的热议。如今，李君将历年所录所得所考成果悉数汇于《宁波摩崖石刻》一书之中了。

全书分为六章，首章介绍了摩崖石刻的概念、概况、分类和文化属性；第二章全面总结了宁波摩崖石刻的地域特色、现存种类、主要题材、时间跨度、分布范围、选址特征、刊刻技法、保护状况和发展现状；第三章则收有宁波各县（市、区）现存的六十处摩崖题刻，一般都有照片、释文，部分附有研究概况、考证，可谓详细缜密；第四、第五章介绍了宁波七处摩崖造像和岩画；第六章则录有宁波已消失的多处摩崖石刻，为后人留下了珍贵资料。为了便于读者查找，他还在书后列有《宁波现存摩崖石刻总表》。

既然是宁波首部摩崖石刻专著,自然是有很多"全新、独到"之处的。看完此书,有如下几点,可供诸位读前参考:

1. 内容全面,新见摩崖石刻众多。要做到内容全面,就必须要发现志书不载、普查未录的新摩崖石刻。李君在书中向大家介绍的不少摩崖石刻都是首次发现,遍布宁波每个县(市、区)。比如象山的南韭山岛,僻处海中,没想到竟然有三处新发现的"仙岩""逸仙洞"和"东南半壁"摩崖。宁海县这次更是"大丰收",发现了多处宋至清末的摩崖石刻,遍及深甽、梅林、一市、西店诸乡镇,一改宁海摩崖石刻存世较少的旧认知。鄞、奉、姚一带的四明山中亦颇有新获,溪口雪窦山十八折古道的八处摩崖石刻发现已有八九年,这次也算是正式纳入"宁波摩崖"大家庭。

2. 宋韵文化实证,名人手笔丰富。宋韵文化传世工程是浙江重要的文化工程。宋代摩崖石刻作为金石史料的重要组成部分,在浙江分布还是不少的。宁波目前列入各级文保点的宋代摩崖石刻只有寥寥数处。李君在书中记载了颇多宋代摩崖石刻,首次发现者颇多,如海曙横街镇芝岭村的女儿岩元祐三年摩崖,天童森林公园内林贯之、陈克甫、方子万三块宋代纪游摩崖,宁海桶盘山、桥棚村、闻风山、狮子山等处摩崖,可谓是"贞石宋韵"。在这些摩崖中,亦不乏名家手笔,如叶梦鼎、刘倓、陈梓、吴引孙、王一亭、周庆云等人,个个都在中国历史中占有一席之地。

3. 考证详细精审,力改前人之讹。前文述及历代宁波文献中摩崖记载舛误颇多。李君要编撰摩崖之书,必须解决这个问题。在这几年中,他查阅大量文献,对宁波各地摩崖的来龙去脉一一查证,做到"审慎、精详"。有一些摩崖石刻经过多方查证,仍很难确定其年代、书者,李君就用"疑为宋代""疑似明代"之类的断语,大胆提出意见,供后来者参考。北仑灵峰山的"俱那含牟尼佛"摩崖亦说明"现被泥土所覆盖"。书中对前人、今人讹闻修正颇多,如奉化的白泉山"石泉"两字摩崖旁旧传有"砚池"摩崖,不仅村民口中相传甚广,《剡源乡志》中也言之凿凿,李君多次查访均未发现蛛丝马迹,只好做出"不否认历史上存在'砚池'摩崖的可能性"的结论。吊诡的是,《宁波通史》在记述此处摩崖时,又说有"石头"摩崖,奉化一些文史书籍中,还多出来一块"石台"摩崖。李君在经历多次查访后,认为"石头"恐是"发明"出来的,"石台"则是张冠李戴,乃是一些人把"石泉"书者毛玉佩的号"石台"当成了另一块摩崖,足可见书之精详。

4.关注造像岩画,研究勿忘冷门。在宁波,如果问一百个人有没有见过本地石刻佛像,恐怕一百个人都会说没见过,笔者就在这一百个人中。李君此书除了摩崖题刻文字之外,也没有忘记摩崖造像和岩画。书中记录有余姚胡公岩、东钱湖小普陀、达蓬山、武陵山、云南山、白杜、钻山等七处摩崖造像。达蓬山摩崖造像算是其中名气最大的一座,因前文所述徐福东渡慈溪说,这些造像是主要依据。李君在书中将造像场景断为达蓬山乡民日常生活场景,并兼有中国传统的祝福长寿之意,真的是不随波逐流了。岩画在宁波更为冷门,书内却记有大百丈、百花洞、长岩岭、邹山、女儿岩五处岩画,尤以大百丈、长岩岭岩画记载颇详,不仅有发现之经过、岩画之场景,并对一些专家的既定意见有所保留,以供后来者参考。

最后,笔者还想谈谈李君的工作方法。笔者因工作原因一直埋首在故纸堆中,多用金石书,可对金石录、金石研究文献的编撰是个外行。不巧的是,有一些文物、金石工作者也多遨游书海,这恐怕就不妥了。好在,以李本侹为代表的一批脚踏实地的文物工作者、金石爱好者是真真切切地"读万卷书,行万里路",他们的工作方法能提供给我们不少启发。

先是要搜集文献、打探消息。查访一地摩崖、碑刻等金石,最好仍是要先穷尽有关文献,只要文献有存,总能提供一些线索,至于内中讹误,可待后来补正。很多金石文献并没有文献记载,那就要到村里先问村委、再问乡老,他们口中的传说或许有时荒诞,但还是能提供不少有用信息,有时甚至能作为向导。

再要田野勘察,重在仔细。田野勘察是文物、金石工作者的看家本领。李君在书中多次提到田野勘察、拓印摩崖常要翻山越岭,有时一次无法完成,就要二次、三次……一直到问题全部查清,勘察范围内所有物证、疑证一一查勘后方能完成。

最后要文献复核,大胆假设。田野勘察能提供第一手资料,而文献复核有助于进一步梳理摩崖、碑刻等金石文献的资料。对于一些缺字、落款要综合相关文献,反复考据、推量。当然,别忘了"上穷碧落下黄泉,动手动脚找东西"后,还要"大胆假设,小心求证",提出符合客观实际或当下史料依据能支持的结论。

这些工作方法或许很多人会说是老生常谈，可知易行难，恐怕很少有人能像李本侹一样坚持多年，年年如此。现在，李君多年的汗水凝结成《宁波摩崖石刻》一书，这是对他自己最好的回报。当然，对于无数的金石研究者、浙东文史研究者来说，此书可助通览四明摩崖古今之变，共促浙东金石研究再攀高峰，幸哉运哉。

是为序言。

陈英浩

2022 年 10 月于宁波

目 录

第一章　摩崖石刻概述

第一节　摩崖石刻的概念 …………………… 003

第二节　摩崖石刻的概况和分类 …………………… 005

第三节　摩崖石刻的文化属性 …………………… 008

第二章　宁波摩崖石刻研究

第一节　宁波摩崖石刻的特色 …………………… 014

第二节　宁波摩崖石刻的选址特征 …………………… 022

第三节　宁波摩崖石刻的刊刻技法 …………………… 026

第四节　宁波摩崖石刻的保护状况 …………………… 028

第五节　宁波摩崖石刻的发展现状 …………………… 031

第三章　宁波现存摩崖题刻

第一节　海曙区摩崖题刻 …………………… 035

第二节	江北区摩崖题刻	050
第三节	鄞州区摩崖题刻	052
第四节	北仑区摩崖题刻	076
第五节	镇海区摩崖题刻	078
第六节	奉化区摩崖题刻	088
第七节	慈溪市摩崖题刻	104
第八节	余姚市摩崖题刻	115
第九节	宁海县摩崖题刻	126
第十节	象山县摩崖题刻	154

第四章　宁波现存摩崖造像

第一节	胡公岩摩崖群	167
第二节	小普陀题名摩崖及造像	176
第三节	达蓬山摩崖造像	179
第四节	武陵山摩崖造像	181
第五节	云南山摩崖造像	183
第六节	白杜摩崖造像	184
第七节	钴山摩崖造像	185

第五章　宁波现存岩画

第一节	大百丈岩画	189
第二节	百花洞岩画	191
第三节	长岩岭岩画	192

第四节　邹山岩画 ……………………………………… 195

第五节　女儿岩岩画 ……………………………………… 197

第六章　已毁失的宁波摩崖石刻

第一节　海曙区已毁失摩崖 ……………………………………… 201

第二节　江北区已毁失摩崖 ……………………………………… 203

第三节　北仑区已毁失摩崖 ……………………………………… 205

第四节　镇海区已毁失摩崖 ……………………………………… 206

第五节　奉化区已毁失摩崖 ……………………………………… 209

第六节　慈溪市已毁失摩崖 ……………………………………… 213

第七节　余姚市已毁失摩崖 ……………………………………… 215

第八节　宁海县已毁失摩崖 ……………………………………… 222

第九节　象山县已毁失摩崖 ……………………………………… 227

图版 ……………………………………… 231

附录　宁波现存摩崖石刻总表 ……………………………………… 311

后记 ……………………………………… 320

第一章 摩崖石刻概述

第一节　摩崖石刻的概念

石刻,概指运用圆雕、浮雕、线刻等多种雕刻技法,在石质材料上创造出具有实在体积的各类艺术品。摩崖石刻也是石刻作品的重要组成部分。徐自强、吴梦麟在《古代石刻通论》中指出:"摩崖石刻是石刻中的一个类别。"

什么是摩崖石刻?

冯云鹏在《金石索》中指出:"就其山而凿之,曰摩崖。"马衡在《凡将斋金石丛稿》中指出:"摩崖者,刻于崖壁者也,故曰天然之石。"摩崖石刻即利用天然石壁刻文记事的石刻。冯云鹏和马衡都明确地把摩崖石刻雕刻载体定义为天然山体。马衡在《凡将斋金石丛稿》中又进一步指出:"刻石之特立者谓之碣,天然者谓之摩崖。"这一观点更明确地把碑碣和摩崖区分开来,明确了摩崖的特点,也点出了摩崖石刻与碑刻的相互区别和联系。碑刻需要先从山中采石,再进行切割、打磨、凿刻,最后运至别处竖立,有时还需在碑下配上碑座,有着一整套工序。摩崖石刻是在石面上直接进行凿刻,或将石面略为凿平后再进行刊刻。相较于碑刻,摩崖石刻在工序上简单得多,至少省去了采石、切割、打磨的程序。简而言之,碑刻是刊刻在经过人工特意加工过的平整碑材上,摩崖石刻是在天然崖壁上进行凿刻。

叶昌炽在《语石》中认为:"今人见题名,或称之曰摩崖,不知摩崖不皆题名也。即如桂林诸山,诗、赋、赞、颂姑勿论,唐宋《平蛮》诸碑、韩云卿《舜庙碑》,非巍然巨制乎?……晋、豫、齐、鲁间佛经和造像,亦往往刻于崖壁……盖摩崖,犹'碑'也,为通称,为虚位,亦为刻石之纲,其文字则条目也。"他的这一观点,点出了摩崖石刻不单单指近似于碑刻的题名石刻,也应包括崖壁上的雕刻和造像等。

前辈先贤们对摩崖石刻的概念论述,或专指石刻文字,或包含石刻文字和石刻造像等。当然,这里的石刻造像仅是指在天然崖壁上所开凿的造像,因此,也被称为摩崖造像。

摩崖,按文字本义,"摩"在《说文解字》中解释为"研也",在《考工记》中解释为"刮摩之工"。由此,摩崖石刻应解释为:"在山崖的石头上刮摩、刻划。"当然,在石头上刮摩、刻划后产生的,除了留下的文字,符号、图案、造像等也应涵盖其列。

由此,笔者认为,摩崖石刻也可分为广义和狭义。狭义的摩崖石刻专指文字石刻,即利用天然的石壁刻文记事,也可称为摩崖题刻。而广义的摩崖石刻不仅包含石刻文字,也包括岩画、摩崖造像和岩雕。岩画按刻画技法不同,可以分为两类:第一类是在岩壁上用有色颜料直接绘画的成果,即狭义的岩画。而广义的岩画是指在岩穴、石壁或独立的岩石上创作的彩画、线刻的总称。第二类是在岩壁上进行凿磨,以刀代笔,在岩面上勾勒出平面的线刻图案,即摩崖刻画,通常也称为岩画。摩崖造像是运用透雕、浮雕、圆雕等技法,在岩壁上雕刻出高浮雕或立体的图案。岩雕是根据岩石自然造型和岩纹,进行简单的人为艺术加工,使其成为一件岩石雕刻艺术品。摩崖造像只是将岩石视为雕刻创作的一种材料,而岩雕则是保持岩石原有的基本形状和纹理,以最少的人为干预,起到画龙点睛的作用。

第二节 摩崖石刻的概况和分类

在我国，摩崖石刻数量丰富，分布广泛。北起黑龙江，南至海南岛，东自沿海岛屿，西到天山山脉，有人类活动的地域都保存着大量的摩崖石刻。特别在风景名胜区内，历代所遗留的摩崖石刻更为集中。如桂林历史上留下摩崖石刻多达2000多处，有着"五岳之尊"之誉的泰山留有摩崖遗存1800多处，青岛崂山有摩崖约500处。在摩崖石刻中，摩崖题刻、摩崖造像、岩画都有大量分布。

摩崖题刻是在山崖石壁上刊刻的文字，是摩崖石刻中最为常见的一种类型。摩崖题刻最早起于何时无从考证，有人认为最早是秦之"碣石刻石"，但因其已没入海中无法得见。其他如贵州的"红岩刻石"，惜文字至今不识；河北的"坛山刻石"，仅存四个篆体文字，传为周穆王所书，但从其字体来看绝不可能，且原石久佚。我国现存较早的摩崖题刻为泰山上秦始皇二十八年（前219）及秦二世胡亥元年（前209）所立的"泰山刻石"（图1-2-1）。其后留存较早的摩崖石刻还有东汉建和二年（148）所刻的"石门颂""西狭颂""郙阁颂"（以上3种合称"三颂"）和熹平二年（173）刻的"杨淮表记"，山东云峰、太基、天柱、百峰诸山上北魏至北齐年间的"郑文公碑（上、下）"，"论经书诗"，"登太基山诗"，"东堪石室铭"，"尖山摩崖"、"岗山摩崖"、"葛山摩崖"、"铁山摩崖"（以上4种合称"四山摩崖"），"石门铭"，"泰山经石峪金刚经"（图1-2-2），南朝梁刻于江苏镇江焦山的"瘗鹤铭"等。摩崖题刻按其内容分，大致可以分为以下几大类：（1）文人雅士在游玩后，触景生情，有感而发，为之题刻诗句或词语的题咏类摩崖题刻。这一类摩崖题刻也是最为常见的类型。(2)用以标示地点名称的题名类摩崖题刻。(3)以宗教典籍中宗教语言、经文、咒语为内容的宗教类摩崖题刻。如泰山上经石峪摩崖题刻，在2064平方米的石坪上刻着金刚经，原有2799字，现存经文41行，1069字，是我国现存规模最大的佛经摩崖刻石。又如湖南南岳发现的古代道教文献《还丹赋》摩崖石刻等。(4)为记述某个事件而刻石的记事类摩崖题刻。如陕西褒城（今属汉中市）"开通褒斜道刻石"，为记述东汉永平六年(63)至九年(66)架设连通褒水、斜水两条河谷的栈道工程而作。(5)以歌功颂德为内容的颂铭类摩崖题刻。(6)用以表达美好祝愿的吉语类摩崖题刻。(7)用于警示后人、告诫游人的警示类摩崖题刻。(8)用于记刻水文历史和观测水文的水文类摩崖题刻。如重庆的白鹤梁摩崖石刻。(9)墓铭类摩崖题刻等。如南朝梁刻于今江苏镇江焦山的"瘗鹤铭"。

按摩崖题刻的书体划分，则涵盖了金文、篆书、隶书、行书、草书、楷书，以及少数民族文字、梵文等各种书体。

摩崖造像在我国分布比较广，大多数以群组形式出现，有些规模较大的形成石窟，所雕刻的佛像小者仅数厘米，大者包括了整座山体。多采用高浮雕手法，也有线刻、圆雕等技法的运用，甚至多种雕刻技法并运用。摩崖造像内容大都以佛教题材为主，约在北宋后，也出现了儒、道、释三教结合的摩崖造像和单独的道教造像，在少数民族地区及元代后的中原地区，也存在喇嘛教及其他宗教形式的摩崖造像。知名的如甘肃敦煌莫高窟、山西大同云冈石窟、(图1-2-3)河南洛阳龙门石窟（图1-2-4）、甘肃天水麦积山石窟、四川乐山凌云寺弥勒大佛、江苏连云港孔望山摩崖造像、重庆大足石刻等。我国的摩崖造像存在时间较长，虽然刊刻时间不同、所在地域不同，但它们所表现出来的基本特征是一样的。这些摩崖造像大都是基于人们生活而创造出来的，反映出雕刻年代的社会背景、审美情趣、生活景象等内容，大都生动自然，具有极高的艺术价值和研究价值。

岩画最早可以追溯到远古时代，在人类社会早期还没出现文字时，人类祖先就以石器作为工具，用粗犷、古朴、自然的方法在岩石上进行描绘和磨刻，记录他们的生产方式和生活内容，是人类社会的早期文化现象。岩画往往具有鲜明的地域特色，也是原始人类最早的"文献"，因此，岩画也被称为刻在岩石上的史书。岩画遍及全世界五大洲的150多个国家。

我国岩画分布较多，较有名的有宁夏贺兰山岩画（图1-2-5）、连云港将军崖岩画等，大致可以分为南方、北方两个体系。北方岩画以内蒙古的阴山岩画为代表，其中西部的新疆、宁夏、甘肃等地岩画作品风格写实，主要技法以磨刻为主，多表现动物、人物、狩猎等内容。南方岩画多采用凿刻技法，除了刻画动物、狩猎，还表现采集、房屋、村落、宗教仪式等。而东南沿海地区的岩画则反映了人类与出海活动相关的内容。我国岩画主要属于摩崖刻画，其中，广西、云南等西南地区多以红色矿物质涂画为主，属于狭义的岩画。

岩画一般没有明确纪年，因此对于岩画年代的确定具有一定的难度，也尚待进一步研究。

岩雕在国内并不多，较为著名的是浙江省台州市玉环市大鹿岛岩雕群。1985年，中国美术学院洪世清教授在岛上前后创作十四年，根据岩石的自然造型，因势象形，进行雕刻创作，完成了几十处岩雕作品。

第三节　摩崖石刻的文化属性

摩崖石刻无论是摩崖题刻、摩崖造像还是岩画，都是古哲先贤的"心灵景观"，有着丰富的历史内涵和史料价值。马衡在《凡将斋金石丛稿》中称摩崖石刻是"一切刻石中之上品、珍品"。

古人之所以选择以天然岩石为基材进行凿刻，是认为石性坚硬，不易腐朽，且岩石与山体相连，可以与日月共存，垂之永远。摩崖石刻因刻于岩石之上，也具有了另一个特性，即一经刻上，如不是开山劈石，一般不易毁失，可以较为长久地保存刊刻时所遗留下来的历史信息。但同时，因摩崖石刻长期暴露在外，石质容易出现风化、微生物侵蚀损害现象。

摩崖石刻书写者多为达官显贵、文人墨客，书艺精湛，书法精美，书体繁多，具有较高的艺术价值。其中一些摩崖石刻虽未落款，很大一部分也应属民间善书者或宗教界人士所为，多拙朴而不俗，自然天成，富于天然意趣。有些摩崖石刻还是书写者已知唯一的手迹，极具史料价值。

摩崖石刻不同于碑刻，而是以刀为笔，以山岩为纸，其就地铲平一块石壁或直接凿刻文字。而大自然中的石壁不可能像碑石那样经过精细研磨，如摩崖石刻刻一些纤细的小字，则难以识别。因此，摩崖石刻的单个字体普遍较大，整幅作品尺寸普遍偏大，也使得摩崖石刻作品往往气势雄伟。摩崖石刻虽然很多也是先在宣纸上书写后，再凿刻到山岩上，但在奏刀凿刻的过程中，也会产生天然的凿刻韵味，意趣天成，表现出一种阳刚之美，是人与自然完美的结合，是聚形胜之美、书法之美、刀刻之美、辞赋佳句之美及当时人文之美于一石的浓缩体，堪称摩崖景观,给人以美的享受。

　　书法界自古有"大字难写"之说。摩崖石刻多为榜书,在旧时没有复印机的情况下,需要书写者在纸上先写下同样大小的书法,提供给刻石者刊刻,这就要求作书者有高超的书法水准,特别是善于写榜书,只有这样,才能达到书法凿刻上石后,摩崖题刻的文字四平八稳,与自然相协调。因此,摩崖石刻也被誉为榜书艺术的展览馆,这些千百年来积淀起来的摩崖石刻和造像与自然山水名胜相得益彰,或富于天然之意趣,或体量巨大、气势恢宏,或为名家手笔,为秀美的自然风景增加了深厚的人文内涵。

　　摩崖石刻不仅具有艺术价值,同时,也与当时生产生活、社会经济、政治军事、文化艺术和旅游事业有着极为密切的关系。很多摩崖石刻不仅是历史的见证者,也是历史的记录者。通过对摩崖石刻的研究,可以还原历史,佐证史料,因此,摩崖石刻具有较高的历史价值。

　　摩崖石刻历史久远、数量众多、内容丰富、文体多彩、触角广泛,其所涉及的内容也是包罗万象,融历史、地理、书法、文字、艺术于一体。从其内涵来看,集区域自然灵气、人文精华、文化积淀于一身。摩崖石刻是先民们生活的写照,是先哲们传递给我们的信息,是先贤亲临其境、有感而发的心迹,是我们美丽河山的一道亮丽风景、人类文化长河里一颗璀璨的明珠,是我们的宝贵财富,对探源历史、研究文化、揭开先民生活的神秘面纱具有极其重要的价值。

第二章 宁波摩崖石刻研究

宁波地灵人杰，文化昌盛。区域濒临东海，背靠天台山山脉，四明山山系从西南入境，向东北而出，穿越全境。幽谷密林间，溪水潺湲，松涛阵阵，山石裸露，奇峰异石，遍布其间。大自然造就了千姿百态的自然风貌，为文人墨客与过往官员在山水名胜间摩刻诗词歌赋等提供了有利的物质条件，为宗教信仰者借摩崖石刻这一形式祈福提供了凿刻平台。古往今来的人们游历所至，挥毫题字，在宁波境内的山林间为后世留下了数量众多的摩崖石刻。这些摩崖石刻点缀着宁波的秀丽山川，赋予了石头新的生命力，也构成了一道融历史文化、书法艺术于山水名胜的风景线，极大地丰富了宁波这座历史文化名城的文化内涵。

　　谈起宁波摩崖石刻，大多数人认为宁波摩崖石刻与桂林、青岛、杭州、镇江等地摩崖石刻相比较，不仅数量少、质量差，而且也缺少历史和文化价值，不值得研究，笔者对此不能苟同。不可否认，宁波境内没有可以比肩黄山、庐山、五岳等让文人雅士特别魂牵梦绕的名山，也没有桂林山水、西湖美景那样特别著名的旅游景区，其自然环境硬件条件与名山相比明显不足，致使宁波摩崖石刻的总体数量、艺术水准和历史文化价值不能与文化名山和旅游热门胜地相提并论，但宁波具有秀美的自然风光和深厚的历史人文底蕴，历代也遗留了不少摩崖石刻，其中也不乏一些具有较高文献、艺术和研究价值的摩崖石刻。

　　综观宁波摩崖石刻资源的特色，无不与宁波这座城市的历史与文化紧密相连，可以找到很多与宁波文化符号息息相关的摩崖石刻，它们具有地域特征鲜明、种类齐全、题材丰富、分布广泛、时间跨度大等特点，成为宁波乃至浙东金石文化的重要组成部分。因此，宁波的摩崖石刻不仅同样值得我们去深入挖掘，也非常有必要去梳理和研究。

第一节　宁波摩崖石刻的特色

1. 宁波摩崖石刻地域特色鲜明

宁波有着约 8000 年的文明史，逐渐形成了海洋文化、海防文化、佛教文化、商帮文化等特色文化。宁波每一处摩崖石刻，都与宁波城市文化息息相关，很多能与宁波城市文化符号相对应。显然，宁波摩崖石刻反映着宁波这座城市的鲜明个性，这是其最大的特色。同时，由宁波历代官员所留下的摩崖石刻数量较多，也可成为宁波摩崖石刻中的一大亮点。

宁波濒临东海，与生俱来与海洋有着紧密的联系。约 8000 年前的井头山遗址、约 7000 年前的河姆渡遗址都证明，当时宁波先人们已经在这片区域内活动，遗址中出土的木桨、独木舟，便是宁波先民从事水上生产活动的明证。东汉晚期开始，宁波城市开始快速发展，特别是进入唐末以后，逐渐成为全国重要的对外贸易海港城市，历史上与东亚、东南亚各国交往频繁，最远到达了今天的非洲。特别是由于宁波外海有天然形成的黑潮洋流，极大地方便了宁波与洋流沿线日本、朝鲜半岛间文化和经济的交流往来，被公认为海上丝绸之路始发港之一。宁波高度发展的海洋文明，也在摩崖石刻中有所体现，如象山石浦百花洞岩画、大百丈岩画和慈溪达蓬山摩崖造像，都刻有海船的图案，反映了宁波先民搏击大海的生活场景。而镇海招宝山上佛教咒语梵文摩崖，有专家学者认为刻刊佛咒是为了护佑航船安全。这些特有的摩崖石刻都是在宁波这座港城的海洋文化背景下所产生的。

宁波有着漫长的海岸线，一直以来是东南沿海重要的海上前哨和门户。元末到明朝中叶，一直活跃于朝鲜半岛及中国沿岸的海盗，以日本及海上岛屿为基地，不仅抢掠船只，还深入内陆城镇，抢劫骚扰，为祸东南沿海。鸦片战争以来，抗英、抗法、抗日等抗击外侮的战火相继在宁波燃起。宁波重要的军事地位，也使得一批批官兵为保家卫国、巩固海防来到宁波。他们在守卫海疆的同时，也把官兵一心、誓死固守国土的决心镌刻在了崖壁之上，成为宁波独特的海防军事类摩崖题刻。如镇海区梓荫山南宋水师统制冯柄所书的"惩忿窒欲"摩崖，民国时期驻守宁波的陈德法将军所题的"日涉成趣"摩崖，明清时期驻守象山县石浦镇的海防将士题刻后形成的二湾摩崖群和江心寺后摩崖群等。

宁波北接天台宗创始地天台山，东连海上佛国普陀山，境内遍布数量众多的佛家寺院，天童寺、阿育王寺早在宋代就被列入全国"禅宗五山"，天童寺有着东南佛国的美誉。宁波一些寺院周边发现了许多僧侣们刊刻的佛经、佛号、禅语，以及与此相关的摩崖，形成了规模庞大、内容丰富的宗教类摩崖。其中以鄞州区天童寺旁的天童森林公园摩崖群、阿育王寺后山的鄮山摩崖群、奉化区雪窦山十八折古道摩崖群、海曙区章水镇杖锡村杖锡寺旁的鹿窠摩崖群、慈溪市达蓬山原佛迹寺旁的达蓬山摩崖题刻和造像、东钱湖小普陀摩崖造像为代表。

南宋以来的几次全国人口迁移，使得宁波人口不断增多，土地矛盾日益突显，特别是清末至民国间，很多宁波人背井离乡，奔赴世界各地，开基创业，其数量庞大，影响面大，成功人士多，"宁波帮"驰名海内外。宁波是"宁波帮"的故乡，在摩崖石刻中，也能找到宁波帮商人的手迹。如鄞州区天童森林公园内由慈溪籍钱庄和原重庆四明银行经理徐蔼堂、徐瑞章叔侄两人留下的"崖洞天成"摩崖，由慈溪籍龙山万顺酱园第二代经营者朱祖炳题写的"佛"字摩崖等。

宁波的摩崖题刻有相当一部分出自历代地方官之手。他们曾在宁波为官一时，很多在任时还颇有政绩。他们多不以书法而称著于世，也并非历史上的著名人物。随着年代的更迭，今天我们已经很难找到他们的手迹，而恰恰是摩崖石刻易于留存的特性，为我们保存了一些仅在史书中有所记载的地方官手迹，有些还是他们至今唯一可见的手迹。这些摩崖石刻虽艺术水平相对弱一点,但其所具有的历史和人文内涵,是其他摩崖石刻所无法比拟的,成为我们这座城市弥足珍贵的历史留痕。如元代浙东宣慰使哈剌䚟在宁海县西店镇石屏山留下的摩崖,清代曾任宁海、鄞县两地县令的郭文志在宁海县新岭和海曙区写下的"头上青山""元吉在上"摩崖,由清代慈溪县令王绣祷题写的余姚鼎新潭摩崖,明代余姚县令李柏生在余姚胡公岩题写的"胡公岩"三字摩崖等。

2. 宁波摩崖石刻种类齐全

宁波地区摩崖石刻也以我们所常见的摩崖题刻为主,如海曙区章水镇杖锡村屏风山上的"四明山心"四字摩崖等。宁波境内也有岩画的发现,如象山县大百丈岩画、象山县百花洞岩画、宁海县长岩岭岩画、海曙区女儿岩岩画等。

摩崖造像是指在天然的岩石上雕刻出佛像、人物、动物等形象,较岩画具有更强的立体感。中国的摩崖造像则多见于长江以北,而长江以南较少。但宁波境内发现了不少摩崖造像,如余姚市胡公岩内的造像群,其刊刻年代自明代一直延续到民国,规模宏大,为浙江地区所少见。

慈溪市达蓬山摩崖造像,宽约百米,高约 5 米,用半浮雕手法所刻,规模也较大。值得注意的是,该造像最右侧有一块岩石,孤立于一旁,虽然已断裂,难以看出其最初的模样,但从细节中可以知道,原来这块岩石刻成了一只狮子,属用整块自然岩石圆雕刊刻,尤为特别。东钱湖旅游度假区韩岭村云南山摩崖造像、海曙区横街镇武陵山摩崖造像等,都是用浮雕所刻的佛像。

岩雕作品在宁波也有发现。2021 年 11 月,为支持笔者开展宁波摩崖石刻调查研究,笔者妻子和程健捷夫妇一起陪同笔者前往象山县南田岛寻访摩崖。在白龙潭景区,程健捷首先发现距白龙潭约 50 米处的一处石滩上有岩雕作品(图 2-1-1)。其原为凸出岩面的两块石头,形如两条鱼,小鱼紧依在大鱼的鱼头旁,好似一对母子鱼。有人就在两条鱼的眼睛位置,各刻了两只眼睛,又在鱼嘴处略为加工,使其显得更生动,让人称绝。虽然此岩雕年代较近,但岩雕并不多见,也值得一提。

据此,宁波摩崖石刻不仅有摩崖题刻,也有岩画、摩崖造像,甚至发现有岩雕,而且仅摩崖造像,就同时发现了刻得较浅的半浮雕和对整块岩石进行雕刻的圆雕石刻。可见，宁波摩崖石刻种类齐全，成为省内，乃至全国少有的几个摩崖石刻种类齐全的城市之一。

3. 宁波摩崖石刻题材丰富

宁波摩崖石刻题材十分丰富。摩崖石刻中数量最多的当属摩崖题刻，宁波的摩崖题刻按其内容大致可以分为八类。（1）宗教类摩崖题刻，其内容主要为佛号、经文。如镇海区招宝山上的梵语摩崖、宁海县白峤岭"阿弥陀佛"四字摩崖、慈溪河头村夹岙岭古道"南无阿弥陀佛"摩崖等。（2）军事类摩崖题刻，为驻守当地的官兵所书。如象山县石浦镇的二湾摩崖群和江心寺后摩崖群。（3）题咏类摩崖题刻，是政客、文人游览后所题写的赞咏之词。如镇海区"听涛"两字摩崖、奉化溪口"武岭幽胜"四字摩崖。（4）标示类摩崖题刻，即为某地题名，具有标示、题名作用。如鄞州区"梅仙岩"三字题名摩崖、慈溪市"紫霞洞"三字摩崖。（5）警示类摩崖题刻，即其内容为警语，或为同样起到警示作用的标示。如宁海县新岭"头上青山"四字摩崖、宁海县清溪村清溪摩崖。（6）吉语类摩崖题刻，其不同于题咏类，与属地关系不大，属于通用的祝福语句。如海曙区"元吉在上"四字摩崖、慈溪市"寿"字摩崖。（7）记事类摩崖题刻，指为记录某件事或内容而刊刻的摩崖。如奉化区雪窦山千丈岩助建山道摩崖、余姚何胜村助建拱桥芳名摩崖。（8）纪游类摩崖题刻，指同游某地后，写下的"到此一游"。如慈溪市栲栳山石谷亭摩崖、慈溪市佛迹洞摩崖、鄞州区天童森林公园林贯之等纪游摩崖等。

摩崖造像以宗教题材为主，如东钱湖小普陀摩崖造像所刻为观音像、韦陀像，海曙区横街镇武陵山摩崖造像所刻为释迦佛像。余姚市胡公岩摩崖群，除了有释迦佛、观音等佛教题材摩崖，也刊刻有被民众奉为神的余姚县令胡宗宪。而慈溪市达蓬山的摩崖造像则反映日常生产生活场景，以及传统文化中的祥瑞之物。因此，单从宁波的摩崖造像来看，其内容也是多样的。

岩画和摩崖造像相同，也从侧面反映出当地先辈的生活和宗教信仰。如象山县鹤浦镇大百丈岩画和象山县石浦镇百花洞岩画，所反映的主要是当时的生活场景，而海曙区横街镇女儿岩摩崖则刊刻有宗教题材的佛像。

4. 宁波摩崖石刻时间跨度大

宁波早在秦代就有摩崖石刻的记载，据宝庆《四明志》所载，象山县蓬莱山西麓蓑衣岩上有古篆数行。可惜现已不存。海曙区四明山杖锡村屏风岩摩崖，刻有"四明山心"四个隶书大字，据《四明山志》所载："道旁摩崖刻'四明山心'四大字，乃汉隶也。"在20世纪八九十年代前，此处摩崖一直被认为是宁波现存最早的摩崖石刻，为汉代所刻，但现在普遍把它列为宋代所刻。因无确凿的证据，此四字刊刻于何时，笔者认为尚存争议。据《象山县志》记载，城东原有唐代"东谷"两字，惜已毁失。据《剡源县志》记载，徐凫岩有"鞠侯岩"三字摩崖，也疑为唐代所刻，但至今未曾找到。

据笔者统计数据，宁波现存已知最早有明确纪年的两处摩崖石刻出现在北宋，分别为刻于北宋熙宁八年（1075）的慈溪市栲栳山石谷亭摩崖，以及刻于北宋元祐三年（1088）的海曙区女儿岩摩崖。宁波的摩崖石刻在南宋之前虽有发现，但其数量较少，两处已知的北宋时期摩崖也都属于北宋晚期，而到南宋之后，宁波的摩崖石刻数量猛增，形成了宁波摩崖刊刻的一个高峰期，摩崖题刻类有海曙区鹿窠摩崖群、江北"阿弥陀佛妙法华经"八字摩崖等，其中部分尚存明确纪年，如刻于南宋隆兴二年（1164）和淳熙九年（1182）的慈溪市佛迹洞两处摩崖、淳熙十五年（1188）和嘉定五年（1212）的宁海县西店镇桶盘山两处摩崖、绍熙四年（1193）的宁海西店镇天门山白岩阿铭摩崖、开庆元年（1259）的海曙区鹿窠摩崖群中"再来石"三字摩崖等。据统计，宁波现存有明确纪年的南宋时期摩崖题刻为十五处。宁波已知的四处岩画中，象山大百丈岩画、百花洞岩画被专家认定为宋元时期创作。

元代存在时间较短，元代的摩崖在南方并不多见，但宁波有一处，且有明确纪年，即宁海县西店石屏山摩崖，为元大德二年（1298）所刻。另，镇海区招宝山梵文摩崖，其刊刻年代有可能最早为元代。

进入明代以后，宁波摩崖数量逐渐增多，明代以刻于余姚的胡公岩摩崖造像群为代表，清代则以清乾隆五十四年（1789）宁海县新岭"头上青天"四字摩崖、光绪二十年（1894）宁海县兰丁村龙潭摩崖等为代表。明清以后，古道上祈福、警示类摩崖题刻刊刻数量增加，这些摩崖多没有纪年。

民国时期的宁波摩崖数量众多，因为艺术家的参与，而使宁波这时期摩崖的艺术性较其他各时期为高,内容也更丰富多彩,如鄞州区天童森林公园摩崖群。这个时期是宁波摩崖石刻艺术的又一个高峰期。

由此可见,宁波自汉代以来,特别是北宋开始,各个朝代都有摩崖发现,其时间跨度近两千年。

据笔者初步调查统计,有明确纪年(新中国成立前)的摩崖题刻现存共66块,最早为北宋,此后南宋、元代、明代、清代、民国时期均有不同数量的摩崖石刻遗存。

5. 宁波摩崖石刻分布较广

山体岩石是镌刻摩崖石刻的唯一载体,宁波境内地形受到天台山余脉的影响,地势西南高,东北低。据相关统计数据,山脉占宁波陆域面积的24.9%,丘陵占25.2%。这也为摩崖石刻刊刻创造了良好的自然条件,使得宁波摩崖石刻在境内分布较广,虽然所属各县(市、区)摩崖石刻分布数量和质量不均匀,但都有发现。

海曙区原为中心城区,属平原地带,没有摩崖石刻,但随着2016年区划调整,鄞州西部区域划归海曙区,使现在的海曙区最西部与余姚市相接,占据近半座四明山,海曙区的摩崖石刻也主要集中在四明山区域。无论数量还是质量,海曙区的摩崖石刻在宁波各地摩崖石刻排名中都较为靠前。最为著名的当属海曙区章水镇杖锡村的屏风岩"四明山心"四字摩崖,历史上一直认为其为汉代摩崖,在全国也有一定的影响力。同属于该村的鹿窠摩崖群,共由8块摩崖题刻所组成,其中一块有南宋开庆元年(1259)纪年,由此也普遍认为这一摩崖群为同时期所刻。横街镇女儿岩摩崖,刻于北宋元祐三年(1088),属宁波的早期摩崖之一,在已知的宁波有纪年摩崖中排行第二位。同时,该处摩崖带有岩画,颇具史料价值。横街镇武陵山的明代摩崖造像,雕刻虽不算精美,但其有明确的纪年,也有着一定的价值。

江北区摩崖原有两处,分别为石佛亭摩崖和慈城阚山摩崖。其中阚山摩崖所刻为"文武忠孝"四字,其字形粗陋。当地或将此摩崖与三国时期的阚泽扯上关系,或将此摩崖与虞世南扯上关系,以此来宣传此摩崖的重要性,但却失于对摩崖本体的保护，尚存与否都无法定论。可以确认现存的仅石佛亭摩崖一处，虽只有"阿弥陀佛妙法华经"八字，且是一句佛号，但其保存较为完好，是宋代摩崖的可能性较大，实际比阚山摩崖更有文物价值。

鄞州区具有深厚的历史文化底蕴，曾经是宁波的摩崖石刻资源大区。2016年区划调整后，鄞西划归海曙区，鄞州区区域优势明显不再，但现有数量和质量仍在全市摩崖石刻资源中占有一定地位。特别是天童森林公园摩崖群、鄮山摩崖群，其文献价值和艺术性在宁波民国时期摩崖中无出其右。天童森林公园中还发现有三块南宋时期纪年摩崖。其东钱湖区域中，有两处摩崖造像，其中小普陀摩崖是宁波南宋时期摩崖题刻和摩崖造像的优秀代表。

北仑区境内虽山脉不少，但已发现的摩崖石刻仅有一处，即灵峰山摩崖。其所刻仅为佛号，质量不高，却填补了北仑区境内摩崖石刻的空白。

镇海区西高东低，西部多高山，而东部仅有低矮的小山，因此，其摩崖也主要分为东、西两个体系。镇海东部的摩崖石刻集中在镇海区招宝山街道招宝山、梓荫山、巾子山这三座小山上。招宝山街道是原镇海县的城关镇，有着深厚的历史文化底蕴，也是宁波的海防前线，摩崖石刻内容丰富，其中也不乏佳作，如南宋嘉定时所刻的"惩忿窒欲"四字，为宁波南宋榜书的代表之作。镇海西部的山上也有几处摩崖，其中以凤翼山"听涛"两字摩崖最为精彩。

奉化区境内多山，拥有不少摩崖石刻。已知的十八折古道摩崖群是雪窦寺具有悠久历史的最好证明，千丈岩摩崖群则是这一国家级风景名胜区旅游开发历史的见证。境内也不乏具有一定影响力的摩崖，如溪口镇武岭学校内由蒋介石亲题的"武岭幽胜"四字摩崖、奉化籍著名书法家毛玉佩为家乡溪口镇岩头村题写的"石泉"两字摩崖等。

慈溪市摩崖石刻不仅有较多分布，而且其年代较早，质量较高。栲栳山石谷亭摩崖，是宁波已知年代最早的有明确纪年的摩崖石刻。佛迹洞南宋隆兴二年（1164）、淳熙九年（1182）两处摩崖分别在已知宁波有纪年摩崖排行中占第三位和第四位。达蓬山摩崖造像和伏龙山摩崖群也刊刻于宋代，这两处是宁波早期摩崖较为集中的区域。其中，达蓬山摩崖造像规模仅次于余姚胜归山胡公岩摩崖群，但其镌刻年代却要早于胜归山。慈溪较为精彩的摩崖题刻还有观海卫镇紫霞洞摩崖等。

余姚市摩崖石刻中最著名的莫过于城内的胜归山胡公岩摩崖群,其刊刻历史从明代一直延续至民国,其雕刻之精、规模之大在浙江省内也是少有的。南部的四明山脉也有不少摩崖石刻,如"丹山赤水"四字摩崖、狮子潭摩崖、鼎新潭摩崖、羊额岭摩崖等。最为特别的是何胜村助建拱桥芳名摩崖,是宁波唯一一处与建桥相关的摩崖。北斗湾摩崖中的助建羊额庵摩崖,是一块少见的记事摩崖。

宁海县境内多山脉,其摩崖分布也较为广泛,并同时拥有摩崖题刻、摩崖造像和岩画。如将局部区域内成群出现的摩崖统计为一处,宁波各区(县、市)摩崖石刻以"处"为单位进行统计,则以宁海县为最多。宁海县摩崖质量也较高,仅宋元时期摩崖就有南宋淳熙十五年(1188)的桶盘山摩崖、绍熙四年(1193)的天门山白岩阿铭摩崖、庆元元年(1195)的狮子山摩崖、庆元二年(1196)的石台山联句摩崖、嘉定五年(1212)的桶盘山摩崖、绍定五年(1232)的白峤岭"阿弥陀佛"摩崖,元大德二年(1298)的石屏山摩崖等。宁波已知有明确纪年的摩崖以宋元时期为最早,而宁海是宁波已知现存南宋时期摩崖最多的区域,占据了宁波宋元时期摩崖的半壁江山。其中石台山联句摩崖,是宁波境内文字数量最多的一块南宋时期摩崖。天门山摩崖不仅是宁海南宋时期名人刘倓撰并书,而且是宁波唯一一块刻有凿刻工匠名的摩崖。石屏山摩崖是宁波唯一一块有明确纪年的元代摩崖。白峤岭"阿弥陀佛"摩崖是宁波众多佛号摩崖中唯一一块有纪年的佛号类摩崖。邹山岩画是宁波唯一一处有纪年岩画。钻山摩崖造像是宁波仅有的几处摩崖造像之一。其他还有新岭摩崖、兰丁村龙潭摩崖等不同时期的摩崖。宁海当属宁波摩崖石刻遗存的宝库。

象山县境内多山,多海岛,也有不少摩崖,而且具有鲜明的地域特色。象山县有着漫长的海岸线,是宁波的海洋大县。宁波已知五处岩画中的两处在象山境内,分别是大百丈岩画和百花洞岩画,两处岩画所刻画的内容都有海船。石浦镇的二湾摩崖群和江心寺后摩崖群是宁波两处由明清时期驻守官兵书刻的摩崖,是象山作为海防前线的历史见证。

据第三次全国文物普查资料数据,全市共登录摩崖题刻33处81块,摩崖造像(群)4处,岩画(群)2处,另1处为可移动文物。笔者按同一标准统计,已知宁波市境内拥有历代摩崖题刻现存共计59处157块,摩崖造像(群)7处,岩画(群)5处,可移动文物1处。

第二节　宁波摩崖石刻的选址特征

摩崖石刻的刊刻，无论是"到此一游"性质的纪游类摩崖、古道边的佛号摩崖，还是题名类摩崖，其主要目的是让路人看到，因此，在对镌刻摩崖进行选址时，必然选择处于特别显眼位置的岩面进行凿刻。

在山道上选择用来凿刻摩崖石刻的岩石时，不会选择路人经过时不显眼的岩石，只会选择半道上突出且迎面朝向路人的岩石。如宁海县新岭"头上青天"摩崖。经过山道时，山体突然内凹进一块数平方米的空间，一块一人多高的岩面斜朝山路，其岩面几乎垂直路面，且较为平整，就像是为刊刻摩崖石刻而特意所立。"头上青天"四字便刻在这块正对路人的岩石上。如鄞州区横溪镇亭溪岭摩崖，其所刻的岩石环境如同宁海"头上青天"摩崖所在岩石环境的微缩版，在此刊刻摩崖似为天命。如宁海兰田村松岩潭摩崖，刻有摩崖的岩石孤立于路边，岩面正朝向从山上下来的行人，特别明显。如千丈岩摩崖群的助建记事摩崖，位于山道边正对山路的岩面上，从上往下走的路人必定能看到此摩崖。

山道上如有供人休息的路亭、桥梁，则正对路亭、桥梁旁的岩面常常会成为凿刻摩崖石刻的首选，使行人坐在亭中，或站在桥上就能看到摩崖。如余姚羊额岭上"羊额古道"四字摩崖，刻在古道边数米高的山岩之上，无论是上山还是下山的人都可以看到此摩崖。民国时山间植被少，且其正对摩崖下路边一座路亭，加之此摩崖书法尺寸大，可以想象，当年坐在路亭中，此摩崖一定夺目而来。但现在环境改变，摩崖被掩于竹丛中，如果没有知情人告知，很难找到这处摩崖。四明山柿林村的同一山岩上刻有两块"丹山赤水"摩崖。其一为开发旅游时,仿宋徽宗瘦金体所新刻,其与景区内的赤水桥整体融合性较好,已成为景区的标志性景观。此摩崖石刻位置偏高,尺寸偏大,每字数米见方。在古时没有放大设备的情况下,都是刻多大,就写成多大,刻成这么大的是极少见的,这反过来证明了此摩崖是当代作品。其二是民国时所刻的"丹山赤水"四字,现被山脚下一片树林所挡。但民国时这一带少有植被,可以想象,站在赤水桥桥面上,这一摩崖几乎与行人视线齐平,十分显眼。又如余姚何胜村助建拱桥芳名摩崖,因原桥冲毁,新桥择址偏移了不少距离,看不出所以然,但旧时,摩崖石刻一旁便是石拱洞,走下桥必定能看见此摩崖。

纪游摩崖,多为旧时文人墨客约上三五好友,到郊外的风景名胜游玩后所刻,内容简单,一般有纪年和人名,在岩石上的"到此一游",则会选择游客必在此停留的风景点或风景绝佳之处。如慈溪市上林湖栲栳山石谷亭摩崖题刻,刊刻在瀑布之下的一块石头上,站在摩崖边就能看到瀑布。慈溪市达蓬山佛迹洞摩崖题刻,刊刻在发现佛足迹的山洞中。宁海县西店镇桶盘山摩崖题刻,刊刻于小路尽头一处由几块石头聚集形成的观景平台。镇海钩金塘题名摩崖,虽然现在位于绿化带中,即使走到近前也难以找到,但其所刻崖壁原来正对着海塘,可以想象当时是在特别明显的位置。也有题名类摩崖,其选择的位置不仅显眼,而且常常处于中心位置。如余姚"胡公岩"三字摩崖,其摩崖刻于观音殿内正中的观音像之上。余姚市"麟山第一泉"五字摩崖,其摩崖刻于泉眼的正后方。

也有些摩崖虽然刊刻于山上,但并不在主山道的明显位置,经过摩崖旁的登山者不一定会看到它。其实这类摩崖并不是给登山者看的,而是给从山下经过的路人看的,此类摩崖会选择山上最外侧,且正对山下的岩面。如象山石浦二湾摩崖群,所在的二湾是两山之间一个山岙,摩崖刻于岙底的山崖上,距山口上百米,其正对山口前的港湾。如今从山口经过,周边环境变化不多,仍可以清楚地看到岙底的摩崖。象山石浦百花洞岩画,刊刻于倾斜的悬崖之上,只有容一人行走的小路才可到达,显然不在上山主路上,且今天山下环境发生了巨大的变化,海岸线退出了几百米,建起了很多高楼大厦,一幢高于摩崖的三层店面房就挡在了摩崖前,如没当地人指点,已很难找到。但原来山下没有房屋,不远处就是海湾,可以想象,当时从海湾上一眼便可看到此摩崖。又如慈溪伏龙山摩崖群，不位于山道之上，却位于悬崖之上，走到摩崖前都需颇费一番周折，但其位于山的最外侧，面朝山下，在山下或对山便可清晰地看到这些摩崖。

综观摩崖石刻，其刊刻的目的，始终是希望让更多的人可以看到，自然也希望摩崖能够长久留存下去。因此，摩崖石刻的刊刻位置选择是否合适就显得尤为重要。合适的选址，可以减少摩崖的风化程度，使摩崖保存得更为长久。不合适的选址，则会加速摩崖的风化，甚至摩崖被泥土、植被所遮挡，失去刊刻的初衷。对宁波摩崖石刻的选址进行分析比较，我们可以看到古人对摩崖石刻选址颇有讲究，也可从中分析摩崖选址对摩崖显现优劣度和对于长久保存的利弊。

前文已述，摩崖是刊刻在未经切割磨制的天然石面之上的。刊刻摩崖的基础条件是要有山体，而且其山体上还必须拥有可以用来刊刻的裸露石面，只有面向山道、易于发现的石面，才适用于刊刻摩崖。众所周知，泰山上摩崖石刻众多，其中一个原因就是泰山上岩石多为光秃秃的石头，用来刊刻摩崖的选择空间较大。宁波虽然境内也有不少山体，但很多山林间土层较厚，植被茂盛，缺少可以用来镌刻摩崖的裸露岩石，或偶尔有些岩石，其石面也不面对山道，不适于刊刻摩崖。

摩崖选址中，岩石表面是否平整也尤为重要。宁波的岩石以火山喷发后的岩浆形成的火成岩为主，其石质孔隙多，表面粗糙。因此，并不是所有裸露的岩石都适宜刊刻摩崖，特别是刊刻一些小字时。如海曙区鹿窠摩崖群"中峰"两字下部所刻的经文，笔画线条极易与岩石纹理相混，难以分辨。而宁海西店天门山白岩阿铭摩崖，虽然刊刻较浅，但其岩石表面似为天然裂隙断开所形成，较为平整，南宋时期的摩崖文字至今仍较为清晰。

摩崖刊刻后，阳光、植被、水分、山风以及后期的人为构建等周边环境都会直接影响到摩崖的风化程度和观看效果。每天照射阳光过少，则易生苔藓。苔藓含水，加速风化，也影响观看效果。石面经常性有水流过，易使岩石变黑，易长苔藓，也会加速岩石风化。随着工业化发展，雨水中含酸性成分增多，对岩石侵蚀更为严重。少量的山风能吹走岩石表面的枯枝落叶，起到保护的作用，而经常性的山风，则会使摩崖加速风化。刊刻于斜面上的摩崖能否保存下来，很大程度上取决于其上部泥土层的厚薄。如镇海区招宝山街道招宝山上的梵文摩崖,从摩崖选址而言,这处岩壁并不适合来刊刻。1984年发现此摩崖时,摩崖上有覆土近一尺厚,摩崖被埋。主要原因是摩崖所在的岩面与地面呈60多度斜角,其上部土层厚,植被多,雨水多时,轻则夹带上部泥土和各类养分顺水而下,停留在凹凸不平的石面上,使石面上易生长出苔藓等植被,重则易使上部土层局部产生小滑坡。即使现在招宝山被列为景区后,每天有人对梵文摩崖及其周边环境进行维护,但摩崖上依然长满苔藓类植物。如同样位于山林间的宁海桶盘山嘉定年间摩崖,其与地面的夹角更小,理论上更易积土,但其上部本身泥土不多,因此未造成被埋情况。而且此岩石近山体边缘处,时有山风,上部没有积留的泥土、枝叶等。但其周边多竹林,每天只有少量阳光照到岩石上,致使岩石表面长出苔藓,岩面变绿。山间的水流也会对摩崖产生重要的影响,间断性的水流对摩崖危害较大,会使岩面长出苔藓,岩面变黑,不易识别。如奉化区溪口镇"乐不"两字摩崖,其岩面虽近乎垂直,避免了上部土层在岩面上的停留,但此摩崖所在岩石正好处在山体水系溢出口,山水从泥土中渗出后,沿着岩面流下,而且山水时多时少,使这块摩崖始终处于湿润状态,易生苔藓,石面变黑,此块摩崖文字虽较大,但也已不易辨识。

  因此,表面平整,孔隙较少,时常能照到阳光的山间孤立岩石最适宜刊刻摩崖。如岩石与山体相连,岩面则以上部没有过多的土层,没有山水流过,岩面与地面垂直或向内凹为好,如果岩面上部另有岩石突出保护则更佳。宁波已知最早的摩崖是慈溪市栲栳山石谷亭摩崖,其刊刻于北宋熙宁八年(1075),有900余年的历史,但其如同新刻,保存现状较好,主要原因是该摩崖处在几块岩石自然相叠而形成一个酷似石亭的空腔之内,左右和上部有岩石遮挡,"石亭"内较为干燥,石面孔隙不多,容易对摩崖造成危害的各类条件都完美地避开,不能不说当年将摩崖刻在这个位置是一个最佳的选择。

第三节　宁波摩崖石刻的刊刻技法

众所周知，普通碑刻因碑材表面较为平整，只需考虑文字的刊刻，其刊刻技法以笔画线条凹刻为主，极少出现笔画线条凸刻。而摩崖不同于碑刻，其直接刻于天然岩面上，表面并不平整，裂隙众多，有些石质更为坚硬，这也使得摩崖的刊刻技法更为多变。不同的刊刻技法，也直接影响到摩崖的清晰程度。

宁波的摩崖石刻整体而言，主要有以下三种刊刻形式：其一，在岩壁上不做任何加工，直接将文字刻于岩石之上，宁波摩崖多属此类。如宁海天门山白岩阿铭摩崖，其岩石表面平整，文字因石质坚硬，刻得极浅，但依然较为清晰。又如镇海区凤翼山"听涛"两字摩崖题刻、海曙区屏风岩"四明山心"四字摩崖题刻等。其二，将自然岩壁打磨成平面或凿成规整的平面后，再进行刊刻。当遇到岩石表面不平整，刊刻后会造成文字特别不清晰时，则通常运用此法，可以使原本不适宜刊刻的岩面变为可以刊刻的岩面。鄞州区天童森林公园内的玲珑岩一带岩面极为不平，多孔隙，为此天童森林公园内的李根源题记、"飞来峰"三字摩崖、"佛"字摩崖、"变化密移"摩崖等，皆用此法。其三，在岩壁上先刻出碑形线框或铭牌形，再进行刊刻。这也是摩崖仿碑刻的一种形式。碑形线框的有慈溪佛迹洞摩崖题刻、象山江心寺后摩崖题刻。铭牌形的有海曙区横街镇武陵山摩崖造像旁的题刻。

宁波的摩崖石刻，如从刊刻单个字角度来看，根据笔画线条和其内底面所呈现出的不同效果，可以分为以下六种刊刻技法：(1)线条底面刻成内凹的弧形。这一刻法最为常见。(2)线条内底面刻成平整的平底。这一技法在宋代的摩崖中已经出现,一直延续至今。如镇海区招宝山梵文摩崖、奉化区岩溪旁白象山"石泉"两字摩崖。(3)线条内底面刻成中间鼓起、两侧低下的弧形。这一技法在明代或明代之前摩崖中较为常见。如东钱湖小普陀"补陀洞天"四字摩崖、海曙区狮子潭"显赫"两字摩崖。(4)仅按线条轮廓进行刊刻,但不对线条内进行任何刊刻。如余姚鼎新潭"鼎新潭"三字摩崖。(5)刻刀等工具沿笔画边线斜向线条中部刊刻,在线条两侧刊刻后,使线条内形成 V 字形截面。此类刻法在刊刻小字时颇为常见。(6)将线条笔画外的岩石凿掉,使文字凸现于石面之上。如慈溪市达蓬山摩崖造像中的"灵台自若"四字题刻。

总体而言,摩崖字体较大,笔画较粗,刻得较深,则较为明显,即使岩石表面不平整,其文字也较为清晰。反之,字体较少,笔画较细,刻得较浅,则不明显,如果遇到表面不平整的石面,则文字较难辨认。

第四节　宁波摩崖石刻的保护状况

　　宁波摩崖石刻在始于1956年和1981年的第一、二次全国文物普查时,已经有所发现和登录,现在对宁波摩崖石刻的认识主要基于2007年开始的第三次全国文物普查。但摩崖石刻由于其自身所具有的特殊性,多位于杂草茂盛的山间,加之苔藓覆盖,发现难度较大,即使有些摩崖近在眼前,如果不通过清理,其文字同样无法辨认,这些都给摩崖的及时发现和对其文物价值进行有效认定造成一定的困难。如宁海县西店镇天门山的白岩阿铭,当地村民仅知山上石头上刻有宋代诗作,但因山上岩石分布较多,所刻文字不明显,因此始终不被人所知。2021年2月,笔者和宁海童相兵、曹炜、任亚亚等人去寻找多次,并进行清理,又联系记者顾嘉懿,经其在《宁波晚报》报道后,方才解开此摩崖之谜,并引起属地相关部门的关注。又如海曙区横街镇武陵山摩崖造像,其题记看不清,因此当地村民中流传着"千年石佛"之说。2020年9月,经笔者实地调查和清理,其年代才第一次确定,经《宁波晚报》报道后,引起了市、区两级文物部门的重视。也有一些摩崖石刻,即使早就被发现,但仍会因为文字难以辨识而出现记录错误的情况。如宁海县东南的石台山联句摩崖,在历代县志和各类文史资料中都有记载,但因为难以辨认,史料和相关书籍记载无一准确,文字多处与摩崖实际文字不符,甚至漏抄了近一列摩崖中文字,本书也将第一次呈现此摩崖文字的真实情况。又如宁海县西店镇桶盘山淳熙年间摩崖题记,在2012年10月笔者发现并通过媒体公布修正前,相关介绍文字中都记录为康熙年间,年代相差约500年,主要也是因为难以辨识所致。

摩崖石刻的文物价值难以及时进行认定，其也就无法得到有效的保护。有些摩崖虽已发现，但可能会在城乡飞速发展中遭毁失。如宁海县东南的石台山联句摩崖，是宁波已知面积最大的一块南宋摩崖，文物部门是在2007年的第三次全国文物普查中才作为新发现进行登录的，但在20世纪八九十年代，该摩崖已被无知的人刻上一个榜书"心"字，造成了不可挽回的严重破坏。如镇海区招宝山街道招宝山仙人洞摩崖，就在1974年炸山填海时被毁。如慈溪市观海卫镇东山"劳堪钓台"四字摩崖，于20世纪70年代修建海塘的开山取石中被毁。

不少摩崖虽已经公布为文物单位或文保点，但因多位于高山之上，管理难度相对较大。有些摩崖位于寺院、军事单位、村庄之中，一旦个别使用者文物保护意识不强，摩崖随时面临被毁坏的风险，或因周边环境风貌变化而遭破坏。如象山县石浦镇二湾摩崖群，原在部队大院中，应可得以有效保护，不料有人为了使摩崖文字明显，不仅给每块摩崖涂上了鲜亮的红油漆，而且还在摩崖旁用机器刻了一个大大的电脑体"忠"字，严重破坏了这处摩崖群的环境风貌。有些人的出发点是为了保护摩崖，但其无知的做法则在损坏文物，最典型的例子就是给摩崖造像上漆。如东钱湖韩岭村云南山摩崖造像，在第三次全国文物普查中被发现后，作为重要新发现进行过新闻报道，这促使当地人对其进行了一番"保护"，不仅对摩崖造像所在的岩石随意构建，还给摩崖造像从头到脚刷上了金漆，使得此造像如今面目全非。

摩崖大多处于野外环境中，看似用石头所刻，非常坚固，不易破坏，其实非常脆弱，自然条件、人为影响等都会对其造成损害，且是不可逆的。宁波的很多摩崖仍缺乏有效保护，这一现象与摩崖所在位置比较偏远有关，也与对摩崖石刻研究不够深入，对其文物价值认识不够有关。对已发现摩崖石刻开展的保护工作，也主要停留在为了使摩崖文字清晰，便于参观而刷刷油漆。

宁波也有几处对摩崖石刻保护较好的实例，如象山县鹤浦镇大百丈村大百丈岩画，其在第三次全国文物普查中被发现后，于2008年被评为宁波市第三次全国文物普查十大新发现之一。属地文物部门高度重视，先后邀请市、省、全国相关专家来此考察，对其文物价值给予充分的认识和肯定。也正是在此基础上，该岩画2011年被公布为省级文物保护单位。2018年保护工程启动，在岩画上部建设了保护棚，对岩画上部山体加植草木，增加钢丝网防护。并铺设自村西山脚下通往半山摩崖前的石板山道，增建适于参观的观景台，也对岩面采取了一定保护措施，极大地方便市民前往参观。大百丈岩画的保护不仅为当地增添了新的旅游亮点，也成为宁波真正对摩崖石刻开展保护工程的优秀案例，其保护工程的形式值得推广。但在保护过程中，对石质表面的错误处理，致使其与原状相比发生了较大变化，同样也对岩画造成了一定的破坏，成为遗憾。

第五节　宁波摩崖石刻的发展现状

自 1949 年至改革开放前，这一时期的宁波摩崖石刻受到时代的影响，发现得比较少。宁波作为海防前线，偶有政治标语性的摩崖发现，见于军事山洞的两侧，形如对联。这一时期有明确纪年的如宁海县连头山望峰台摩崖，刻于 1962 年 9 月，全文如下："公元一九六二年九月吉日。佛，诚心则灵，必赐重生。子民邱明世敬立。"（图 2-5-1）邱明世为天台人，喝了连头山的水，其病情好转，于是请宁海人杨其礼写了字，刻在连头山石上。当时不曾署名，署名为之后补刻。

改革开放后，特别是 20 世纪 80 年代，随着宁波旅游业的快速发展，境内为加快恢复溪口雪窦山等一批著名旅游风景区建设，提升其旅游功能，刊刻了一些以景区题名摩崖为主的摩崖石刻。这类摩崖多请文化名人或政要题写，虽为新刻，但仍具有一定的历史和文化内涵，给自然风景增加了人文内涵，起到画龙亮睛的作用，成为新的亮点，也为宁波摩崖文化和景区增色不少。如 1987 年全国政协副主席、民革中央主席屈武为奉化溪口雪窦山徐凫岩所题"徐凫溅雪"四字，1990 年民盟中央副主席楚图南为奉化区溪口镇雪窦山三隐潭所题"隐潭"两字（图 2-5-2），1991 年香港中国美术会主席林建同为徐凫岩景区所题"步云"两字，1992 年中国美术家协会副主席王琦为奉化溪口千丈岩所题"千丈岩"三字，现当代书坛泰斗沙孟海为镇海区招宝山街道招宝山所题"威远雄关"四字，宁波书法家曹厚德为宁海县雁苍山和尚坑题写"聆泉"两字，2004 年天童寺广修法师为天童森林公园善财洞所题"善财洞"三字等。即使当时有些摩崖为民间人士所为，不是请名人或书法家所书，但其摩崖题字仍使用传统的毛笔书写，其刊刻沿用传统的做法，具有一定的情趣。如鄞州区横溪横邹线暗水坑瀑布旁的"多做善、不做恶"摩崖，没有落款，据俞彭年老师讲述，为20世纪80年代所刻。该摩崖虽非名人所书，但至少为某人毛笔所书，由工匠手工所刻。与现在流行的电脑字体、机器所刻的摩崖相比，更具灵气，更为耐看。

随着旅游业的进一步发展，一些风景略佳的自然景观，也纷纷开发为新的旅游景点，因纯自然景观缺乏人文内涵，也会新刻摩崖。有些确为请名人或书法家题写后依据书法原件刊刻，也有的将原本并不是为该景区所题写的内容拿来刊刻在自己的景区内。如海曙区五龙潭景区内沙孟海"龙"字摩崖，该"龙"字原件是沙孟海生前送给家乡的书法作品中的一张，收藏于沙孟海书学院。而且沙孟海早在1992年已经去世，而五龙潭景区建成于2000年，显然是仿刻。在此景区内，还有米芾、钱泳等人书的摩崖，都是取历史上著名书法家书迹仿刻于此。

更有甚者，在没有书法原稿和相关资料的情况下，直接通过集字等手段，臆造名人书法的摩崖。如余姚市大岚镇柿林村丹山赤水景区内的宋徽宗"丹山赤水"四字摩崖（图2-5-3）、奉化区雪窦山三隐潭景区内刊刻的蒋介石"雪山名胜夸东西，不到三潭不见奇"摩崖等。

摩崖为名人或书法家所亲题，具有一定的人文内涵，其书法具有一定的艺术性，刊刻者则还原了名人或书法家的手迹，追求人文和艺术的趣味和美感。但随着电脑的广泛使用，现在经常直接使用电脑里自带的字体打印内容后进行刊刻，这类字体虽然规整，但用来刊刻摩崖、碑刻等，本身就缺乏人文性和艺术性，所刻内容有些也俗不可耐。以电脑字体来刊刻摩崖主要为民间人士所为，看似在山中刻上摩崖，增加了文化景观，实则事与愿违，破坏了自然风景。其中，以宁海县西店镇白岩山（图2-5-4）、鄞州区横溪镇梅岭及亭溪岭古道为甚。

可见，近几十年来，宁波摩崖发展已经出现了两极分化：一类如传统做法，请名人题写后，刊刻于风景名胜地。这类摩崖虽然是近几年所刻，但具有一定的人文内涵，艺术性较高，为宁波增色不少，以奉化雪窦山几处题名摩崖为代表。一类使用臆造书法或直接使用电脑字刊刻，不仅误导民众的历史观和审美观，也污染大自然环境，实不可提倡。

第三章 宁波现存摩崖题刻

第一节　海曙区摩崖题刻

1. 屏风岩"四明山心"四字摩崖

四明山脉山峰起伏,冈峦层叠,呈东西向狭长形分布,横跨宁波海曙、奉化、余姚,绍兴嵊州、上虞等五区(市),总面积6665公顷。在宁波余姚大岚镇境内,有一天然山洞,洞内山石自然相隔,又可分为四洞,日月之光可射入洞中,称为"四明石窗",四明山因此而得名。宁波自唐代始称明州,也由此而来。

宁波市海曙区章水镇杖锡村地处四明山深处,村外路旁直立有一块巨石,四边平直,宽约2米,高约4.5米,厚约3.2米。其面向道路一侧石面内凹,形成一定角度,如同两扇屏风,故名屏风岩。岩石右侧下部,自上而下纵刻"四明山心"四个大字(图3-1-1)。凿刻时,仅以依笔画轮廓四周刻深槽方式,形成文字。四字为隶书,每字宽约65厘米,高约56厘米,字间距离约为10厘米,整幅摩崖石刻气势磅礴。《徐霞客游记》附录记载有族兄仲昭回忆徐霞客"独走四明"的生动情节,时在明崇祯五年(1632),徐霞客45岁。仲昭说:"犹忆余在西陵,霞客从曹娥江独走四明,五日,赤足提朱兰来,夸我以山心、石窗之胜。"[1]"山心"便是指此摩崖。可见,著名旅行家徐霞客曾来到这里,并对此摩崖称赞不已。

杖锡并不是四明山的中心地带,何来四明山心之说呢?笔者认为,在交通不

---

[1]徐弘祖著,褚绍唐、吴应寿整理:《徐霞客游记·附录:徐霞客先生年谱》,上海古籍出版社1987年版,第7页。

发达的古代，自今宁波市区出发登四明山，须先走水路到鄞江镇，再弃船登山，而四明山群山连绵、沟壑纵横，到达此处往往需数日。何况杖锡已位于海曙与余姚接壤处，属宁波境内的四明山腹地，这一带更是山势峻拔，壁立千仞，云雾缥缈，平均海拔800米以上，是宁波的"高原地区"，自古有"杖锡无六月，梧拢就下雪"之说。无怪乎文人墨客至此，便将此地誉为"四明山心"了。

关于屏风岩的摩崖还有一段传说。有一天，一个和尚经过这里，随手放下一块小石头，石头随即越长越大，变成了一口偌大的石门橱，橱内放满了金银宝贝，珠光宝气，耀眼夺目。此时，引来了山上一个正在劳作的农人。他见到这么多宝贝，就上前伸手去拿。和尚在一旁笑着对他说："这么多宝贝，你凭双手，岂能拿得多？不如回去找个箩筐来装。"农人一听在理，飞一样跑回家去，当他挑着箩筐急匆匆跑来时，石门早就关闭了。农人一见急了，质问和尚，和尚就在石头上写下"四明山心"四个大字，并对农人说，可用手臂、手掌、拳头、脚板去填那个"心"字，填满了，石门就会自动打开。原来那个"心"字上的笔画，确实像人的手臂、手掌、拳头和脚板，尤其是"心"字的竖弯钩笔画，就像一条弯曲的手臂。那个贪心的农人照着和尚的话，拼命用手去填字，但哪有这么大的手臂和拳头，等他回过头再来求和尚时，和尚早就飘然而去。

屏风岩摩崖没有落款，明代诗人沈明臣《四明山游记》中记载："南面有'庆丰'字，风暴甚，不能久留，山巅亦有怪石，不能上，回寺中。"可见，当时在屏风岩的南侧尚能看清文字，今天南侧上部还残留有部分笔画的痕迹，但文字已不可辨，仅能看出文字为纵向刊刻，应是沈明臣所提到的"庆丰"两字。这也为考证"四明山心"的刊刻年代增加了难度。历史上，"四明山心"四大字摩崖一直被认为是汉代所刻。明代诗人沈明臣认定它出自汉人之手，《四明山游记》中有曰："《志》谓出汉人手，诚然，非后代所能办也。"在杖锡寺住过一段时间的黄宗羲也认为"乃汉隶也"。

1997年，台湾地区"国立"编译馆主编的《汉魏石刻文学考释》中，指出浙江汉魏时期石刻共有五处，其中一处即指屏风岩摩崖。[1]也正因为"四明山心"摩

---

[1]叶程义著，"国立"编译馆主编：《汉魏石刻文学考释》，新文丰出版公司1997年版，第1507页。

崖一直被认为是宁波少见的汉代书迹，方志较早见于明成化《宁波府简要志》："杖锡山，县西南一百二十里，前有七峰，上有'四明山心'四汉隶字。"[1]在宁波、绍兴、嵊州等地的方志中，只要提及四明山，也必提及此摩崖，并都将其定为汉隶。民国年间，鄞县文献委员会还特意将此摩崖拓摹刻成印版，并下刻"在县西南杖锡山屏风岩，鄞文献会摹"，用来制作专用信笺纸。

对于此摩崖的年代，因无准确纪年，也存在不同说法。清乾隆年间（1736—1795）德清人徐承烈在《越中杂识》中称："宋刻'四明山心'四大字，八分书，在四明山芙蓉峰上。"[2]其将此摩崖定为宋代的依据是什么未言明。徐时栋为重修县志，曾请徐杜呑的老友徐曙峰访四明山掌故，并叮嘱其特别留意"四明山心"摩崖。为了完成老友的嘱托，当时已是71岁的徐曙峰见到此摩崖后，伐竹绑木做成操作平台，上纸后用煤擦拓，做成一张拓片，回城后赠予徐时栋。此摩崖端劲雄伟，看到此摩崖拓片者都惊喜不已，都认同此摩崖如沈明臣所言，为汉隶，但徐时栋认为其为宋元时期所刻，并为之作《跋四明杖锡山汉隶》。[3]

笔者请教过多位书法家、篆刻家、收藏家，都倾向于此摩崖为汉代所刻，笔者也持相同观点。原鄞县文物部门认为此摩崖与宋代时所镌刻的鹿窠摩崖近在咫尺，便将此摩崖也定性为宋元时期所刻，并将其与佛手岩和六龙泉周边摩崖一起合并称为鹿窠摩崖石刻群，早在1986年已将其公布为县级文保单位。笔者认为，这一摩崖虽历史上就有汉代和宋代之争，但数百年来，一直以汉代之说流传最广，在没有足够证据来确定其年代前，不应立即予以定性。但无论此摩崖是汉代还是宋代所刻，都属于宁波早期摩崖石刻，尤为珍贵。

2. 字岩下村"四明山心"四字摩崖

人们多知"四明山心"摩崖在杖锡村，其实，同在章水镇的字岩下村也有一块"四明山心"摩崖。

---

[1]俞福海主编：《宁波市志外编》，中华书局1998年版，第252页。
[2]悔堂老人：《越中杂识》，浙江人民出版社1983年版，第189页。
[3]徐时栋：《烟屿楼文集》第三十二卷，顾廷龙主编：《续修四库全书·1542·集部别集类》，上海古籍出版社2002年版，第472页。

摩崖位于村庄北面岩崖上,其岩石宽 2.5 米,高 5 米,上刻"四明山心"四字(图 3-1-2),阴刻,行楷,每个字高 0.4 米。旁无落款。经风雨等自然灾害的侵蚀,崖面上四字除"心"字,均已漫漶不清。从书法水平来看,其明显不及杖锡村"四明山心"四字摩崖。此摩崖史书无其镌刻确切年代的记载。而据《宁波市鄞州区地名志》记载,该村全姓戴,是明末清初时由古林戴家迁入,其摩崖的年代较村庄更早,故名字岩下村。[1]由此可见,摩崖至迟刊刻于清初。

此摩崖在 2005 年 5 月被公布为县级文保点。

3. 鹿窠摩崖群

海曙区章水镇杖锡鹿窠村地处四明山腹地的高山之上,古时,这一带林茂草盛,有野鹿在此繁衍生活,村名由此而来。鹿窠村依山而建,村落的西南侧有一片竹林,林间多奇岩怪石,俗称佛手岩,岩间散布着多处摩崖题刻。竹林旁有一条小溪从山石中跌宕落下,形成六级,故称为六龙泉,溪旁的山石上也刻着多处摩崖。鹿窠摩崖群所指的摩崖也主要集中在佛手岩和六龙泉周边。

鹿窠摩崖群仅有一处摩崖刻有纪年,为南宋开庆己未年(1259)。其内容多与佛教相关,其中"浴心"两字摩崖有落款"山僧圣永",距离摩崖不远处就有一座杖锡寺,始建于唐龙纪元年(889),毁于明朝末年,后又重建。而细审这一带其他摩崖题刻,除一处题刻为篆书外,其他均为楷书,字体大小、书法风格都较为相近,这些字形整体也都呈现出长大于宽的近似长方形结构。因此,现在普遍认为,这些摩崖石刻是杖锡寺中几个僧人相继题写镌刻于南宋开庆年前后。

鹿窠摩崖群各摩崖位置较为明显,历代地方志中都有记录。因与屏风岩"四明山心"近在咫尺,通常被视为一处。1986 年,鹿窠摩崖群和屏风岩"四明山心"四字摩崖统称鹿窠摩崖石刻群,公布为鄞县县级文物保护单位。其中,鹿窠摩崖石刻群共计登录九块,即屏风岩"四明山心"四字摩崖和鹿窠摩崖群中的"诃佛""中峰""再来石""三峡""醉泉""潺湲洞""浴心""过云"八块摩崖。

---

[1]《宁波市鄞州区地名志》编纂委员会编著:《宁波市鄞州区地名志》,西安地图出版社 2006 年版,第 450 页。

2016年区划调整后,现为海曙区文保单位。

(1) "诃佛"两字摩崖

鹿窠村西南侧竹林间有一处孤峰,看似由几块岩石堆垒而成,其下部一块馒头状岩石上,自右向左横刻有楷书"诃佛"两字(图3-1-3),无落款。刊刻时,沿笔画轮廓斜刀入石,笔画内凿为平底。这一带岩石岩面不平,但因其字号较大,线条较粗,文字清晰可辨。

(2) "中峰"两字摩崖

"诃佛"两字左下方,有一块高近10米的岩石,岩面为红褐色,呈现凹凸不平的横向纹理,被称为中峰岩。其靠山路一侧如同刀劈,有两面平整的崖壁,一面崖壁上部深刻有篆文"中峰"两字(图3-1-4)。刊刻时,沿笔画轮廓斜刀入石,刊刻较深,笔画内底平,呈内凹弧状,因是深刻,加之笔画较粗,文字清晰可辨。

(3) 经文摩崖

中峰岩刻有"中峰"两字的下面刻满文字(图3-1-5),共13列,满列约有15字,每一字约8厘米见方。因石质粗糙,加之风雨侵蚀,难以识全。其内容跟佛教有关,疑为经文,可辨认的有:

无穷岂不

美珍□□庵这庵

于人金印如斗来为

人无至界休向□中

若不须逢莫相不也无感

王育观自在界千容幼须弥山

为取无方圆无内外绿水青山

师岂傍人会不会

日□涅槃生死

分面背无祖师无训诲也

歌社诈任不具奉勤时人

无明□无师定无且□擘

德有衣

（4）"再来石"三字摩崖

"中峰"两字摩崖所在岩面左侧一块岩面，分布着3块摩崖，其下部自上而下，深刻有楷书"再来石"三字（图3-1-6），每字宽约30厘米，高约40厘米。左侧有落款"开庆己未夏题"，即南宋开庆元年（1259）所刻，落款每字约8厘米见方。"开庆"为宋理宗赵昀年号，此年号仅使用一年，第二年便改年号为景定。这块摩崖题刻也是鹿窠摩崖群中唯一一处有确切纪年的摩崖题刻，对判定周边其他摩崖刊刻年代具有重要的参考意义。清陆增祥《八琼室金石补正》对此摩崖有所记述，但同时提出："右题字见年月而不见人名，年月上纸不全整，疑失拓也。"[1]此摩崖四周笔者仔细找寻过，确实没有其他刊刻痕迹，在各类史籍中对此摩崖的描述，也未见提及还有其他文字。猜测陆增祥应该没到过现场，而随意定性为"失拓"。

（5）中峰偈语摩崖

"再来石"三字上方并列分布着两块偈语摩崖，右侧刻有一首偈语："昔日今朝□，分明在目□。两头俱坐断，三峡水潺潺。"（图3-1-7）其尾有落款"中峰"两字。偈语每句一列，落款一列，共计5列。此摩崖刻得较浅，加之岩面不平，难以辨认。所幸此偈语字号较大，笔画简单的还能一读。此摩崖以楷书写就，书法尚属规整，惜不知落款"中峰"是指何人。在奉化雪窦山十八折古道上有榜书"清音"两字摩崖，其落款也是"中峰"，据史料记载，元代高僧中峰明本曾到过雪窦寺，因此，此"中峰"为中峰明本的可能性较大。中峰明本（1263—1323），字幻住，号中峰，杭州富阳人。精通佛法，是元代杰出的高僧。当时佛教各大名山寺院都请他去担任住持，但都被他一一推辞。为了回避邀请，其或于山上结庐自居，或云游四方。但此诗是否也为中峰明本所书，尚需进一步研究。

---

[1]陆增祥：《八琼室金石补正》卷一百二十，吴兴刘氏希古楼刊版，第11页。

（6）西岩偈语摩崖

"再来石"三字上部，中峰偈语摩崖左侧，也刻着一首偈语（图 3-1-8），其每个字要比中峰偈语略小，加之风化严重，石面不平，已不能通读。从其字与字的间距来分析，当是一首七言偈语，每一句刻一列，落款"西岩"两字又刻一列，共刻 5 列。

落款西岩和边上中峰偈语落款同出一辙，而此岩面正面西，或猜测西岩为此岩之名，偈语是以岩名为偈语名而作。如此假设成立，则中峰偈语摩崖"中峰"则不是落款，同样也是偈语名。

（7）"三峡"两字摩崖

竹林西侧有一条溪流，从山顶到山脚落差较大，瀑布分六级而下，因此称为"六龙泉"。途经鹿窠村竹林旁一段溪流则穿梭在呈阶梯形的裸露岩石带之间，时而跌宕，时而潺湲。岩石自然将溪流分为三级，其最高处有一岩石近似长方形，将溪流一分为二，水流从岩石两侧的岩缝中穿过，在此岩石下又汇为一股，从岩石中跌宕而下。三条溪流因在石缝中穿梭，故称为"三峡"。就在长方形岩石的岩壁上，自右向左横刻有"三峡"两字（图 3-1-9），楷书，宽 100 厘米，高 45 厘米。

（8）"醉泉"两字摩崖

"三峡"摩崖题刻左下角崖壁上则纵向刻有"醉泉"两字（图 3-1-10）。每字宽约 20 厘米，高约 30 厘米。其一旁刻有落款："朱德言题。"《鄞县通志》中有记载。[1]惜"朱"字风化严重，已不可识，每字约 7 厘米见方。

（9）"潺湲洞"三字摩崖

溪流自醉泉溢出后，向前不远，又形成一处天然落差，溪水自几块大岩石间倾泻而下，形成落差近 10 米的一处小瀑布，其半腰一块平整的崖面上自上而下

---

[1]民国《鄞县通志·文献志》第七册，民国印本，第 2165 页。

刻有"潺湲洞"三字（图 3-1-11），未见落款。

（10）"浴心"两字摩崖

溪流自"潺湲洞"摩崖旁落下后形成一个小水潭，自水潭溢出后，又隐于岩缝间，其一旁的崖壁恰是山道的基石，略微拨开杂草，便可在石壁上看到自右而左的"浴心"两字（图 3-1-12），楷书，有魏碑之书风。左侧有落款："山僧圣永。"民国时，此摩崖还被模刻到了数十公里外的阿育王寺。

阿育王寺是宁波著名的寺院，位于鄞州区东部的鄮山，寺院地势高，苦于缺少水源，早在宋代寺僧就掘地寻泉，所掘之泉相传有七个之多，今存宋张九成的《妙喜泉铭》便是当时掘得其中一泉后所留。铭文记载："育王为浙东大道场，地高无水，僧众苦之。绍兴丙子佛日，禅师杲公受请住持，周旋其间，命僧广恭穿穴兹地，为一大池。锹锸一施，飞泉溢涌。知州事姜公秘监见而异之，名曰'妙喜'。"但七泉相继淹没，仅存蒙泉和妙喜两泉。阿育王寺一到夏季，缺水现象依然十分严峻。清光绪十五年（1889），住持济法禅师基于寺后两山对峙形成峡谷的有利地势，于是筑坝为池，名为冷泉。次年，又在其下再筑一池。但构筑后时有漏水。民国二十一年（1932），舍利殿主宗释法师募资重修两池，用钢筋水泥浇铸坝体，外侧用石块砌筑，并加高坝体。上池称为"冷泉"，下池称为"八功德水"。冷泉也被称为浴心池，因在冷泉最里侧池旁的栏杆上刻有"浴心"两字，后有长跋："右石刻拓自四明山，摩崖无年月，无款识。玩浴字，作出六朝人手笔，而心字不类代，远年湮，欲求典，实无，故老知其谁氏矣，志以数语所以明其来有，自云。晦谷重模刻，留叟跋并书。"

晦谷即晦谷宗亮（1872—1926），俗名马宗亮，号晦谷，慈溪人，11 岁时随父到阿育王寺剃度，清光绪十八年（1892），任阿育王寺监院，民国五年（1916）升任方丈。在任期间，修建天王殿、舍利殿、禅堂，迎请龙藏经，多有作为。其每年春秋时节，必亲自打扫塔陵，自号"扫塔侍者"，以示不忘根本。爱好文学，善诗文。

留叟即张琴（1864—1938），字峄桐，晚号留叟，今海曙区古林镇张家人。其幼年时熟读经史，考取贡生，曾到湖北等地任官。辛亥革命后，他弃官返乡，兴办崇本学堂，是宁波早期新式学堂之一。后应邀到省立第四中学（今宁波中学）

任国语教员并兼任学监,三年后任监督,行校长之职。张琴善书法,受史晨碑、曹全碑、张迁碑及石鼓文影响尤深,作书常以篆草入隶书写,动感十足,又显苍老古拙,声名远扬。其书法多见于桥额、碑刻中,如延芳桥额、余庆桥额、《杨氏碧川房重建祠堂记》等。

从此长跋中可知,此处"浴心"两字就是将鹿窠摩崖"浴心"两字拓来,在此模刻上石。猜测晦谷去拓印时,漏拓了落款,以至于张琴会有"无款识"的误判。张琴对于这两字的年代也提出了自己观点,即"浴"字似六朝人手笔,而"心"字不是同一个年代。他对于这两字的年代感到十分困惑,去查阅史料也一无所获。

(11)"过云"两字摩崖

鹿窠摩崖群相对集中于竹林和六龙泉一带,唯有"过云"两字摩崖较为难找。1949年4月13日,蒋介石一行来此时,找到竹林及六龙泉周边摩崖后,也曾想去看"过云"两字摩崖,但没有打听到位置。蒋经国回忆录中对此有这样的记载:

> (1949年4月)十三日……下午二时半回大俞,在其对岸岙背大路旁之竹林席地午餐。餐毕,经百步阶至仗锡之西,即所谓六龙泉、三峡与潺溪洞之前,略憩摄影。路旁有大岩石矗立,恐即"再来石"也。侍从人员欲在石上镌字,以作游观纪念,因时间不早,未果。复进至仗锡,寺如旧日,惟破损不堪;僧众亦仅存一半。询其"过云石在何处"?则茫然结舌,不知所答。问之附近李姓者,亦不知有"过云石",只知有"再来石"云。四时半由杖锡归,途经屏风岩,镌"四明山心"四大字,颇为壮观。[1]

据民国《鄞县通志》所载,"过云"两字摩崖在百步阶。[2]确如所载,在章水镇李家坑村百步阶村旁的溪边林间,有一块直立的岩石,面对台阶和溪流一侧

---

[1] 蒋经国:《蒋经国回忆录》,东方出版社2011年版,第183页。
[2] 民国《鄞县通志·文献志》第七册,民国印本,第2166页。

岩面较为平整，其中部自上而下，刻着楷体"过云"两字（图3-1-13）。刊刻时为沿笔画边线深刻，笔画底面略呈凸起的弧形。没有上下款。此摩崖因石面平整，字号较大，刊刻较深，文字较为清晰。

为何在此刻"过云"两字呢？黄宗羲在《四明山志》中这样说道："唐谢遗尘言山中有云不绝者二十里，民家云之南北，每相从，谓之过云。盖自杖锡至雪窦，数十里皆谓之过云，不止二十里也。自杖锡而北谓之云北，自雪窦而南谓之云南。西岭乃南之始，北之终，故镌于此。"[1]

（12）"四窗"两字摩崖

史料中对鹿窠摩崖群记述较多，但很少提到在鹿窠摩崖群中有"四窗"两字摩崖（图3-10-14），即使是列入文保单位的鹿窠摩崖石刻群所包含的九块摩崖中，也未将其列入，主要因为此处摩崖难以找寻。笔者虽未曾找到，但见到过此块摩崖的拓片，"四窗"两字为自右向左横书，楷体，无款，书法浑厚沉稳，笔画线条较粗。

众所周知，四明山上有四窗岩，是否这两字摩崖在四窗岩呢？其一，沈明臣在《四明山游记》里写到鹿窠各摩崖时，其中有一段描述："稍西复有片石突起，石背中穿，仰睇天见一线，划一石刻'石窗'（疑为'四窗'之误），字楷，大小如'中峰'，旁有款，仅'开庆'字可见，余亦藓蚀。"[2]其二，此摩崖书法风格与鹿窠摩崖群中的"浴心""过云"等摩崖相仿。其三，据民国《鄞县通志》记载，"四窗"两字摩崖标注在"鹿窠上"。[3]《鄞县通志》中，将"三峡""浴心"等摩崖位置标注为在"鹿窠下"，将"中峰"两字摩崖位置标注在"鹿窠"，将"再来石"三字摩崖位置标注为在"鹿窠下"。由此猜测，"四窗"两字摩崖也是鹿窠摩崖群中的一块，而且其位置很可能离"再来石"摩崖不远。

---

[1]黄宗羲：《四明山志》卷一，清康熙四十四年（1705）刻本，第2页。
[2]孙德祖撰，邵友濂修：《余姚县志》卷十六，清光绪二十五年（1899）刻本，第16页。
[3]民国《鄞县通志·文献志》第七册，民国印本，第2166页。

4. 女儿岩摩崖

海曙区横街镇芝岭村以北的万安桥南侧,有一片裸露的垂直山岩,岩层挤压自然形成左低右高状,当地人称之为女儿岩。岩上并排分布着三块摩崖(图3-1-15),其中一块摩崖带有纪年,刻于北宋元祐三年(1088)八月初三日,仅比刻于北宋熙宁八年(1075)的慈溪市栲栳山石谷亭摩崖晚十余年,在宁波已知有明确纪年的摩崖石刻中年代排名第二,且由岩画和题刻共同组成,因此该摩崖具有较高的文物价值。此摩崖不见任何史书记载,在第三次全国文物普查中,万安桥和此摩崖均未被登录。2020年11月,笔者应邀来横街认定临塘庵建筑是否有文物价值后,转道来万安桥拍照时在崖壁上发现此摩崖。女儿岩摩崖自左而右,各块摩崖大致情况如下。

(1)元祐三年摩崖

元祐三年(1088)摩崖位于岩壁最左侧,其位置最高,面积也最大,由题款、莲花、佛像三部分组成,摩崖总宽80厘米,高60厘米。最左侧为落款,共分2列,左高右低,左列刻"施平管人爱□",右列刻"元祐三年八月初三,冉丘"(图3-1-16)。楷书书写,笔画线条似为单刀刻出,呈现方头重刀起始、尖尾轻刀结束的线条刊刻效果,干净利落,书法具有较强的力量感。而这其中"管"字为草书,其书法线条流畅,转折有法。可以看出,书写此摩崖的人绝非普通民众。"施平管"与宋代宁波城砖铭文"孝义管"相仿,"管"可能是宋代宁波行政区划的名称,但"施平管"不见史料记载,因此,此摩崖也颇有史料研究价值。落款的右下角有线刻的莲花,花朵向上开放,共分三瓣,每瓣上刻有脉纹。莲花右上侧刻一轮弯月,月牙向下,呈右上左下方向,宽约7厘米。莲花右下侧约45厘米处,单独线刻着一个图案,其下部也刻有一朵三瓣莲花,较前朵莲花更大,但脉纹刻得不及前朵莲花多。莲花上有一尊佛像,但仅以线条刻划出了头、手和身体轮廓外形,似乎是一件未完成的岩画作品。

（2）小字"佛法"摩崖

元祐三年摩崖右侧的一块岩壁上，自右而左，刻有"佛法"两字，书法线条规整，气息清雅，与元祐三年摩崖落款书法完全是两种风格。其文字上有明显的刀痕，致使文字不清晰，不易被发现。另，右下角还有一个较小的"佛"字。

（3）大字"佛法"摩崖

小字"佛法"摩崖的右侧不远，自右而左，刻着"佛法"两字（图3-1-17）。其与一旁的小字"佛法"摩崖相比，颇有相似之处，只是字体大小不同，疑为出自一人之手。由此猜测，小字"摩崖"先刻，但因刻得过小，不易被过往路人看到，于是又在其右侧光滑的石面上重刻了较大的"佛法"两字。

5. 天井岙"元吉在上"四字摩崖

海曙区龙观乡天井岙村地处溪流峡谷之中，村子在溪流北侧，南侧则有一片竹林。沿着古道在竹林中向东而行，不足百米，路旁有山岩似刀劈，形成一块高约4米的平整岩面，面北而立。岩石上纵向镌刻有"元吉在上"四个大字（图3-1-18），每字宽约35厘米，高约45厘米，为楷书所写，略带行意。刊刻时沿笔画线条向下直刻，刻得较浅，笔画线条底面中间略鼓，呈凸起的弧形。右上角直刻"嘉庆七年（1802）壬戌之秋"，右下角刻款"鄞令闽中郭文志书"，每字约8厘米见方。郭文志为福建闽县（今属福州市）人，清举人，担任过宁海、鄞县、桐乡等浙江十一个县的县令，后任教清代名臣纪昀家塾十年。乾隆六十年（1795）和嘉庆三年（1798）两次担任鄞县县令，于嘉庆八年（1803）离任。由此可见，此摩崖题刻正是其离任前一年所书。据史料记载，郭文志在宁波为官时留下的书迹除了此处，还有其任宁海县令时在宁海南侧新岭所题的"头上青天"四字摩崖，在今台州市三门县小桐岩村临溪石壁上所题的"逢回路转"四字摩崖、桐岩岭石壁上所题的"衣香履迹"四字摩崖等。[1]

---

[1] 王瑞成修，张浚纂：《宁海县志》卷二十一，清光绪二十八年（1902）刻本，第48页。

"元吉在上"出自《易经》中"《象》曰：元吉在上，大有庆也"。意为最为吉祥的居于上位，属于吉语。

此处摩崖所经过的古道，是通往周公宅村、杖锡村等四明山腹地的重要古道，离此不远更有一处"仙境神地"。自天井岙村入山不远，山溪因落差天然形成五级瀑布，每级各有特色，景色宜人，瀑布下形成五个深潭。相传，东海龙王之子外出游玩时，曾在此上下翻滚而形成深潭，于是村民称此为五龙潭。对于日出而作、日落而息的农耕生活而言，风调雨顺关乎着农民一年的收成。在科学尚不发达的旧社会，祈求神灵保佑是常见的办法。民间笃信五龙潭灵验，为求风调雨顺，供以香火，北宋建隆元年（960）即在此建天井寺，南宋乾道二年（1166）又建关龙庙，远近村民都来此膜拜。南宋开庆元年（1259）初还下敕封五龙神，元至正二十六年（1366）江浙行枢副使张启源又请旨赐封。

在公路未修建前，摩崖题刻边的古道不仅是山里与山外联系的重要交通道路，也是农人到五龙潭祈神护佑的必经之路。作为一县之令的郭文志合乎民意，题写"元吉在上"四字，刻于旧时通往天井寺和五龙潭必经之地旁的岩石之上，以示由此将进入神龙出没的仙界，也以此表明自己对神灵的崇拜，祈求神灵护佑一方土地，以保黎民安居乐业。一处摩崖题刻足见郭县令关于民生的一番良苦用心。该摩崖在2007年9月被公布为县（区）级文保单位。

6. 狮子潭"显赫"两字摩崖

沿着余姚市大隐镇章山村双溪口水库溯源而上，可见公路一旁峡谷间，竹荫蔽日，溪流在谷底的乱石间穿行，景色幽静。溪边有几块山石如垒叠而成，称为石人台。其南约500米，溪中有一巨石突凸，使之形成十余米的落差，溪水自山石夹缝中喷溅而出，在岩下冲刷成一幽邃的深潭。今人以讹传讹，称巨岩上凸下凹，形似横卧的巨狮，故称此潭为狮子潭。其实不然，据光绪《慈溪县志》所载："有狮子足迹。"[1] 狮子潭之名应由此"足迹"而来。这一带峡谷间多奇岩怪石，溪水穿梭其间，时而潺湲，时而激荡，多飞瀑深潭，形成了秀丽的峡谷风光，

---

[1] 杨泰亨纂：《慈溪县志》卷九，清光绪二十五年（1899）刻本，第15页。

加之又有仙人床、仙人洞等多处景点，自古就是游水览胜的好去处，受到历代文人贤士的青睐。明代天启年间（1621—1627），曾编修最早一部《慈溪县志》的慈溪县令、上海松江人李逢申和他的朋友及幕僚一起来此游览，同行的刘伯渊还为此作了《同李邑侯偕宾僚游狮子潭诗》以记此事。这位李县令游览后，也作有《游狮子潭》一诗："携杖出谷访云林，霁色初开上碧岑。竹荫千村新翠羽，松涛万壑老龙吟。山当好处王维画，溪逼清声阮籍琴。更藉同游探古迹，石台岩畔快登临。"还手书"枕漱奇观"[1]四大字刻于狮子潭石壁上，可惜此四字因年代久远，风雨磨砺，今天已无从查找。狮子潭边至今留存下来的仅有一处明代摩崖题刻。

公路旁有小径可下至狮子潭，行至一半，路内侧岩壁平整如削，高10多米，其下部横向阴刻有"显赫"两个大字（图3-1-19），宽约2米，每字约60厘米见方，为繁体楷书，字体方正，线条浑厚。摩崖所在的岩石表面有一层布满密集小孔的灰白色外层，外层较薄，不足1厘米，其内为质地细腻的青灰色基岩。而此摩崖恰好浅刻在岩石的外层上，日久天长，崖壁上外层掉落严重，也有一说是由于村民曾在此摩崖下焚烧垃圾，致使摩崖部分石面崩落。笔者在此摩崖被新发现后到访，当时"显"字尚完整，"赫"字局部及原落款部位外层已完全剥落，露出了基岩层。此后，有人认为摩崖字迹不清，对"赫"字左下角露出的基岩上的所缺线条进行过补刻，对文字线条似也进行过凿刻加深。看似凿刻者做了一件好事，让来访者能看清文字，实则严重破坏了摩崖。

据《余姚记忆》记载，狮子潭"显赫"两字摩崖落款为"金陵任伯书，壬寅六月十三日"。[2]据《余姚文史资料》第3辑所载，"题刻没有年代表示"，落款是"金陵任柏书"，"任柏，万历三十九年任典史"[3]。由此所言，该摩崖题刻是明万历壬寅年（1602）所刻，距今已有400余年。然而，两书中对落款记载尚不一致。另据光绪《慈溪县志》所述"邑中摩崖如霍与瑕狮子潭题字"，[4]霍与瑕为广

---

[1] 杨泰亨纂：《慈溪县志》卷九，清光绪二十五年（1899）刻本，第15页。
[2] 叶树望、孙栋苗主编：《余姚记忆 最后的历史文化遗产（下）》，浙江古籍出版社2009年版，第332页。
[3] 钟号：《狮子潭摩崖题刻》，市政协文史资料研究委员会、市文联乡贤研究会合编：《余姚文史资料》第3辑，1987年内部刊本，第92页。
[4] 杨泰亨纂：《慈溪县志》卷五十，清光绪二十五年（1902）刻本，第25页。

东南海（今佛山市）人，尚书霍韬之子。明嘉靖三十八年（1559）进士，曾任慈溪县知县。其与海瑞齐名，坦率正直，后因抗议都御史鄢懋卿在盐政任上苛敛贪渎而被弹劾。此"显赫"两字为霍与瑕所题也可存此一说，如若《慈溪县志》所记正确，则其年代还可提前。只是今天落款处岩面剥落，即使曾经有落款，也已无从查证。但笔者细审摩崖左侧落款位置石痕，此摩崖原本便无落款的可能性更大。此摩崖无论是任伯所书还是霍与瑕所书，结合刊刻风格而言，为明代所刻当可确定。

狮子潭"显赫"两字摩崖在第三次全国文物普查时被鄞州区文物部门发现并登录在册，2014年公布为鄞州区文保点。此摩崖在第三次全国文物普查时，余姚市普查队认为其在余姚境内，也将其登录在册，并在2010年将其公布为文保点。狮子潭"显赫"两字摩崖由此成为全市唯一一处同时出现在两地文物"三普"名录中，也一度成为同时拥有两区（市）文保点级别的摩崖石刻。2016年鄞州区区域调整后，此处摩崖由鄞州区划归海曙区管辖，原本应由海曙区重新公布为海曙区文保点，为避免重复，在相关部门的协商下，海曙区在对原鄞州区文保单位（点）重新公布为海曙区文保单位（点）时，便没有将其列入公布名单，狮子潭"显赫"两字摩崖也就在文物保护层面归属余姚市管理。

狮子潭"显赫"两字摩崖处在海曙区（原鄞州区）与余姚市两地交界附近，如果不借助专业的仪器、地图和路标，在山区很难确定具体的两区界线。为确定此摩崖所属区市，笔者曾于2021年春节再次到访，看到海曙与余姚的分界牌在上大线的毛家埠公交站旁，其一旁就是水库库区。而狮子潭摩崖在上大线的古岸方公交车站旁，属于水库上游的峡谷流域中，摩崖与两区市分界牌差近1千米。2015年，惠民村村民还以村中摩崖文字难以看清，呼吁对此摩崖进行保护和修复。显然，此摩崖从地理层面而言，当属海曙区横街镇惠民村。故本书仍将此摩崖列为海曙区。

第二节　江北区摩崖题刻

石佛亭摩崖

慈城东观庄村白鹤山西南麓路侧，有一块面朝西南的崖壁，其与周边崖面不同，人工凿成宽 1.1 米、高 1.8 米的岩面。其上凹刻有正楷"阿弥陀佛妙法华经"8 字（图 3-2-1），字分 2 列，每列 4 字，每字约 40 厘米见方，上下无款。

摩崖石刻所在地位于古花屿湖的东南角，花屿湖四周被群山所围，仅西南和南侧各有一缺口，于是在唐代利用天然地形筑堤为湖，西南湖塘称为短塘，南侧塘路略长，称湖塘。湖在明代复为田，地名至今尚留。摩崖石刻前的小路正是通向花屿湖的湖塘，由此再向西，翻过县东岭，就是当时的慈溪县县城。由此可见，这一处摩崖题刻正处于交通要道旁。

所刻"阿弥陀佛"是佛号，"妙法华经"即《妙法莲华经》（《法华经》），是大乘佛教的经典之一。佛家认为，佛语和佛经都具有神奇的法力，刻在路边能保佑路人平安。经过的路人看一眼，读一下刻在路旁的佛语，就可以认为是在进行一次修行。因此，佛家经常在道路旁刊刻佛号、咒语和佛经等，来保佑路人、弘扬佛法。

《慈溪县志》载："花屿湖南石佛亭刻'阿弥陀佛妙法华经'八大字。"[1] 即指此摩崖。石佛亭今已不存，疑为当时摩崖边上的一处佛教场所之名。这处摩崖

---

[1] 杨泰亨纂：《慈溪县志》卷五十，清光绪二十五年（1902）刻本，第 25 页。

题刻也可能正是石佛亭内的信众们所书刻。

据记载，慈溪县城北的普济寺内有一位叫遂端的高僧，其朝夕展咏《法华经》，唐咸通十二年（871）示寂，口吐青莲七朵，观者如潮。后葬于城东的汤山。据称，在普济寺内藏有其千年法相，可惜毁于20世纪五六十年代。相传，每年五月初一日是其示相显化之日，当地有当天颂《法华经》传统。[1]此石佛亭和摩崖或许与纪念遂端有关，也不妨存此一说。

此摩崖因无纪年，刻于何时也不见方志记载，据慈城文史研究专家钱文华讲述，其曾见过清代学人的笔记中述及此摩崖为宋代所刻，依此推论，此摩崖至迟为宋代所刻。而笔者据摩崖现状推测，宋代刊刻的可能性也较大，因此，此摩崖弥足珍贵。

---

[1]徐兆昺著，桂心仪等点注：《四明谈助》，宁波出版社2003年版，第1577页。

第三节　鄞州区摩崖题刻

1. 天童森林公园摩崖群

坐落在鄞州区东吴镇太白山南麓山谷中的天童寺，有着1700多年历史。相传，西晋年间，僧人义兴在鄮县东谷结庐修行。天帝被其道行感动，派太白金星化为童子护持左右，助其修建寺院，寺名由此而来。寺后的群山也因此得名太白山。天童寺在宋代曾被列为"天下禅院五山十刹"中五山第三位，历代香火鼎盛，素有"东南佛国"之称，是日本佛教曹洞宗的祖庭。

太白山是宁波东部的最高峰，植被茂盛，古树参天。据有关专家调查，这里生长着1200多种植物，而且还有8个典型森林植被群落，是亚热带北部生长典型的植被顶级群落，被国际植被学会主席称为不可多得的"浙江植物基因宝库"。中国科学院地理科学与资源研究所赵士洞研究员在考察这里的动植物资源后更是惊叹，称之为"无价之宝"。1981年，这里建立了天童森林公园，这也是我国最早公布的三个国家级森林公园之一。

太白山上多奇石怪洞，尤其是在天童寺西侧一带的森林公园内，磐陀石、飞来峰、虎跑泉、悟心洞、观音洞等散布其间，移步换景，景色万千。而半山腰的玲珑岩更是称绝，其怪石嶙峋，危立千仞，天然布满大小不一的孔洞，凹凸起伏，深浅不一，如同凿刻满佛龛、佛像的千佛岩，小孔形如针眼，深仅盈寸，大的孔洞穿山而过，让人通行自如。崖壁奇峭，其内中空，玲珑剔透，叩之有声。整块崖壁不得不让人赞叹大自然的鬼斧神工。宋代状元舒亶来此游览后，曾写下"诡形迥与万山殊，空洞由来一物无。直恐虚心自天意，人间穿凿枉工夫"之句。"玲珑天凿"之名便由此而来，位列"天童十景"之一。天童寺也因此地而一度被称为"天童玲珑寺"。自玲珑岩上飞来峰，俯瞰山谷中的天童寺，则"二十里松行欲尽，青山捧出梵王宫"的诗境尽收眼底，此地是登高望远的绝佳去处。

北宋庆历七年（1047）十一月，时任鄞县县令的改革家王安石来到天童寺，在他的《鄞县经游记》中有这样的记载："质明，与其长老瑞新上石望玲珑岩，须猿吟者久之而还。"但在山径修建前，登山并不容易。据民国高僧印光大师所撰、晚清四大词家之一朱孝臧所书《天童玲珑岩甲寿径缘起碑记》记载，民国十二年（1923）秋，周庆云来天童寺为自己的六十大寿做佛事。周庆云（1864—1933），字景星，自署梦坡，湖州市南浔人，清光绪七年（1881）秀才，年轻时经营蚕丝业，后转盐业，是著名的商人、书画家、收藏家，位列南浔富商"四象八牛"中的一"牛"。其登玲珑岩时，见山路难行，便出资1150多银圆构筑通往山顶的山道，又花400银圆在山道上筑起牌坊以增山色。当时恰是周庆云六十大寿，古有"六十年为一个甲子"之说，"甲"又有首之意，但人生百年，"甲寿"仅此一次，极具纪念意义，因此，取新修的山道为"甲寿径"、新建的石坊为"甲寿坊"，路旁的泉水也取名为"甲寿泉"，工程前后经历十个月。

山道一经开通，极大地方便了游客登山。军政官员、文人墨客、释家高僧等来天童礼佛之余，寺旁的天童森林公园也成了他们必游之处。他们有时也会游兴大起，或赋诗，或题壁。公园内得天独厚的自然和人文条件，使得自玲珑岩至观音洞沿线可以看到摩崖石刻二十余处，其年代之集中，数量之众多，人文价值之高，足以成为宁波地区民国时期摩崖石刻的代表。第三次全国文物普查后，2010年9月，天童森林公园一地就公布了8个区级文保单位、5个区级文保点，其中涉及摩崖石刻的飞来峰摩崖石刻、悟心洞摩崖石刻被公布为区级文保单位，磐陀石摩崖石刻、虎洞、玲珑洞、善财洞被公布为区级文保点。然而，天童森林公园内部分有文物价值的摩崖石刻却未能公布，而部分文物价值不高的摩崖石刻却公布为文保点，如无款的"磐陀石"三字题名摩崖公布为文保点，而著名"宁波帮"人物朱祖炳所书"佛"字摩崖、徐蔼堂所书"崖洞天成"摩崖，宁波政要常荣清等纪游摩崖等却不在"三普"登录之列。

区级文保单位悟心洞摩崖石刻，其本体构成并不包含南侧洞口外的三块南宋摩崖和一块民国摩崖。2007年，笔者来此旅游时，在悟心洞南侧洞口外已经发现刻有摩崖，但一直未曾细读。2021年，笔者对全市摩崖石刻开展调查时又到此地，细辨文字，确认洞口旁集中刻有三块南宋时期摩崖，这也是鄞州区首次发现南宋时期摩崖。后邀请多位记者来现场进行采访报道时，著名摄影记者胡龙召又在一旁找到民国时期所刻"天然台"三字摩崖，后经确认，为周庆云所书。新发现四块摩崖的消息次日通过新闻媒体报道而广为人知。

天童森林公园中，"一线天"为希祥所书，"虎洞"题名摩崖无款。这两处摩崖与公园内观音洞、仙人井等刊刻方法不同，故认为是在公园开发旅游时所新刻。"善财洞"为广修老和尚2004年所书。以上不再详述，具有一定文物价值的主要有以下几处。

（1）"佛"字摩崖

玲珑岩下，与玲珑蓬相对有一块高约3米的孤立岩石，其面朝玲珑蓬的石面，经凿成宽45厘米、高58厘米的平面后，刊刻有一个楷书"佛"字，左侧有落款："龙山朱祖炳留志。"（图3-3-1）书法横平竖直，中规中矩，有着欧体的风骨。其石面虽多孔不平，但笔画较粗，字号较大，文字清晰可识。

龙山即慈溪市龙山镇。据《镇北藤山朱氏宗谱》所载，朱卿钰生有六子三女，朱祖炳为长子。朱卿钰（1871—1927），字锦康，又名卿来，经商后以字行。其14岁到上海学生意，先事棉花业，后以酱业起家，在上海经营酒酱业，设有朱和康、老聚康、元康等酒酱厂。又在龙山开设万顺酱园，在江苏松江开设酿酒厂。因海门是渔盐之乡，原料运输方便，1914年，在浙江海门开设同康酱园厂。其产品备受欢迎，除满足台州地区需求外，还远销宁波、南京、上海、福建等地。1915年，两浙盐运使还颁给"官酱园"直额。1927年，朱卿钰去世后，即交由其子朱祖炳主持家业。朱祖炳接手后，其能力不亚于父亲，老成练达，业务蒸蒸日上，生产规模不断扩大，相继在海门、温岭、宁波等地开有8家分店。该店至今仍存。朱祖炳乐于公益，如1930年，三北发起疏浚凤浦湖，所需经费约15万元。6月17日，筹备委员会专程到上海三北同乡会开会募集资金，朱祖炳即首捐5000元。又如民国三十二年（1943）永乐寺重修正殿，朱祖炳也捐5000元，捐款金额位列第一。

朱祖炳是民国时期宁波商帮的著名商人，而并非书法家，所遗留下来的手迹不多。此摩崖应是民国时期所刻，正是其难得一见的手迹，因此颇具史料价值。

（2）常荣清等纪游摩崖

玲珑岩岩石上孔隙较多，并不适于刊刻摩崖，"佛"字摩崖是将岩面向内深凿成平面后再进行刊刻。而玲珑岩的东南角山道边，有两块并排的摩崖，则都是先将天然岩石凿成表面平整外凸的石碑状，再行刊刻，因此，文字较为清晰。右边一块宽64厘米，高96厘米，年代较左边一块略早，刻于民国二年（1913）。文字共刻5列，每列8字："中华民国二年六月六日，常荣清、袁钟祥、何炳吉、任家驹、沈祖绵、沈敏树、袁汉云、王繻裳、净心和尚同游。"（图3-3-2）楷书所写，书法规整，略带行意。

这块纪游摩崖所提及的人名中，可以查找到的人有：常荣清，字鲁人，驻宁波新军统领。宁波光复后，宁波军政分府成立后任副都督。沈祖绵（1878—1968），字念尔，号飑民，杭州人，早年执教于杭州求是书院。光绪三十年（1904）参加筹组光复会，曾任鄞县知县。1916年在宁波反对袁世凯称帝，宣布宁波独立。袁汉云，民国时期宁波著名大律师。净心和尚（1856—1941），法号隆瀛，晚号如幻子，又号慕莲道人，今贵州赤水市人。19岁出家，其后精研禅、理、律三年，参游四川、陕西、山西、江苏等地。光绪十三年（1887），在去普陀途中，道经天童寺，遂留于寺中，任职十年，其间发愿募资修葺禅堂，一度去金山寺。西峰守传住持天童后，便邀其回寺。嗣法西峰守传禅师，传临济宗第四十世，任监院。后掩关三年。光绪二十八年（1902），寄禅敬安任天童寺住持时，其先后担任维那、知客、监院等职。任劳任怨，曾募资设立药田药产。1913年，寄禅法师圆寂后，便推其为天童寺民国二年至民国八年间（1913—1919）住持，任内重修天王殿、回光楼、先觉堂，重建罗汉堂、镇蟒塔，续修《天童寺志》，新辟放羊山等，使天童寺面貌一新。圆寂后建塔于放羊山。由此可见，这块摩崖是1913年时，天童寺住持净心和尚陪同宁波当地军政知名人士一起游览玲珑岩后，所留下的纪游摩崖。

（3）"崖洞天成"摩崖

玲珑岩东南角山道边的两块摩崖中，左边一块摩崖宽71厘米，高84厘米。也是先凿成石碑状，再行刊刻。摩崖最上部自右向左横刻"崖洞天成"四字（图3-3-3），其下刻有："民国丁巳年闰二月望日，慈谿徐蔼堂同侄瑞章题。"四字一列，共5列。均为楷书所写，书法规整。

此摩崖刻于民国丁巳年，即民国六年（1917）。"崖洞天成"四字是指玲珑岩为天然所形成的胜景。书此摩崖者徐蔼堂为民国时期慈溪人，从事钱庄业，上海益昌、寅泰钱庄都有其股份。其侄徐瑞章也从事金融业，曾任上海及重庆四明银行经理。叔侄两人都是著名的宁波商帮人士。也正因为他们并非书法家，所留存下来的手迹难得一见，这也使得这处摩崖更显得珍贵。

这一带岩石虽然石质孔隙较多，但这处摩崖是先凿成石碑状，加之字体较粗，保存较好，因此字迹较为清晰。从摩崖的刊刻时间看，要早于甲寿径及甲寿桥建设的1923年。而较玲珑岩更高的飞来峰，其摩崖除三块南宋摩崖，其余几块摩崖年代都比玲珑岩晚。由此猜测，在甲寿径山道未建成之前，到玲珑岩相对方便些，而想要再往上登，其上山的难度就更大了。

（4）"惠源"题名摩崖

玲珑岩下的玲珑洞东出口的台阶旁，在一片孔隙繁多的岩石上，恰有几块平整的小岩面，左侧一块纵刻有"惠源拜"三字，宽约15厘米，高约40厘米，下部石块残缺，疑似有文字缺失。以楷书所写，刊刻较浅，但石面呈黑色，而内部石色呈米白色，故而文字较为清楚。

玲珑洞南出口外有片平地，历史上原有玲珑蓬。玲珑洞内较为宽大，因此，常有僧人来此修行，著名诗僧寄禅法师也曾来此小住。由此，此摩崖应是一个叫惠源的僧人在此修行时所自刻。从所刻文字线条内石色看，氧化不多，此摩崖刊刻年代不会早于民国年间。

（5）"佛"字摩崖

"惠源"题名摩崖右侧，有一块约25厘米见方的平整小岩壁，其上刻有一个

15厘米见方的"佛"字（图3-3-4），楷书，既无落款也无纪年，猜测也是由来此修行的僧人所刻。

摩崖所刻岩石内部呈现黑赭色，而石面是黑、黄、白相间色。因此，深刻的线条内石色和石面颜色混为一体，如不近距离仔细观察，此摩崖不易发现。

（6）"盘陀石"题名摩崖

自玲珑岩登山，过甲寿坊不足数米，山道便转折而上，就在转折处的路旁，有一块长3.5米、宽2.6米、高2米的山石。石呈椭圆形，上部略平。相传，常有僧人来此打坐，故称之为盘陀石。站在石上，可俯看山谷全景，天童寺更是一览无余。石之一侧，有一棵树，因长于石之阴暗面，为照到阳光，枝干竟沿着这块盘陀石包裹半圈后，再向上生长，颇为奇特，也是山中一景。

盘陀石正对台阶一侧，纵向刻有"盘陀石"三字题名摩崖（图3-3-5）。楷书所题，没有落款和纪年。因石面如蜂窝蚁巢，全是孔隙，难以刊刻，为刻此三字，先深凿出一块宽21厘米、高51厘米的平面后，再刻字。石虽不平，但经深刻，且字号较大，此三字尚明显。天童森林公园内很多题名摩崖是民国二年至八年（1913—1919）期间，天童寺住持净心禅师所题，故猜测这处摩崖也是他的手迹，刻于民国时期。

此摩崖不仅在第三次全国文物普查中登录在册，2010年又被公布为区级文保点。

（7）"悟心洞"摩崖题刻

飞来峰与密云圆悟禅师爪发塔相对，相传，此峰乃从天而降，故名为飞来峰。其下部有个山洞，据《天童寺续志》记载，此洞原名穿心洞，洞内前后相通，呈南北走向，长约6米，洞名应是由洞形而来。此洞北侧洞口呈弯月形，洞中部两石相会，窄处仅容一人侧身而过，南侧洞口下部较宽，逐渐向上收缩，呈桃形。南出洞口，有一块约3平方米的小平台，台下就是悬崖。此处较为僻静，适合独自打坐静修，参悟佛性本心，此洞今名悟心洞，猜测便是由此而来。

北洞口左上方的一块岩石上，高约4米处，有一块天然较为平整的岩面，宽约70厘米，高约2米，其上刊刻有一块摩崖。最上部自右向左横刻"悟心洞"

三字榜书（图 3-3-6）。依线条轮廓向中心倾斜刊刻，线条内则凿成内凹的圆弧状，刊凿较深，笔画较粗。虽然这一带石质孔隙较多，但这三字仍十分清晰。其下是题诗，连款共 6 列，满列 10 字。因为石质孔隙多，字号较小，且位置较高，部分文字已难以辨认。全文如下：

惟涅槃妙心，本无生与灭。第随染净缘，远悟名□□。迷将本不□，悟□□□□。彻□□□□，□□□□□。

民国甲戌……

古稀老衲净心题。

此摩崖为净心法师所题写。民国甲戌即民国二十三年（1934）。自古有"人生七十古来稀"之说，民国二十三年正值净心法师虚岁七十，因此，其落款有"古稀"之说。此洞原名穿心洞，猜测洞名是净心法师所改，改后便题写了此摩崖。

另，在其右下侧又有纵刻"洞外有天然喜"六字，行书，字号比榜书略小，比题记略大，因石面不平，边上是否还有其他字难以看清。这几个字或许也是净心所书。

（8）林贯之等纪游摩崖

穿过悟心洞，在洞口的右上方，山岩天然形成一块平整的断面，好似人为切割打磨而成，岩面向下倾斜，其上自左向右，自上而下，刊刻着 4 列文字（图 3-3-7）。文字部分宽 34 厘米，高 47 厘米，全文如下：

林贯之、赵致道、山甫，庆元三年丁巳孟夏廿四日来游。

摩崖所涉三人皆能查到。林贯之，原字转翁，福建莆田人。理学大家朱熹（1130—1200）为其改字为贯之，并曾为之作《林贯之字序》。赵致道，名师夏，字致道，号远庵，宋宗室之后，居台州黄岩。绍熙元年（1190）进士，官知兴国军、湖北常平提举。淳熙十四年（1187）师从朱熹，《朱子全书》收录有《答赵致道》书三通。后为朱熹之孙女婿。山甫即赵山甫，原名希仁，字山父。因"父"同

"甫",所以摩崖中刻成"甫"。宋嘉泰三年(1203)任广东转运判官。[1]其与周必大、杨万里相熟。周必大曾作《太守赵山甫希仁示和篇次韵为谢》。杨万里诗集中,与其相关的诗作有《答广东宪赵山父书》《太守赵山父命刘秀才写余老丑索赞》《送吉守赵山父移广东提刑》。上述三人都生活在南宋晚期,与此摩崖纪年相符。其摩崖书法有着黄庭坚开张的韵味,具有宋人尚意的书法风格。由此,可以肯定这是一处南宋庆元三年(1197)农历四月廿四日书刻的摩崖。

朱熹《答应仁仲》一信,记载在南宋庆元三年(1197)其编成的《礼书》纲目后。分为两部分,一部分由赵致道带往四明。[2]赵致道为台州黄岩人,四明即宁波古称。他将朱熹书稿带到宁波这一年恰是此摩崖刊刻之年,或许此摩崖正是赵致道来宁波后,顺便游玩天童寺玲珑岩后所刻。

值得注意的是,朱熹虽作有《林贯之字序》,但其未署年月。据史料记载,林贯之父林井伯,字成季。庆元五年(1199)四月,林成季陪同儿子林贯之同问学朱熹于建阳考亭。现在学界便认为朱熹所作《林贯之字序》是在林成季和林贯之问学朱熹后所写。《勉斋先生黄文肃公文集》中认为此文作于庆元五年五月一日。[3]但天童森林公园这一摩崖中已写成林贯之,其比庆元五年还早两年,由此可以认为,至少在庆元三年(1197)之前,朱熹已与林贯之相识,并为其改字和作序。

悟心洞和玲珑岩同属一类岩石,其孔隙极多,并不适宜刊刻摩崖,而这一处摩崖恰好刻在岩石天然的平整断面之上,历经800余年,除了表面岩壁略有些发黑,此摩崖就如同新刻一般,内凹的线条内还可看到米黄色的石质,文字清晰,保存较好。其主要原因是这块摩崖所处的位置极佳,这里光秃秃的岩壁上除岩石顶上有植被,下部崖壁上没有一点植物。摩崖所在的崖壁又向下倾斜,其最上部有外凸岩石遮挡,加之洞口多风,不易受到植被、雨水浸害。这块摩崖在宁波已知两宋时期摩崖石刻中,属于保存较好的一块,弥足珍贵。

众所周知,玲珑岩甲寿径筑于民国十三年(1924),现在玲珑岩一带遗存的摩崖、碑刻,也大都为甲寿径开通之后所刻。而此摩崖刊刻于南宋,足以证明,玲珑岩一带虽在甲寿径开通前难以攀登,但当时已有游客至此,足以说明最晚

---

[1]李之亮编:《宋代路分长官通考(中)》,巴蜀书社2003年版,第1096页。
[2]陈来:《朱子书信编年考证》,生活·读书·新知三联书店2011年版,第439页。
[3]束景南:《朱熹年谱长编(下)》,华东师范大学出版社2001年版,第1359页。

在南宋时，玲珑岩已属于游客来天童寺游玩后览胜的好去处。

（9）陈克甫等纪游摩崖

穿过悟心洞，可见洞口的右下侧有岩面突出岩壁，形成一块半人高的岩石，其上部有一小块天然平整的倾斜岩面，其面朝上，下部略向下倾，岩面上自左向右，自上而下，刊刻着一块摩崖（图3-3-8）。文字部分宽43厘米，高35厘米，共刻6列，满列5字。全文如下：

    陈克甫、赵元恭、祖训恩畏无□履信习之，以嘉定庚午七月廿八日来，云溪上人同游。

从其内容看，也应是文人墨客到此游览后的纪游摩崖，惜"陈克甫、赵元恭"等人无法查考，陪他们一起来的云溪上人应是云溪逸，其为天童寺第三十八代方丈牟山阡（1224—1308）的法徒。嘉定庚午即南宋嘉定三年（1210）。

此摩崖虽不知是何人所书，但通篇用楷书书写，每字约5厘米见方，结体方正，线条浑厚，有着庙堂之气。其刊刻较深，除因岩石自身风化，部分文字或笔画缺失等原因，整体保存较好，文字清晰，是一件难得的南宋时期摩崖石刻。

（10）方子万等纪游摩崖

陈克甫等纪游摩崖上方约1米的山崖角落里有一块岩石断面，表面平整，如同人为加工过，上部略向后倾，其上自右向左，自上而下刻有一块摩崖（图3-3-9），共刻4列，文字部分宽20厘米，高35厘米。全文如下：

    黄岩方子万同□□伍子献、僧休佾以宝庆□□清明后一日曾来，□□侍行。

摩崖下部石块自然剥落，有损字。通篇以楷书所写，其内容是游览后所刊刻的纪事摩崖。摩崖中所提到的方子万史料记载不多，仅宋代浙江台州黄岩诗人戴复古的诗作《访方子万使君宅有园林之胜》中提到此人。伍子献，南宋绍定（1228—1230）初任庆元府（今宁波）府学教谕，参与宝庆《四明志》编纂和校订工作。文中有纪年，可知此摩崖刻于南宋宝庆年间（1225—1227），较为珍贵。

由此猜测，南宋宝庆年间，黄岩方子万来到宁波，时在宁波任府学教谕的伍子献便尽地主之谊，陪同其到天童寺礼佛，并在寺院僧人的陪同下，一起登山游览寺旁的玲珑岩诸胜，为记此事，刊刻了此块摩崖。虽刊刻较深，但因每个文字皆较小，仅2—3厘米见方，使得局部文字模糊难辨，较为可惜。此块摩崖书写较为随意，结体不佳，猜测是由陪同的僧人所刻。

（11）"天然台"题名摩崖

陈克甫等纪游摩崖右上侧高约3米处有一块较为平整的岩面，其上部突出，下部略向内倾，岩面上自右而左刊刻有"天然台"三个榜书，左侧有落款"梦坡居士"（图3-3-10）。文字部分宽80厘米，高30厘米，虽石面粗糙不平，甚至在"然"字处还有几个较大的空隙，但因其笔画较粗，刊刻较深，仍清晰可辨。书法以楷体为主，略带行意，挺劲秀美。

梦坡居士即周庆云（1864—1933）。民国十二年（1923）秋，正是他捐款助建甲寿径，并增建甲寿泉、甲寿坊等，方使玲珑岩便于攀登，成为天童寺旁一处著名的风景旅游胜地。

穿过悟心洞有一平台，约3平方米，四周有水泥栏杆，具有民国时期风格。由此猜测，此平台也应是建甲寿径时一起构建，并请周庆云题写此名刊刻于此。

（12）"仙人井"题名摩崖

仙人井与飞来峰隔台阶相望，其洞中有一口水井，常年不干，颇为神奇。在洞口右侧的一块大岩石下，经人工凿平后，形成一块宽30厘米、高50厘米的平面，其上纵向刊刻有"仙人井"三字（图3-3-11），每字约15厘米见方，楷书，无落款也无纪年。其中，"仙"字使用了简体字，但这种写法在旧时也常见，且其是凿平后刊刻。由此，认为其也是民国时期所刻。

（13）"飞来峰"题名摩崖

悟心洞位于飞来峰之下，继续沿甲寿径而上，山道旁突起一块高四五米的裸露岩石，这便是飞来峰之顶，上面密集地分布着6块摩崖题刻。岩石最高处被人为深凿出一块平面，宽82厘米，高61厘米。其上纵刻有楷书"飞来峰"三个大字，共占2列。一旁纵刻有楷书跋文："悟心洞起至峰顶，量计五丈一尺，纯是乱石岩，□究其石之来根不得，故拟飞来云。"（图3-3-12）分刻4列，每列8字。此块摩崖先凿为平面后，文字再进行深凿，而且字体线条较粗，所以文字较为清晰。

这一题刻点明了飞来峰名称的由来，可惜这一题刻未留名款，不知是谁所书。沿甲寿径登山，依次可以看到伏虎洞、盘陀石、观音洞等景点都留有摩崖题刻。其内容就是该景点的名称，而这些题刻几乎都没有落款，都以楷书所书，书法虽称不上艺术水准有多高，但线条沉稳凝练，笔画间流露出随意、自然，极有可能是天童寺中的高僧大德所书写。作者超凡脱俗、不喜张扬的处世观尽现其中。"悟心洞"落款为净心法师，因此，这些题名摩崖不排除也是净心法师所题。因山道开通于民国十三年（1924），因此推测这些题名摩崖正是为了配合山道开通，将这一带打造为风景名胜区而刊刻。

（14）王一亭诗刻摩崖

"飞来峰"摩崖题刻左下侧是白龙山人所书的一块诗刻摩崖，诗曰："太白山前万株松，亭亭雅有古人风。飞来何处点头石，不悟禅机心自空。"其后是一段长跋："禅定和尚主席天童，同人欢送。次日偕游太白诸峰，万景森严，□□□□胜，至飞来峰，看巨石□雄立，题句以留鸿爪，同游者仁山、志□昔、朗定、仰西、志峰、仁□□默□□乙丑六月，白龙山人并书。"（图3-3-13）

白龙山人即民国时期海派著名书画家王一亭（1867—1938），名震，号白龙山人，浙江吴兴（今湖州）人，早年曾任商务买办，是上海商界名人。一生虔信佛教，为近代上海著名居士，曾任中国佛教会执行委员兼常委、世界佛教居士林林长等。善画佛教题材人物、走兽。

摩崖几乎占满了整块岩壁，宽65厘米，高150厘米。七言绝句字号略大，计2列。后附长跋连款5列，字号略小。落款为乙丑六月，即1925年所书。

此诗刻在未经深凿处理的岩面上，只是对原本不平整的崖面进行了简单的处理，因此文字较难辨识。据老照片所见，此块摩崖和一旁的蔡雨潮诗刻摩崖当年将岩石部分涂以白色,刊刻的文字部分不涂颜色,因此文字较易辨识,日久年长,原来的白色早已褪尽,显露出岩石本色,所幸诗文部分字号较大,尚能辨出。但题跋部分字号较小,又是行书,石面孔隙较多,因此不易识别。

长跋中所提到的禅定和尚(1886—1952),法名大圆,江苏人。曾在沈阳万寿寺任知客,后嗣法于上海留云寺应乾老和尚,曾任留云寺、宁波观宗寺住持。民国十四年至十九年间(1925—1930)任天童寺住持,1931年任辽宁营口楞严寺住持。在任期间,楞严寺香火鼎盛,成为东北地区知名的禅林。营口解放前夕去了香港宝莲寺,圆寂于香港。从跋文中可知,此诗正是民国十四年(1925)六月禅定法师继席天童寺住持时,王一亭及各地高僧、居士前来天童寺祝贺其升座,游览玲珑岩飞来峰所即兴而作的诗句。诗作书法如行云流水,从上一气而下,充分展示了王一亭高超的书法功力。

2010年由上海书画出版社出版的《王一亭年表》中,也未见收录此摩崖和此诗。因此,该摩崖不仅具有艺术价值,也具有一定的历史价值,足以补史料之缺,为宁波地区民国时期的摩崖佳作。

(15)蔡雨潮诗刻摩崖

"飞来峰"摩崖题刻的右下侧是另一块诗刻摩崖,宽50厘米,高110厘米。刻于民国丙寅九月,即民国十五年(1926)九月,为张兆麟所书,全文如下:"飞来峰下石玲珑,□立奇岩万林松。为爱名山同探险,不辞路远不扶节。"其后有跋文数行:"民国丙寅九月,偶游太白名胜,秋高气爽,赏玩美景,□人张兆麟、蔡雨潮、雨祥同……陈□□菀亭木一寺题于此。古堇蔡雨潮题,张兆麟谨书。"(图3-3-14)

此诗刻摩崖所刻崖面较"王一亭诗刻摩崖"崖面更为不平,刊刻前几乎不曾处理岩面,故文字较难辨识。

落款中的"堇"是鄞州区的古称,可见作诗和书写者都是宁波人。据《鄞东蔡氏宗谱》所载,蔡雨潮(1889—?),谱名和霄,字雨潮,号逸仙。其继承家业,曾是上海蔡同德国药号店主。该店1875年首设于汉口,创始人鄞州区潘火桥人蔡鸿仪,字峒青(峒卿)。该店1882年迁上海,是当时上海最著名的四家中药店之一,晚清重臣李鸿章曾为之题写店名。该店经营饮片配方和丸散膏丹,并自建酒厂，精制各种药酒出售，尤以虎骨木瓜酒最为著名。该店至今仍存，为上海百年老店之一。同游者张兆麟，曾任上海泰山大戏院经理。

蔡雨潮和张兆麟都是宁波商帮著名人物，写诗和书法只是他们的业余怡情之乐，所留存的作品不多。天童森林公园里的这块摩崖应是极为难得的实物资料。

（16）"如"字摩崖

飞来峰面向甲寿径石阶一侧又有两块摩崖题刻，其上部有一个草书的"如"字（图3-3-15）。

整块摩崖题刻宽110厘米，高85厘米，以一个草书的"如"字为主体，在书写时，字体有意变形，末笔则故意拉长，形似画了一把横放的如意。因其深凿，且字体笔画较粗，故而文字清晰。"如"字上刻有隶书"吉祥如意"四字，"如"字下刻有落款："吉星高照沐恩光，如意保安康。时在丁丑夏……书于……"其后部还应有落款数行，可惜字号较小，因风化严重以及石面粗劣等原因，已无法分辨。天童森林公园内的摩崖大都属于山道开通后所开凿，因此，"丁丑"应是民国二十六年（1937）。

此摩崖将文字进行变体，形似图画，所书虽不能用书法艺术标准去衡量，但其创意独特，寓意美好。山东泰山上也有一块刻于1921年的"如"字摩崖，与之相仿，相传是一个店小二所写，"如"字写得更像是一只老鼠，遂有"鼠碑"之称。而此碑则更有趣味性，也寓意美好。在宁波各县（市、区）范围内，这也是已知唯一一块这类变体字的摩崖。

（17）李根源纪游摩崖

"如"字摩崖右下侧经深凿后，形成一块宽90厘米、高约55厘米的平面，其上纵向刻有隶书："民国十九年，来礼天童。登此，释林悟、证光陪。滇南李根源题字。"（图3-3-16）每列4字，全文分6列刊刻。飞来峰一带石质较为粗劣，孔隙较多，所刻小字，较难辨认。但此块摩崖在刊刻前，首先将石面深凿成一块平面，再在上面刻字，且每字约12厘米见方，深约1厘米。其字号也较大，线条较粗，因此，除最左侧有一处山石自然裂纹外，此处摩崖是这一带摩崖中文字最为清晰的一处,其书法方劲古拙,气韵高古,艺术价值较高,保存完好。

题字人李根源(1879—1965),云南腾冲人。著名的爱国将领、民国元老、辛亥革命先驱,杰出的爱国民主人士。他是中国同盟会的首批成员,曾领导了辛亥云南起义,成为滇军名将。当时正值革命风气弥漫,捣毁寺院之风盛行,李根源亲自带兵到云南诸山驱逐僧人,拆除寺庙。当时滇中鸡足山祝圣寺住持虚云和尚下山来找李根源,并向其道明了佛教教化民众的本质。李根源被其说动,至此从一个驱僧毁寺的将军,成为崇信三宝、护持佛教的居士,对云南佛教格外维护。李根源后来参加过二次革命、反袁斗争、护法斗争等革命运动,一度出任农商总长,兼署国务总理等职。不久,退出政坛,寓居上海。1931年李根源被聘为国难会议议员,又开始步入政坛。抗战全面爆发后,被委任为云贵监察使,协助部队整顿军纪,抚慰民心,动员土司和民间力量团结抗战。新中国成立后,曾任西南军政委员会委员、全国政协委员等职。

据记载,新中国成立前,他居住上海时过着清闲的日子,常借机游览上海周边城市的名胜古迹,以去苏州游览次数为最多,但史料中从未见其到过宁波的记载,而这处摩崖题刻,非常明确地记载了民国十九年(1930)李根源也曾来宁波,并游览过天童寺玲珑岩,正可补史料之缺。

这一摩崖具有一定的艺术性和史料性,是天童森林公园众多摩崖中文物价值较高的一块。

(18)"变化密移"摩崖

飞来峰高四五米,在蔡雨潮诗刻摩崖右侧有条裂缝,最易攀爬而上,仅上几步就可见其右侧的岩石似乎被有意凿平过,在岩顶下形成一块宽65厘米、高50厘米的垂直平面,刻着"变化密移"四字(图3-3-17)。

摩崖文字自右向左纵向刊刻,文字内凹,虽由楷书书写,但因石面不平整,文字不好辨识。最右边为楷书"变化密移"四个大字,每字宽8厘米,高11厘米,深约1厘米。后有长跋:"余住持天童六载,乙丑夏,□事皈补□□冬来重游玲珑山,徘徊于飞来峰下,观山川依旧,人事变更,抚今追昔,宁不慨然,□借楞严匿王语以志去思云。民国丙寅年长至日,释文质题。"共刻9列,满列8字,每字约4厘米见方。

民国八年（1919）三月，净心任天童寺住持满六年，僧众挽留不允，以年老告退。两序大众选出寺外诸山长老6人，寺内首领7人，经无记名投票选出4人，又经拈阄，文质法师以最多票数当选天童寺住持。[1]文质（1864—1936），俗姓黄，江西临川人。清光绪年间（1875—1908）在普陀山依静山和尚出家。受具足戒后，历访诸山名刹。嗣法于天童寺西峰守传禅师。民国初年曾住持佛顶山。民国八年至民国十四年间（1919—1925）任天童寺住持期内，兴利除弊，不遗余力。次年即主持重建了天童寺所属小白岭镇蟒塔。后监督完成了《天童寺续志》的编辑工作。民国十四年（1925），文质禅师任满一届，由禅定老和尚继任天童寺住持。文质离开宁波前往福建涌泉寺、云南云栖寺等地传戒。回到天童寺后，因时任天童寺住持圆瑛法师时常外出，即由文质法师辅理住持事务。至民国二十五年（1936）冬在天童寺圆寂。

此题刻便是文质法师所题，其沉稳的书法中透露出一位高僧的博学和超脱尘世的心境。"变化密移"出自《楞严经》中波斯匿王与佛祖的一段对话："变化密移，我诚不觉。"其意思为万事在悄悄起着变化，不被我们所发现，但它却时刻在发生和改变着。

此摩崖虽书写于"丙寅年长至日"，即民国十五年冬至日（1926年12月22日），但其最初有此感悟则是在重游到此的乙丑年冬，即1925年冬天。可知当时正值其六年天童寺住持任满之时，他所书写的"变化密移"四字，正是他对自己六年住持生涯的回顾和感慨。此题刻还透露出一个信息，文质法师乙丑年（1925）夏天离开天童去外地传戒，但传戒间隙的当年冬天还是回到天童寺来，可见，虽在外传戒，但其当时仍属于天童寺的僧人。

（19）"晒经台"摩崖

飞来峰前，有一块低矮的石平台，宽210厘米，高170厘米，高于地面约50厘米。台面上凹凸不平，但站在其上，可以俯瞰山下美景。

此台面正中，线刻有一个"心"字（图3-3-18），字宽160厘米，高100厘米。其刊刻前未对石面进行平整处理，只是用线条勾勒出笔画的轮廓。楷书，书法

---

[1] 1919年3月10日《申报》。

规整,线条粗壮,大气磅礴。

"心"字猜测为民国时期所刻,既然已将此台称为晒经台,再在台面上刊刻"心"字,似乎不合常理。

(20)"观音洞"题名摩崖

甲寿径沿途景点最高处是观音洞和水月亭,这一带岩壁与玲珑岩岩壁相仿,大小孔隙遍布,如同开凿的佛龛。相传,观音曾在此岩上现身,故将一旁的山洞称为观音洞。民国时,又在岩下增建水月亭,以供奉观音。

观音洞有两个出口,一个在台阶旁,一个在水月亭旁,洞口都仅容一人弯腰进入。洞内宽约1米,高约5米,洞很浅,不足2米。两个洞口间的石壁外,经人工凿平后,刻有一块题名摩崖,宽42厘米,高82厘米,其右侧纵刻有"观音洞"三字(图3-3-19),楷体榜书,刊刻较深,文字清晰。左侧刻有跋文2列:"相传,大士尝现身岩上,影映万工池中,故名。"每字约5厘米见方,楷体书写。下部似有款,但已模糊不清。整块摩崖与"悟心洞"题名摩崖无论从字体还是刊刻手法上看,都极为相似,由此猜测,这块摩崖也是同一时期净心法师所题。

(21)"拜经台"题名摩崖

拜经台与观音洞隔台阶相望,其为山顶上一块突出的岩石,较为方正,近台阶处凿出了9级台阶,台顶平坦。其中,在最北侧人为安置有一块扁平的近正方形石块,宽80厘米,高90厘米,厚30厘米,形似于佛前的跪台,其面朝观音洞。

拜经台共有两块摩崖题名,一块刻在石台面朝上山台阶的一侧,经深凿后,形成一块宽85厘米、高35厘米的平面,其上自左而右刊刻有"拜经台"三字(图3-3-20),文字部分宽35厘米,高18厘米。另一块刻在跪台上,自右向左横向刊刻有"拜经台"三个字,文字部分宽35厘米,高10厘米。两处摩崖虽字号有大小,但字体完全相同,都无落款也无纪年。在明代及清代的《天童寺志》手绘地图中,将拜经台标为"礼拜台",民国《天童寺志》手绘地图中改称为"拜经台",且其题名摩崖与"盘陀石"题名摩崖无论刊刻手法、字体都相仿,故认为都是天童寺某高僧于民国年间所书并刊刻。

2. 鄮山摩崖群

鄞州区的阿育王寺始建于西晋太康三年（282），是全国现存唯一一座以阿育王命名的古寺。寺院因藏有佛祖舍利而闻名天下，早在南宋嘉熙元年（1237），宋理宗即将其列为"天下禅院五山十刹"中的五山第五位。

阿育王寺依山而建，其寺后即为鄮山主峰，山间有上塔、佛迹岩等胜景，因此，这里早已成为参访阿育王寺后寻幽访古之地。清光绪十五年（1889），住持济法在山间截流储水，又经济定、宗释等僧人修筑、扩建，在寺后的鄮山山谷间建成八功德水和浴心池两大水库。水库的建成，不仅改善了寺中的饮用水质量，也使这一带湖面如镜，松竹繁茂，鸟鸣山谷，风景宜人，更成为游客参观寺院后的绝佳去处。

鄮山摩崖群主要集中在寺后的山麓间，由6块摩崖题刻所组成，现存最早的为清乾隆年间（1736—1795）的"仙书岩"摩崖题刻，其余主要为民国时期所刊刻。鄮山摩崖群的刊刻与阿育王寺密不可分，是阿育王寺佛教文化的重要组成部分，具有较高的文物价值。6块摩崖题刻除"佛迹"题名摩崖已作为"佛迹岩脚印石刻"组成部分而登录在"三普"名录中，其余五处均未列入文物名录。

（1）"佛迹"题名摩崖

出阿育王寺后门，有石阶路直通山顶的阿育王寺上塔。两旁古树参天，修竹蔽日。快至上塔前，山道右侧有一分岔。转向东行数十米，即可见一小平台，平台的左侧，为一座建于民国十七年（1928）的四方水泥凉亭，称为佛迹亭。亭前平台一角有一块山石，石呈低矮的半圆形，突出地面约60厘米。石中部深陷内凹，酷似一个左脚足印，下陷8厘米左右，长约40厘米，宽约12厘米。足迹底部平整，前部五趾清晰，趾缝有细石条高起，似乎石块只是柔软的沙滩，刚刚有人赤脚踩上去，这一奇景着实让人称绝。

相传，迦叶佛欲从鄮山到太白山天童寺去，就在此一步跨过，这里留下了他的左脚足迹，与太白峰佛迹石上的右脚印遥相呼应。正如佛迹亭亭联所书："半山留佛迹，一步到天童。"此石便由此得名佛迹岩，是阿育王寺十景之一。

佛迹岩历史上早有记载，唐天宝二年（743），鉴真和尚第三次东渡日本遭遇风浪失败后，到宁波阿育王寺暂居时，就曾游历至此。日本文豪真人元开写的《唐大和上东征传》是依据鉴真弟子所作《大唐传戒师僧名记大和上鉴真传》改写，作于779年。书中就有对阿育王寺佛迹岩的记载："其鄮山东南岭石上，有佛右迹；东北小岩上，复有佛左迹，并长一尺四寸，前阔五寸八分，后阔四寸半，深三寸。千幅轮相，其印文分明显示。世传曰'迦叶佛之迹也'。"[1]在鉴真离开阿育王寺前，还特意去"辞礼育王塔、巡礼佛迹，供养圣井护塔鱼菩萨"。佛迹指的就是佛迹岩，由此可见，佛迹岩的佛左足印在唐代已经被发现。历代信众游客凡到阿育王寺中礼佛，无不登后山而观足迹。为此，古籍中也常提及佛迹岩。

佛迹左侧的佛迹岩上，自右向左刻有篆书"佛迹"两字（图3-3-21），后有落款，整幅摩崖宽50厘米，高25厘米。其中"佛迹"两字字体细长，每字宽15厘米，高25厘米，线条较粗，虽石凹凸起伏较大，但文字依然清晰。而落款部分共刻3列，线条既浅又细，加之石面粗糙，此前无人能识是谁所书，也未见任何记载。"三普"文物调查登录中，也未知其详。笔者经仔细辨识，认为其落款为"民国第一丁巳，汉川刘邦骥书"。"民国第一丁巳"即指民国第一个丁巳年，即民国六年（1917）。刘邦骥（1868—1930），今湖北省孝感市汉川市麻河人，曾任张之洞幕僚、浙江钱塘道道尹、北京警官高等学校校长等职。1917年11月至1923年2月间任浙江会稽道道尹，浙江会稽道由原宁绍台道所改置，道府即在鄞县（宁波）。可见，这一摩崖正是其任职宁波时所书。

（2）念佛岩题名摩崖

阿育王寺后东南侧的近山脚处，有几块光秃秃的岩石。相传，阿育王寺上塔有位善性和尚，每逢初一月半，都要下山到寺中参加早课，而每次经过山脚岩石边，都会听到有人在诵念佛号，但走近细听时，却又悄然无声，于是便将山脚这处岩石称为念佛岩。

山道旁的山脚草丛中突起着一块呈半圆形的巨石，就在中间部位，略经打磨后，纵向刻有楷书"念佛岩"三字（图3-3-22），宽40厘米，高140厘米。刊刻

---

[1]真人元开著，汪向荣校注：《唐大和上东征传》，中华书局2000年版，第56页。

时沿笔画边线向内斜向深刻,笔画内底刻成内凹的圆弧形。此处摩崖无落款纪年,书法较为规整,线条挺劲,结体沉稳,笔锋内藏,柔中带刚,猜测应是寺中某位精于书法的僧人所书。惜左侧后人刻有"禁止用火"四字,大煞风景。

善性和尚史料未见记载。据查,明万历《明州阿育王山志》和清乾隆《明州阿育王山续志》,对此摩崖均无记载。1989年的《阿育王山志》中收录了念佛岩的传说,由此可见,此传说和摩崖都是清乾隆年以后之事。

(3)"南无阿弥陀佛"六字摩崖

念佛岩题名摩崖右上侧有一大片岩石,呈阶梯状分布,最高处一块石头呈正方形,面向山道的一侧经打磨成一内凹平面后,纵向刻有"南无阿弥陀佛"六字(图3-3-23),宽80厘米,高110厘米,楷书,每3字一列,共刻2列,无年月和落款。此类佛号摩崖题刻在宁波较为常见,但大都书法不佳,但此处摩崖每字约33厘米见方,气势宏大,是宁波同类摩崖题刻中最精彩的一处。此摩崖与念佛岩题名摩崖无论书法和刊刻方式,都有异曲同工之妙,由此猜测两块摩崖很可能是同一人所书和同一人刊刻。

此摩崖刊刻还有一段传说。相传,阿育王寺方丈听说念佛岩的故事后,就命人在岩壁上刻上了这"南无阿弥陀佛"六个擘窠大字。无论寺中僧众还是四方信徒,经过岩前,见此六字,都会持咏佛号,念佛岩也就成了名副其实的念佛岩了。

(4)"仙书岩"题名摩崖

鄮山西侧近山脚处多分布着独立成块的山石,或一石孤立,或相互叠压,或埋于泥土中。其中藏经楼后西北侧近山脚处有一处平台,两块一人多高的山石大小相仿,面向平台并排而立,这就是著名的仙书岩。左侧一块宽130厘米,石面远看略显平整,下部石面略有突出,右侧一块上部石面略有内凹。

相传,阿育王寺僧人见此右侧一块石面略为平整,约请书法家来此挥毫题字,以增山色。第二天,当僧人陪同书法家来到山石前,没想到一个道人已在石头上写下"才坤"两字。僧人见此非常生气,就质问道人:"为何在我的石头上写字?"道人连忙道歉:"对不起,我赔你一块石头如何?"僧人气愤地说道:"你这道人,好没道理,这阿育王山后山都是我寺中财产,怎么能用我的山石来赔我呢?"道人见僧人不依不饶,便回复道:"我的山虽小,但山上却多石头,我还你一块就是。"道人话音未落,举手一扬,口中念念有词,刚才还晴朗的天空,突然刮起一阵狂风,只见一块石头从鄮山山后飞来,不偏不倚,正好落在一旁的山岗之上。僧人见状,知道此道人并非凡人,忙笑着对道人说:"道家但写无妨。"道人说了一声:"机缘不在。"就轻踏一脚,腾空而起,朝鄮山后飞去。鄮山后便是灵峰山所在,相传是葛仙翁的道场。葛仙翁(283—363),原名葛洪,字稚川,号抱朴子,江苏丹阳人,东晋著名道教理论家、医药学家、炼丹师。此时僧人才意识到,这位道人正是民间所称的葛仙翁,而一旁的书法家见此,自然不敢再在石上书写。僧人见石上留有刚才葛仙翁所写的"才坤"两字,就请石匠将这两字刻成摩崖。正因为石上留下了葛仙翁的手迹,此石也从此被称为仙书岩,成为阿育王寺十景之一。

现在右侧一块岩石纵向刻有"仙书岩"三字(图3-3-24),每字宽30厘米,高40厘米,总高230厘米。楷体所书,其题字旁有落款2列:"右葛仙翁'才坤'两字,住山荃道人题。"每字约10厘米见方。荃道人即畹荃禅师,清乾隆时期鄞县人,字嵩来,号玉几,善诗、能画、工书。其任阿育王寺住持时,非常重视阿育王寺文物、史料的收集整理工作,将原来扑地的"阿育王寺宸奎阁碑"等碑刻重新竖立在舍利殿两侧,把寺中找到的残碑收集在残碑廊里,撰修《阿育王寺志》,改建承恩阁为承恩堂,收藏乾隆恩赐的御书、龙袍等。可见,此三字是清乾隆时畹荃禅师所题,而从其上款来看,当时还能在石头上清晰地看出"才坤"两字,这似乎可以佐证原来石上确如传说所言,曾刊刻过葛仙翁所书"才坤"两字。但清康熙《鄞县志》中,却说石头上是三个字:"在阿育王山后,有'才公坤'三字。"[1]清同治《鄞县志》也这样说:"岩在山后,有'才公坤'三字。"明代乐长卿曾作《仙书岩》诗:"才公坤是何代人,名镌崖石尚如新?摩挲老眼看不足,山鸟一声天地春。"[2]可见,当年乐长卿看此摩崖如同新刻,就对此字是葛仙翁所题产生了质疑。仙书岩上曾刻过"才坤"或"才公坤"是肯定的,但到底是两字

---

[1]闻性道:康熙《鄞县志》卷五,清康熙刻本,第51页。
[2]戴枚修,张恕、董沛等纂:同治《鄞县志》卷四,清光绪三年(1877)刻本,第11页。

还是三字呢？笔者猜测，应是"才坤"两字的可能性较大。明代乐长卿见此后，认为才坤是名字，因此，在诗中加了一个公字。清乾隆间的畹荃禅师必定是到过实地的，所以他在落款中也写了"才坤"两字。而康熙年修志时，大概编者不一定到过此地，仅以乐长卿的诗为依据，便误定为三字。同治年修志时，也没实地调查，抄康熙年的志书，便也写成了三个字。

仙石岩石面远看平整，但近看高低不平，坑坑洼洼，呈粗颗粒状。无论是"才坤"还是"才公坤"，笔者仔细寻找，现在已找不到一个字了，只有"仙书岩"三字还在提醒游客，这里曾流传着葛仙翁题字的美丽传说。而左侧一块石上，似乎有刊刻的痕迹，但因石面粗糙，无法确认其具体文字内容，或许"才坤"两字正是题写在左侧石面上。

（5）"飞来石"题名摩崖

葛仙翁题字传说中，被当作赔偿而唤来的飞来石却真实存在。就在仙书岩西侧数百米处，有一个小山坡延伸向前。小山坡并不高，也较为平缓，山上零星地散落着几块石头。山顶上有一块特别突兀的岩石，高约 2 米，呈圆柱形，直径 50 厘米，顶部略向内缩，整块岩石呈 45 度斜插入土，形如一颗未来得及爆炸的炮弹，似有从天而降之感，让人称奇。岩石朝地一面被人为削平，纵向刻有隶书"飞来石"三字（图 3-3-25），字呈扁形，每字宽约 30 厘米，高约 20 厘米，总高 175 厘米，书法古拙苍劲，足见功力。但其落款小字因线条较细，不易发现。笔者经仔细识别后，有"余杭褚德彝"五字。褚德彝（1871—1942），原名德仪，字守隅，号礼堂，浙江余杭人，篆刻家、考古学家。其篆刻从浙派入手，后精研秦汉印，所刻作品别有韵味。其书法楷行体学习褚遂良，隶书则出于汉礼器碑。而褚德彝为飞来石所题的"飞来石"三字正是用其所擅长的隶书所书，极具书法艺术价值和史料价值。

（6）"损岩"题名摩崖

阿育王寺方丈殿后有一个小院子，将鄮山一片山石围入园内，奇峰怪石间有流水潺潺，颇为雅致。山石大致呈三级台阶状，其中，院子中部第二级台阶上最大的一块岩石，经人为平整后，形成一个平面，上面纵向刻有篆体"损岩"两字(图3-3-26)。文字整体呈长方形,笔画细长,刚劲有力,必是某书家所为,惜无落款。石面多孔隙,但其孔洞较小,文字清晰可见,保存较为完好。

《明州阿育王山志》有载:"土山之中偶生片石,亦奇观也,古镌'损岩'二字,故名。岩下有小涧,涧水潺湲不绝,理法师累石以渚其流,山水辉映,竹木交翠,岩之上下可列坐十数人,闻幽溪师偕元素休远慧日秘藏相与煮茗。"[1]描述的景致与方丈殿后的景致颇为相似,显然,最初损岩并不在寺内,是后期所围进。此摩崖无纪年,据清咸丰《鄞县志》记载:"有损岩在望海亭下,片石生土中,古镌损岩两字,故名。"[2]可知,这"损岩"两字至少在清咸丰年之前就已经存在了。

3. 亭溪岭摩崖

鄞州区横溪镇东的亭溪岭又称藤溪岭、腾飞岭。山间的古道,北起横溪镇周夹村,南达东钱湖镇城杨村,是一条旧时的交通要道。自岭往东走,可通塘溪、咸祥,渡象山港可入象山,往南则可达奉化白杜、裘村,往西自横溪小白河头上船,可前往宁波城区。据清光绪二十年(1894)《重修亭溪岭路碑》记载:"窃惟亭溪岭为鄞、奉、象三邑通衢。绵亘十余里,往来行人日夜不绝。"可见当年古道人流如织的繁忙景象。

亭溪岭古道独特的地理条件,不仅注定其在交通上的重要性,也注定了它在军事上的重要性。清同治元年(1862)四月,为阻止太平军进入东钱湖,鄞县知县派监生杨儒生带领100多个团丁在此修筑工事,阻击太平军。一场激烈的战斗虽然以失败而告终,但所留下的石筑碉堡、练兵场旧址等军事遗迹至今还能找到痕迹。

古道以卵石和小石块铺设而成,一路弯弯曲曲,行走其间,翠竹摇曳,溪水叮咚,景致宜人。沿线有多座凉亭,是清末至民国初年由善士所捐建,为匆匆赶路的行人提供休息场所,至今还保留完好,为古道添色不少。

---

[1]郭子章:《明州阿育王山志》卷一,清乾隆刻本,第4—5页。
[2]周道遵等:《鄞县志》卷二,清咸丰刻本,第9页。

自周夹村沿亭溪岭古道上山,在第一平台至第二平台间的古道左侧,有一块宽约 4 米、高约 2 米的岩石,岩面上并排刊刻着两块摩崖题刻(图 3-3-27)。

左侧自右向左横刻楷书"阿弥陀佛"四字,没有上下款,每字 20 厘米见方,总宽 100 厘米。"阿弥陀佛"四字右侧约半米,自右向左横刻楷书"南无"两字,右上侧有上款"万历六年",宽 100 厘米,高 70 厘米。

从书法角度来看,这两处摩崖题刻书法结体尚可,但线条较为呆板,显然并非书法家所为。其虽然缺乏艺术性,但丝毫不张扬,且透露出几分宁静,如同亭溪岭溪水般清澈,不染一点污垢,也如同林间的徐徐清风,柔和清新,书法中折射出作者超凡尘世、归于宁静的人生态度。据《四明谈助》记载:"唐山献云开山,恒有白云复其屋上,因以名寺。"亭溪岭古道近城杨村有白云寺,两处摩崖题刻均为佛语,由此认为,这两处摩崖很可能是出自白云寺某位高僧之手,以此为过往亭溪岭的商旅们祈福。

两处摩崖题刻只有"南无"两字有纪年,且二者离得较近,从刊刻风格和风化程度来看较为相似。因此,两处摩崖题刻初步认定同为明万历六年(1578)所刻。

摩崖所在岩石其岩面略上仰,易受雨水浸蚀。刊刻时,两处摩崖岩石表面也都未经人工打磨,直接刻在岩石上,加之岩面不平整,刻得也较浅,摩崖保存的不利因素较多,但所幸文字线条较粗,故而字体至今尚明显。

随着交通的发展,亭溪岭古道早已失去了原有的功用,然而每天依然有许多游客来此登山健身,曾见证过古道繁盛的摩崖题刻似乎依然在默默为经过它身边的人们祈福。这两处摩崖现在已成为古道上的一处景观,为古道增添了一抹文化情趣。

4. 大梅山"梅仙岩"题名摩崖

鄞州区横溪镇以南山上的清塘村,群峰环抱,在 500 多米高的山上形成一片山中谷地。历史上,这里曾经有两处著名的寺院:一为保福寺。北宋年间,曾任鄞县县令的王安石也曾来到此寺,在其《鄞县经游记》一文中记载有"食大梅之保福寺庄"。可惜,此寺早已毁失。另一座是唐代高僧、中国佛教禅宗第九代大梅法常(750—839)所创建的护圣禅寺,历代高僧辈出,曾一度与天童寺齐名。鼎盛时,寺院有千人之多。历史上,大梅山曾吸引着高丽、日本等地僧人慕名来此。南宋宝庆元年(1225),日本佛教曹洞宗道元祖师登大梅山来此问法。此后,不断有日本佛教僧众登大梅山,进行文化交流。宝祐元年(1253),日僧心地觉心驻锡大梅山护圣禅寺半年,回日本后成为歌山兴国寺开山祖师。在宁波的佛教史上,护圣禅寺也占有一席之地。

沿梅杨线盘山公路入山,过清塘村护圣禅寺后约300米,公路转角处内侧,有数块岩壁呈阶梯状分布,在高约4米的一处崖壁上,纵向刻有"梅仙岩"三个大字(图3-3-28),每字宽约35厘米,高约40厘米,为篆书,无落款。此处摩崖虽然岩面未经打磨,但刻得较深,字号较大,文字较为清晰。此处摩崖何时所刻,未曾得知,据清康熙《鄞县志》中记载:"石壁上镌梅仙岩三字。"[1]可见,此摩崖至迟刻于明代。

摩崖所在的大梅山在历史上颇为著名,相传东汉隐士严子陵的岳父梅福(梅子真)云游至此,看到这里山势奇异,树木葱郁,环境清幽,便在此结茅隐居,得道成仙。传说,"梅仙岩"三字便是他用手指所划刻。传说终归是传说,看此三字,虽可认出是"梅仙岩"三字,但篆书结体较为松散,虽笔画较粗,但线条力量不够,看似并非书法家所为。此摩崖与这一带的两座著名寺院护圣禅寺、保福寺较近,由此猜测,此处摩崖很有可能正是两座寺院中的某位高僧所书。梅仙岩摩崖石刻早在2005年5月已公布为区级文保点。

---

[1]闻性道:康熙《鄞县志》卷五,清康熙刻本,第5页。

第四节　北仑区摩崖题刻

灵峰山摩崖

灵峰山位于北仑区大碶街道先锋村西，与阿育王寺所在的鄮山同在一个山脉，在山之北麓。南北朝时创建寺院，相传，葛洪曾在此炼丹，因此，寺中供奉有葛洪神像，是一座佛、道并融的寺院，在历史上颇有名气，北宋时朝廷曾赐额灵峰禅寺。1969年时，该寺曾遭严重损毁。现有建筑是1992年后逐渐恢复起来的。

据《镇海县志》"灵峰寺"条目中李昌裔《山寺形胜记》提道："寺下有岩，曰七佛岩。岩下有池，曰丹池，亦曰丹井……至其镌字于石者，为灵鹫峰、七佛岩、佛国山、善财岩，苍劲老逸，状如斗大，皆名手所书，因并记之。"[1] 2012年12月至2013年1月，宁波市文物考古研究所与北仑博物馆联合对灵峰寺旧址进行了考古调查，确认县志中所载灵峰寺旧址就在现在灵峰寺位置，还原了灵峰寺前山径的旧貌："今人上灵峰寺，车可直放半山腰的停车场，而古人从山麓上灵峰禅寺，要经过'Z'字形的七个弯，这与《山寺形胜记》'九曲而上''左折右曲'和《重修记》'曲折而上'诸语正相吻合。"同时认为，原来"灵鹫峰""七佛岩"等摩崖石位于上山古道左侧的山体处，而这些摩崖都在修建花岗石台阶时被毁。考古调查时也发现了几处佛号摩崖："尚保存有其他约20厘米见方的小字，如'南无本师

---

[1]洪锡范等修，王荣商等纂：《镇海县志》卷三十六，民国二十年（1931）铅印本，第18页。

释'‘拘留孙佛'‘俱那含牟尼佛'‘增长天王'等。"[1]（图3-4-1）

灵峰寺中山门前平台北侧，有一片山崖叠立于山坡上，平台左前方有"Z"字形崖壁，右前方多为平直的崖壁，现存灵峰山摩崖都集中在这片崖壁间。

笔者多次前往灵峰山调查，确认紧依平台北侧的一片岩面，即为考古调查中发现"拘留孙佛""俱那含牟尼佛"两块摩崖的岩壁。可惜，由于不注重保护，两块摩崖均被泥土所掩，仅"俱那含牟尼佛"的"俱那"两字尚露出地面。在此摩崖左前方约3米处处刻有"迦叶佛"三字，文字部分总高60厘米。其右侧180厘米的同一块崖壁上刻有"毗婆尸佛"四字，文字部分总高85厘米。另一块摩崖为"尸弃佛"，文字部分总高90厘米，刻于两块摩崖所在岩壁左前方约2米与之平行的一块崖壁上。考古中发现的"南无本师释""增长天王"两块摩崖未能找见，不排除因建造中山门平台被毁的可能性。

从所发现的摩崖和相关旧影看，灵峰山摩崖都为纵向刊刻，刊刻时沿线条边线向内斜刻，线条底部铲平，每字22—30厘米见方。均为楷书，书法工整，但艺术感不强，猜测由灵峰寺中高僧所书。所刻都属过去佛的佛名号，考古所发现的"南无本师释"大概由于下部山体被泥土所挡，其所刻应是"南无本师释迦牟尼佛"，与"拘留孙佛""俱那含牟尼佛"都属于过去佛。过去佛共有7位，已知有摩崖6块，猜测"毗舍浮佛"也曾刊刻。而"增长天王"属四大天王之一，另三位天王名号或许也被刊刻。由此猜测，当时刊刻佛号摩崖数量至少有11块之多。

---

[1]张华琴、丁友甫：《浙江宁波北仑灵峰禅寺旧址考古调查简报》，《南方文物》2013年第3期，第37—39页。

第五节 镇海区摩崖题刻

1. 招宝山摩崖

招宝山也称候涛山,位于宁波以东的镇海老城区东北,隔甬江与南岸金鸡山相望,互成犄角,自古是扼守甬江口的门户。招宝山既是览胜的好去处,又是重要的海防据点,山上有明嘉靖三十六年(1557)自普陀山迁来的宝陀寺、明嘉靖三十九年(1560)构筑的威远城等众多人文历史遗迹。招宝山上现存摩崖题刻尚存两处。

(1)梵文摩崖

1984年2月,对招宝山进行环境整治时,在面江的山腰上发现一处摩崖题刻。这段崖壁较平,与地面约呈130度倾斜,其崖面上并排刻着6个奇异的符号(图3-5-1)。摩崖总宽6米,高1.2米,刊刻时沿笔画线条深刻,笔画底部铲平。摩崖文字看似"天书",后经专家鉴定,此为兰札体(蓝查体),属于梵文,其内容是古印度佛教中的咒语,也称六字大明咒、大慈悲观音菩萨咒,汉字音译为"唵嘛呢叭咪吽"。佛家认为,此咒包含着诸佛无尽的加持与慈悲,因此,此咒也是流传最广的一段咒语之一。

招宝山此梵文摩崖自左向右刊刻,前后又有两条竖状符号,在兰札体中其功能与引号相仿。梵文线条较粗,刻得也较深,文字内凹,每个笔画内底面铲平,至今保存完好,文字清晰。此摩崖的发现,一时引起轰动。同年6月,《解放日报》还刊登过发现此摩崖的报道。关于摩崖年代和功用，一时众说纷纭。专家提出其刊刻时间应在元代至明代之间，并于 2000 年 12 月公布其为文物保护点。2021 年初，宁波地方文史专家楼稼平先生提出，据历代《镇海县志》记载，元成宗大德八年（1304）四月，元廷置千户所戍定海，调乃部颜部蒙古军 300 人来守，以防岁至倭船，加之元代定海县的达鲁花赤有不少是由蒙古人担任。因此，他认为此摩崖极可能是信奉藏传佛教的蒙古官兵所凿刻，其年代最晚为元代末年。有人对此论略有微词后，其又专程再去现场考察，认为 1984 年发现此摩崖前，摩崖上有覆土近一尺厚，这也正是历代史籍对此没有任何记载的原因。

梵文按字体分，有悉昙体、藏文体、兰札体、天城体等四类。其中，兰札体大约出现在 11 世纪以后，是西藏对印度梵文字母的称谓，其笔画具有笔画直、棱角尖、棱角尾笔向后拖拽的书写特点，极具装饰性，因此，由尼泊尔传入西藏后，主要做装饰字体使用。兰札体在使用过程中，同样的梵文，在不同年代、不同书籍中的写法也略有不同。离宁波较近的杭州飞来峰也有兰札体六字真言摩崖，专家根据元代蒙古人对杭州统制政策和其周边的相关线索认定，为元代所刻。但招宝山此摩崖与杭州飞来峰同一内容摩崖比较，所刻虽同为六字真言，但其首字梵文并不相同。如果杭州飞来峰六字真言摩崖可以确定是元代的写法，则招宝山上的摩崖与其不是同一年代。而我国中原地区，元代之后的佛教文献中才出现了兰札体。宁波天童寺景倩亭嵌有两块兰札体梵文碑，其中一块也刻有六字真言，其年代约在清末。根据《兰札体梵字入门》提供的不同版本兰札体梵文比较表，可以明显看出，天童寺兰札体梵文碑中的梵文字形受到《同文韵统》《龙藏》《造像量度经》书中兰札体梵文写法的影响，而招宝山摩崖却看不出受这些书的影响。而《同文韵统》《龙藏》《造像量度经》都属于汉文的经书，成书于清中期以后。由此，笔者认为，招宝山六字真言梵文摩崖刊刻年代可能在明代至清中期。

招宝山梵文摩崖既没有上下款，又缺少相关地方史料的明确记载。对于此摩崖为何而刊刻，说法较多，有观音迁镇海说、招宝七郎说、观音阁说、阿育王封号说等，但现在专家们更倾向于海上丝绸之路说。宁波自古就是海上丝绸之路的始发港之一，特别与日本、高丽（朝鲜半岛）交往频繁。对于航行在海上的船只来讲，安全最为关键。然而海上风险莫测，遇到狂风，翻船事件时有发生，而此摩崖恰好面对甬江,有专家猜测,六字大明咒是佛教中法力最大的一个佛咒,刊刻此摩崖的目的,正是借助六字大明咒的神力,来护佑来往于海上丝绸之路上船只和人员的航行安全。

笔者较为认可此说,如果我们把梵文咒语视为中文佛号,把招宝山下的甬江视为古道,把船只视为行人,加之招宝山历史上曾经有一座宝陀寺,就不难理解此摩崖的刊刻,其实和宁波多地在古道上刊刻"阿弥陀佛"的功能如出一辙。此摩崖是信仰佛教的僧人刊刻后,以此来护佑来往的船只和远航的人员。而梵文是印度的古文字,佛教又源于印度,因此,用梵文来抄写佛教典籍和书写咒语,更能表达佛教中最为原始的信息,祈愿达到最大的法力来发挥它的作用。

(2)艾氏墓碑摩崖

招宝山登云坊南侧约 50 米前的山道构筑于山岩之上,其下部岩石近地面处深凿出一块宽 290 厘米、高 57 厘米、中部略鼓的平整曲面。其上自右向左刻有"明文武世家艾公之墓"九个大字(图 3-5-2),呈一字排开,字体工整,线条浑厚,笔力不凡。

2010 年 3 月,镇海文保部门在第三次全国文物普查中发现此摩崖,并认为左下角落款为"孙升勒石",即墓主孙子艾升所刻。艾升(?—1595),字虎山,镇海人,世袭定海卫指挥,明嘉靖年间任备倭把总,万历元年(1573)升任昌国参将。屡战屡胜,功绩卓著,为御倭名将。笔者实地调查后,见该摩崖落款字体修长,"升"字为简体写法,更像是"丹"字。但因石面不平整,尚需进一步辨认。

此处摩崖不同于其他摩崖题刻,其功用只是作为艾氏私人墓碑。而以天然石壁来刊刻墓碑在宁波已知的墓葬形式中尚属孤例,为研究宁波明代墓葬形制提供了难得的实物资料。

2. 巾子山"钩金塘"三字摩崖

镇海区招宝山街道招宝山和巾子山之间,近年新建的钩金城楼将两山连接起来。其城楼的位置在宋代时是东城河出海的河口,每当汛期涨潮,海水就会倒灌入城。因此,在此修起了一道土堤,以阻挡海水。因堤外原为沙滩,潮水起自沙滩，故最初称为涨沙塘。清乾隆五年（1740），改筑成石塘。乾隆十二年（1747）为风潮所毁，又仿鱼鳞石塘重建。此段塘身低矮，且距离很短，形似狗的头颈，后来人们便习惯称其为小海塘或狗颈塘。文人雅士嫌其名字粗俗，便改其名为钩金塘，并编造了金钩钓金鱼的传说故事。20世纪70年代，后海塘外围塘为田，钩金塘便失去了原有的功能，改为马路。

钩金城楼外的东侧山脚，西北侧的草丛后，山体上纵向刻着"钩金塘"三字（图3-5-3）。文字部分总宽50厘米，高150厘米。右上角有款："乾隆十三年六月。"可见是1748年所刻，结合钩金塘历史，正是清乾隆十二年（1747）塘被台风所毁重建后所书刻。从左下角残留的笔画中可以肯定，最初也有落款，但已无法分辨字迹。

此处山岩表面和其他地方有所不同，像是晶体的结晶状，极其不平。这样的岩面并不适宜刻摩崖，如果要刻，也应先凿成一块平面后再进行刊刻。所幸"钩金塘"三字每字约50厘米见方，线条较粗，且线条笔画内进行过凿平工序，文字较为明显。值得庆幸的是其纪年小字尚能看出，这与文字横笔较多，以及线条凿得较深有很大关系。而落款凿得比较浅，字号较小，已难以看清。

此摩崖左侧约2米处，可以看出岩石上由两条平行线刻出的一个形似圭首碑的线框，其内似有文字，猜测所刻内容应与清乾隆十二年（1747）建鱼鳞石塘有关，史料价值比"钩金塘"题名摩崖更高。可惜的是，其石面不平，加之风化严重，已难识其字。

3. 梓荫山摩崖

梓荫山现位于镇海中学内，原是镇海城内的一座孤山，高仅12米，面积约3300平方米。山脚下不远处就是镇海孔庙、蛟川书院，山顶有北宋始建的文昌祠（现称梓荫阁）。取《周书·梓材篇》"梓材荫泽，荫庇学子，源远流长"之意，故称此山为梓荫山。山虽小，但有着深厚的历史文化积淀，是镇海的一处名胜。历代来到镇海的文官武将、当地的文人雅士，都喜欢登临梓荫山。这里也曾留下过南宋理学家朱熹、民族英雄林则徐、抗法名将吴杰等历史名人的身影。梓荫山有摩崖石刻多处，其中，旧刻摩崖已知有如下3处。

(1)"日涉成趣"四字摩崖

自梓荫山西麓拾级而上,石阶右侧有一片呈梯形的低矮山岩。岩虽不高,但其上刊刻有两块摩崖。其面石阶一侧为一大块平整的山岩,岩面仰天,其上纵向刻有"日涉成趣"四字(图3-5-4),文字部分宽55厘米,高145厘米。文字略向右倾,楷体,结体生动,趣意盎然。从其上下款"民国廿五年冬""暨阳陈德法题"可知,该题刻系1936年冬陈德法所题。摩崖刊刻较深,保存完好。陈德法(1900—1975),浙江诸暨人,黄埔军校一期毕业。1935年,时任独立第三十七旅旅长的陈德法率部来宁波集训并负责海防。其间为巩固海防,国民政府根据德国总顾问佛采尔的建议,在镇海沿海的伏龙山、邱王、澥浦、后海塘、招宝山、小港、青峙、算山、新碶、穿山、后所、白峰及鄞县大嵩等地,构筑钢骨水泥掩体80余座。工程由宁波防守司令王桦南主管,宁波徐荣记营造厂承包施工,平整地基、开挖交通壕、种树植草、掩土伪装等土工作业则由当地驻军就近出勤。陈德法频繁来往于各个工地之间,以督训部队、熟悉防地和了解国防工事建设情况。基于镇海口甬江两侧的军事重要性,两岸共筑有各种掩体30余座。陈德法曾于1936年冬在镇海城里住过一段时间,并时常步行前往军事工地视察。

"日涉成趣"题刻正是陈德法驻守镇海时所刻。此四字出自晋陶渊明《归去来兮辞》:"园日涉以成趣,门虽设而常关。""涉"指散步,"成趣"即自成乐趣,诗人涉足庭园,情与景遇,悠然有会于心。相传有一天,镇海当地官绅宴请陈德法。席间,大家恭维说:"旅长不辞辛劳,亲临第一线视察督导,真是劳苦功高哪!"陈德法答谢道:"陈某率部驻防镇海,构筑工事,各处走走,这是我的职责。看到国防工事固若金汤,我也开心啊。恕我套用陶渊明的诗,'园日涉以成趣',我来往各地也是日涉成趣呀!"散席后,他在住地海云寺题写了"日涉成趣"四个大字,请人镌于梓荫山的大石上。此四字不仅仅是陈德法当年在镇海步行来往于军事工地的真实写照,也体现了他乐于为此奔波,力求构筑起一道坚强的国防工事。此四字还可理解成:"日"明指日军,"涉"义作了引申,"成"与"陈"谐音,"趣"谐音为"驱",可解释为"戒守有所击也",真可谓一语双关。题刻又恰好与"吴公纪功碑亭"相对。吴杰(1834—1910),字吉人,安徽歙县人。1878年镇海口设炮台,吴杰任镇海营炮台守备。1885年3月,法国海军进犯镇海口。吴杰亲自操作火炮,击退法舰三次进犯,取得了中法镇海口之役的胜利。陈师长将此四字刻于此地,表明了他决意以吴杰为榜样,抗击日寇、保家卫国的坚定决心。

历史已经证明了陈德法保家卫国的赤胆忠心。"八一三"淞沪战役打响,陈德法率部参战,全旅上下一心,誓死不丢一寸国土。此战打得异常惨烈,全旅损失过半。奉命从阵地上撤下来后,该旅扩编为194师,陈德法升任师长,驻守镇海。1940年7月17日,日寇从海上入侵镇海城关和小港,陈德法率部浴血奋战,奋起抵抗,率194师及归他指挥的16师48团收复青峙、林唐、戚家山一线。日军缩踞小港、江南道头和城关。当时负责镇海作战的86军军长莫与硕对战况作错误估计,命令陈德法将主力撤至宁波,保存实力。陈据理力争:"敌军主力尚未登陆,正好肃清残敌,以利以后作战。""我主力在戚家山正与日军鏖战,一时不能撤下……"莫只好同意继续作战,收回要他撤退的命令。在陈德法的指挥下,众官兵前仆后继,经几昼夜奋战,终将日军全部驱逐入海。翌年4月,寇集精锐再攻浙东,陈苦战失守。1949年9月,陈德法任第二军副军长兼迪化警备司令,随陶峙岳将军起义,任人民解放军第九军副军长,1975年病逝。

梓荫山已是镇海中学内的一景,每当同学们站在"日涉成趣"题刻前,那段尘封的历史隐约而现,陈德法将军的人格魅力正影响着一代代学子从小树立起强烈的民族责任心。

(2)张久照等纪游题刻摩崖

据民国《镇海县志》记载,梓荫山上有一处张久照、陈棹的纪游题刻。此题刻尚存,在"日涉成趣"四字摩崖同一片山岩的西侧。岩面自上而下向内倾斜,中部经深凿后,形成一块宽60厘米、高51厘米的平面,其上所刻便是张久照纪游题刻(图3-5-5)。

摩崖自右向左纵向以楷书书写:"嘉庆九年八月上弦,长洲张久照、乌程陈棹迎秀亭玩月衔杯,题名纪胜。陈士骏书。"共刻7列,每列满字5字。此摩崖字号较大,保存较为完好,文字清晰。长洲即今天的苏州。张久照确曾三次担任慈溪县的县令,初任在嘉庆十五年至十八年(1810—1813),再任在道光二年至五年(1822—1825),三任在道光六年至七年(1826—1827),而题此摩崖时,尚未任县令。乌程即今天的浙江湖州,陈棹曾任镇海训导。迎秀亭在梓荫山,已毁，现亭为1990年重建。

从其内容猜测，清嘉庆九年（1804），张久照等人来看望在镇海任职的陈椁，此后便一起在梓荫山迎秀亭中把酒言欢，共赏明月。此摩崖便是为纪念此事而刻。

（3）"惩忿窒欲"四字摩崖

梓荫山东麓山脚崖壁上刻有楷书"惩忿窒欲"四大字（图3-5-6），两字一列，计2列。每字约130厘米见方，四字总宽265厘米，高360厘米。文字沿笔画边线深刻后，笔画内底凿平。至今文字清晰，保存完好。早在2011年2月，该摩崖被公布为区级文保点。"惩忿窒欲"出自《周易·损》："君子以惩忿窒欲。"惩即惩戒，窒即抑止，欲即嗜欲。唐代药王孙思邈提出："克制愤怒，抑制嗜欲的养生妙法为人之本也。"此四字正是一种克制的人生态度。

这一摩崖在宋延祐《四明志》中已经有记载："山下峻石，大刻'惩忿窒欲'四字，各大四尺。"[1]但志中未提及何人所书。最早提及此摩崖书写者是在明成化《宁波郡志》中："山下峻石刻王安石'惩忿窒欲'四字。"乾隆《宁波府志》引用成化《宁波郡志》载为："石壁留题，王安石一书于梓荫山石壁'惩忿窒欲'四大字，取山下有泉之义，一书于招宝山仙人洞石壁'六国来王处，平倭第一关'十大字，皆其手笔。"[2]虽然志书中多称此摩崖为王安石所书，但以全祖望为代表的部分学者对此有所怀疑。贡生胡澧见此摩崖时，发现大字下隐约有字，但因为"漫漶不可辨，为怅惘者久之"。后来，他就读于与此摩崖近在咫尺的鲲池书院，便又约几个好友一起清理摩崖上的苔藓污垢，仔细辨读，发现摩崖下部有一首明嘉靖甲辰年（嘉靖二十三年，1544年）周瑚（别驾）所作、曹学博（一和）所刻的诗和跋。周瑚为王安石同乡，其言词确凿，似有旧说佐证。有此诗为证，此摩崖为王安石所书或可以定论。但胡澧查阅王安石《鄞县经游记》，发现其所经之处都有记录，外出路线清晰，并没有到过镇海。而且如果是其所书，必然会在摩崖旁有署名。于是他再次对该摩崖进行了清洗考证，终于又发现了"嘉定庚辰山西冯枋书"九个字。嘉定庚辰年，即南宋嘉定十三年（1220）。据延祐《四明

---

[1] 袁桷：延祐《四明志》卷七，清咸丰四年（1854）刻本，第21页。
[2] 曹秉仁、万经等：雍正《宁波府志》卷三十四，清乾隆六年（1741）刻本，第9页。

志》所载,这一年,冯枋为官水师统制,而且还曾在此摩崖所在的梓荫山上构建屏山堂,摩崖作者之谜或由此而破。[1]

虽然清光绪年间《镇海县志》也提到了冯枋,但以周珊诗为论据,而对胡澧的发现经过断章取义,给出了模棱两可的说法,显然其结论偏向于王安石所书:"'惩忿窒欲'四大字勒石壁,其旁小字漫漶不可识,在梓山之阴。案四大字府邑志并传为王荆公书,或曰观延祐志所载文义疑为冯枋书,邑人胡澧于苔藓中洗剔,得睹其下周珊诗跋语,断为荆公无疑,姑两存其说,以俟后之博考者。"[2]民国《镇海县志》中,直接引用了胡澧的发现经过一文,将此定为冯枋所书。20世纪90年代编的《镇海县志》也定为冯枋所书。[3]

笔者好友陈一鸣先生对此摩崖进行考证时,提出在《宋史》卷三十中有"嘉定十年(1217),宗正寺主簿钱抚为贺金主生辰使,水师统制冯柄副之",而无冯枋记载,认为冯枋或为冯柄,笔者也颇为赞同。延祐《四明志》中有载:"梓荫山,县东一里。宋时军官冯柄夷而筑之,建屏山堂,火毁,遗址尚存,有碑云。"[4]只是因"枋"通"柄",抄录时误抄,方使历代志书将"冯柄"写成"冯枋"。

可见,此摩崖为南宋嘉定庚辰年(1220)水师统制、山西人冯柄所书。摩崖左侧原有落款,其下原有明嘉靖二十三年(1544)周珊(别驾)五言诗一首并跋,为曹学博(一和)所刻,惜今落款和小字都已无法看清。

4. 凤翼山"听涛"两字摩崖

镇海区九龙湖镇河头乡郎家坪水库下北侧的凤翼山山道边,有一块宽约3米、高约2米的孤立巨石。石面上自右向左横向凹刻隶书"听涛"两字(图3-5-7),其下有款:"光绪辛卯年(1891)孟夏月吉日,宁绍台道真州吴引孙题。"含钤印分刻8列,总宽50厘米,高45厘米。此摩崖刊刻前虽未对表面进行过加工,

---

[1]洪锡范等:民国《镇海县志》卷三十八,民国二十年(1931)铅印本,第8页。
[2]俞樾:光绪《镇海县志》卷三十三,清光绪五年(1879)刻本,第9页。
[3]《镇海县志》编纂委员会编:《镇海县志》,中国大百科全书出版社1994年版,第772页。
[4]俞福海主编:《宁波市志外编》,中华书局1998年版,第175页。

且石面呈颗粒状,但颗粒较小,表面起伏不大。"听涛"两字线条较粗,文字清晰,落款也可分辨。但落款后的两个印,已难以分辨其印文。

书此摩崖的吴引孙(1851—1920),字福茨,江苏仪征人。清光绪五年(1879)举人,光绪十四年(1888)升任宁绍台道道台。他到任后的第一件事是在宁波中山公园内的后乐园(今中山广场)创立书院,倡导学生以崇尚实学为主,以文艺居次,由此取书院名为"崇实"。他的这一做法,为晚清时期国力极度衰弱下的宁波培养了一大批实干家。他时常把自己藏书中的一些复本捐赠给书院。这批加盖有"真州吴氏有福读书堂藏书"朱文方印的图书和前任道台薛福成赠送的藏书,共同构成了宁波最早公共图书馆的基础,也是今天宁波图书馆的重要馆藏书籍。吴引孙任职期间,也特别重视海防,亲自规划海防,建筑要塞,加固炮台,训练新兵。在他的整治下,沿海一带井井有条。在任十年后,吴引孙升任广东按察使,离开了宁波。他留在宁波的书迹并不多,除此块摩崖,还有悬于天一阁大堂上的一副对联:"高阁凌虚,有清流激湍,映带左右;宸章在上,胜商彝周鼎,传示儿孙。"

当年,他在家乡扬州城内构建私宅时,即请宁波工匠前去建造。如今走进保存完好的道台府中,随处可见具有宁波建筑特色的马头墙。院内的砖刻木雕,以及一砖一瓦,无不体现着宁波气息,让人仿佛身处宁波的某家深宅大院中。这位对宁波教育和海防做出过贡献的吴道台被人所熟知,还因他是著名藏书家。

吴引孙宅院中尤其值得一看的是他的藏书楼,此楼完全仿造宁波天一阁式样建造,称为测海楼。据其自述,他收藏图书是继承了"祖庇"。清宣统二年(1910)出版的《扬州吴氏测海楼藏书目录》载明,楼内藏书共分七类,计8020部,247759卷,其中不乏善本、孤本。如此丰富的藏书量,足以使其跻身于当时国内藏书大家之列。测海楼也以其丰富的藏书,在扬州乃至全国文化史上占有一席之地。

据河头乡当地老人所述,还未建郎家坪水库前,山上植被茂盛,竹林婆娑,松涛阵阵,溪水叮咚,满眼山林野趣。当地村中一位著名商人非常热爱家乡的美景,为了给眼前的景色增添一些文化情趣,特意请吴道台书写"听涛"两字,并镌刻于道旁。据村民所述,原本其上还有其他题刻,但因山石崩落,已无从查找,独留此处。此摩崖题写者吴引孙是清末名人,且其所题"听涛"两字颇有意境。因此，该摩崖是宁波境内历史性和艺术性较高的一处，在第三次全国文物普查中被发现并登录。

5. 钱中扬墓园"玲珑"两字摩崖

钱中扬墓位于九龙湖横溪村山腰上，墓主从小随父在上海经商，先后开设酒店、钱庄、银楼等，是著名宁波商帮人物。在第三次全国文物普查中，该墓被普查队所发现。整座墓园规模较大，外有石砌围墙及高大的门楼，建于民国四年（1915）。墓园外右侧立有一块上小下大、高约2米的孤石，其一面略为平整，上部纵向刻有行书"玲珑"两字，据文物部门资料所载，其下有款，分刻3列："丁巳夏初，愚侄宝儒敬题。"宝儒即钱宝儒，为其侄辈。

丁巳年，即民国六年（1917）。这一带并非旅游胜地，也无古道，因此，此岩石和摩崖必定和墓园有关。据称，钱中扬在选址建此生圹时，曾请来风水先生查看。风水先生认为此墓位置极佳，只是有可能触犯天龙，对其后代不利。为破此说，钱中扬在风水先生的建议下，在墓后立有一块"迎龙"碑。

6. 筹市岭摩崖

筹市岭摩崖在镇海区开展第三次全国文物普查中被发现。关于此摩崖的来历，当地还有一个传说：旧时，古道行至半山腰时，山陡路滑，行人至此常会跌伤崴脚。为此，村民请人作法，并在路旁山石上凿刻"南无阿弥陀佛"六字（图3-5-7）。从此，经过此地的民众便平安无事。

传说中的古道便是筹市岭古道，位于镇海区九龙湖镇三圣殿水库旁的塔山上，其东连三圣殿村，现在东入口在三圣殿水库西侧大坝旁的第二个岙口，西通毛力村。随着交通的改善，古道已经荒废，难以攀登。笔者未曾前往，询问当时发现者之一的汶溪业余文保员周师傅称，自三圣殿水库上山，至半途时，古道左侧有一小片低矮的山石，摩崖便刊刻于此。据当时所拍的照片，摩崖自上而下纵刻有"南无阿弥陀佛"六个楷体字，其书法结体松散。宁波已知有多处古道摩崖上刊刻有"南无阿弥陀佛"，而以此处摩崖书法最为粗劣。

第六节　奉化区摩崖题刻

1. "醒狮"两字摩崖

奉化城中锦屏山,也称青锦山、莲花岩。自奉化城区中山公园大门沿北溪路向西约 100 米,在与北街村村路的交会口处,路面豁然加宽,其一侧靠溪,一侧依锦屏山。锦屏山南临溪有几块光滑的岩石相叠突出,形似狮子,名为狮子岩,原为锦屏山一景。

离地 5 米最上部的一块岩石上,自右向左刻有行书"醒狮"两字(图 3-6-1),每字约 60 厘米见方。刊刻此摩崖时,几乎是沿笔画边线垂直入石,线条底面呈下凹的圆弧状,刊刻较深,文字至今仍清晰明显。惜此摩崖无落款,不知何时由何人所书。从村民的口述及刊刻技法判断,猜测此摩崖刻于民国时期。

2. 千丈岩摩崖

奉化区溪口镇雪窦山风景区的千丈岩位于雪窦寺前不远处,这段崖壁呈扇形向东西两边敞开,一股水流自崖壁中间喷流而出,挂于山崖之上。因壁高千仞,故称其为千丈岩,瀑布称千丈岩瀑布。宋郑清之有《千丈岩》诗云:"圆峤移来东海东,梵王宫在最高峰。试将法雨周沙界,千丈岩头挂玉虹。"此瀑布自唐宋以来闻名于世,也是近代宁波开发较早的一处风景名胜,历年文人墨客多来此登临观赏,题咏不绝,为千丈岩瀑布周边留下了众多摩崖题刻,但以 1949 年为时间下限,历史上遗留下来的摩崖现存共有四处。

(1)"烟声"两字摩崖

千丈岩瀑布下的水潭边散布着很多乱石。其西侧有一块呈多边形的巨石,高四五米,朝向瀑布的斜面最上部纵向刻有"烟声"两字,左侧有落款"壬午胡梦泰"(图3-6-2),摩崖通高1.5米。

"烟声"两字刊刻时,直接沿线条边线向内倾斜凿刻,并对线条内底进行加工,使其呈现两侧略低、中间略高的弧形凸起。此摩崖所刻岩石表面高低不平,刊刻前也未对岩面进行加工,刊刻得也较浅,所幸笔画较粗。而落款虽笔画较细,但刊刻较深,因此,这处摩崖文字至今仍清晰可见。

经查,胡梦泰为江西省铅山县人,字友蠡,明崇祯十年(1637)进士,曾任奉化县令。在任期间,因当地戴澳官为顺天府丞,其家人倚仗官势抗拒征税。胡梦泰秉公执法,处罚了其儿子,由此声誉鹊起。崇祯十六年(1643),被选为朝廷推举的贤能地方官员,奉召入京,升任给事中,奉使还乡。清顺治三年(1646),清兵围城数月。胡梦泰散尽家财,协助巡抚守城,终因城破,其夫妇俱自尽殉国,忠贞不渝。壬午年即明崇祯十五年(1642),正是胡梦泰在奉化任县令时。

千丈岩瀑布落差达171米,自崖口倾泻而下。其上部尚为水流,至半腰时,有一段突出的山岩,水流撞击后,水声击荡,水花飞溅,至瀑底时,已是如雾如烟。"烟声"两字正形象描绘了千丈岩瀑布这一奇特的自然景观。这一摩崖刻于明代,为千丈岩瀑布风景名胜增色不少,也是千丈岩一带现在所发现四处摩崖中年代最早的一块。

(2)千丈岩筑路纪功摩崖之一

溪口雪窦山上的雪窦寺相传为弥勒佛道场,历史上香火鼎盛,山上的第一名胜千丈岩瀑布也早已名声在外。自亭下村上雪窦山的民众,无论是去雪窦寺,还是去千丈岩瀑布,都要经过一段山路,其山坡陡峭难行,危险不断。民国五年(1916),亭下环潭村人王水金出资,修建了通往千丈岩的山道。这段山道自亭下村起,最初一段山道沿溪流而建,较为平缓,但入山后,多悬崖峭壁,不得不在山坡上用石块垒起石梁充作山道,特别是在百步阶处,悬壁边垒石尤高,工程浩大。

百步阶半道有一块突出的山岩,其东侧正对自上而下的山道。就在这块崖壁上,刻有一块筑路纪功摩崖(图3-6-3),宽165厘米,高195厘米,自上而下,自右而左刊刻,连款共刻10列,各列字数依岩石自然边沿大小各有不同。全文为:

> 水金王先生,乡之环潭人,幼失怙,家贫失学,只身至沪,朝则为工,夕则习英国语言,卒立伟业。信孚欧西而天性慈悲,兹素好佛,因朝雪山经此道,见山径崎岖,慨出千金建筑新路,化险为夷,兹勒数语,以德先生好善之一也。民国五年秋。谈斋沈皆诚书。

全文以行书写就,字形偏长,书法线条流畅,一气呵成。刊刻时依线条轮廓向内凿刻,线条内底凿成内凹的弧形。虽然这一带岩壁不平整,孔隙较多,但这处摩崖每字宽约10厘米,高约13厘米,且为深刻,文字尚可分辨。书写此摩崖的沈皆诚为亭下村人,监生,据史料记载,曾捐资助学,猜测应是当地的乡绅。这处摩崖按类别划分,当属纪功类摩崖,在宁波众多的摩崖石刻中,此类摩崖颇为少见。

(3)千丈岩筑路纪功摩崖之二

离千丈岩筑路纪功摩崖不足百米的山道南侧山体上,有一块较为平整的崖壁,其上刻着文字(图3-6-4)。因摩崖离地面较高,年久长满苔藓,难以通读,但从文字来看,其内容也应与千丈岩筑路纪功摩崖相仿。

(4)"乐不"两字摩崖

王水金出资所建的千丈岩山道,自亭下村起沿溪流而行。兴建亭下水库后,此段山道起始点已改在浒溪线公路千丈岩站旁。自此进入山道向东约行600米,见道路分两岔,一条小径左转后沿溪流通往千丈岩瀑布瀑脚,而继续前行,则开始沿台阶登山。就在此"丁"字路口,正对通往千丈岩瀑布小路的山脚,迎面有一块天然平整的崖壁,略朝东北向,其上自右向左刻有行书"乐不"两字榜书(图3-6-5),宽185厘米,高80厘米,每字80厘米见方,"乐"字略大。落款为:"丙辰小春沈皆诚题。"两字结体紧凑而不松散,线条粗壮而显灵动。在当时没有放大设备的情况下,书家写榜书要按实际大小书写。从这处摩崖来看,沈皆诚虽为地方乡绅,但其书法也足见功力。丙辰即民国五年(1916),其书写和刊刻年代与王水金出资所建千丈岩山道为同一时期,当为建此山道时刊刻。

此崖壁与山径适有一角度,游客上山游玩时因从崖壁背向而来,常不会注意到这块摩崖题刻,而与其擦肩而过。而当游玩归来时,正对小路的岩壁上的"乐不"两字摩崖,似乎在询问游客:游览千丈岩瀑布此行快乐吗?这一摩崖题刻也为游客的行程增添了不少趣味。

3. 十八折古道摩崖群

雪窦寺后山称为雪峰,山顶的奉慈寺始建于唐咸通八年(867),初名奉国寺,宋治平二年(1065)改名奉慈寺,归并雪窦寺。寺院坐落在雪峰开阔的平地上,四周群山如莲花盛开,众星拱月般围绕着寺院,这里有着和雪窦寺相似的地形。又因寺院隶属于雪窦寺,故而又被称为上雪窦寺。

沿雪窦寺西墙,有一条登山古道,不仅是山民通往外界的通道,更是僧人、香客前往山顶上雪窦寺礼佛的必经之路。

古道位于两山之间,山道曲折狭窄,素有"同伴前后行,闻声不见人"之说,故而得名"十八折",以形容其弯道之多,当地则俗称"十八跨"。十八折古道一路有溪水相伴,溪间乱石纵横交错,溪流穿行其间,时而潺湲,时而激荡。两侧山上遍植枫树,秋风袭来,层林尽染。奇峰怪石点缀其间,或如刀砍斧劈,拦于路旁,或危岩孤立,在一片红枫林中跃然而出,构成了一道绝美的峡谷风光。古道景色尤以凤山桥下的景色为佳,两股溪流在这里形成两条风格迥异的小瀑布,瀑布边上就有一片台地,其下又有一大片石滩,两条瀑布流下后,又汇合在一起,从石滩旁轻缓而过。这一带景色宜人,处在通往上雪窦寺的必经之路上,沿途又多巨石,因此,具有刊刻摩崖的绝佳有利条件。

2013年11月,奉化东岙小学校长王海维等人郊游时,在十八折古道凤山桥下一带岩石上发现刻有摩崖。此处岩石以砂质表面为主,刊刻不深,小字较多,不经过清理很难辨识,因此,当时仅《宁波日报》上刊发了一条简讯。笔者见后,约朱永宁先生一起,两上雪窦山,对十八折古道一带摩崖题刻进行了深入寻找和仔细辨认,确认了在古道凤山桥下密集地分布着十余处高僧大德题写的摩崖题刻,辨识了每块摩崖刊刻的内容,后以调查结果为基础撰写《十八折古道摩崖题刻》一文,次月刊登于《宁波晚报》上。

十八折古道摩崖刊刻技法基本相同,多是先向下凿刻线条后,再将线条内底凿平。落款则用双刀法刊刻。从刊刻技法和刊刻内容分析,这一带摩崖为宋元时期所刻可能性最大,为古道增添了新的人文内涵。摩崖题刻因风化等原因,很多已漫漶不清,现在可以辨识的主要有8块,其中一块残存几个文字,难解其意,剩下为7块。

(1)"清音"两字摩崖

凤山桥为一座石拱古桥,一股溪流自桥洞下喷薄而出后被山石所拦,溪水便分流而下形成两条瀑布,而山石突兀呈阶梯状,水流又飞溅出无数条小瀑布,流水叮咚作响。跌跌撞撞。两股溪流中间山石上自然形成一个长方形平面,宽45厘米,高65厘米,其上纵向刻有楷书"清音"两个大字(图3-6-6),正应此景。左侧中部有落款"中峰题"三字。中峰或是中峰明本。史料中对其生平没有过多记载,但清《雪窦寺志》内收录有中峰明本的《雪窦送友》一诗,此诗也佐证了中峰明本曾到奉化雪窦寺居住。因缺少相应的文献记载和笔迹比较,现在尚无法确定"中峰"就是中峰明本,但看"清音"两字书法,线条粗壮,笔锋内收,浑厚圆润,具有佛家书法的风格,此摩崖是中峰明本所题的可能性较大。

(2)"宴坐岩"三字摩崖

凤山桥下的小瀑布东侧,有一块略低于路面的台地,上面散布着多块岩石,中部一块巨石高约3米,其面南一侧略向上仰,自然形成两个平面,两面相交呈一钝角,右面自上而下,纵向刻着楷书"宴坐岩"三个大字(图3-6-7),宽30厘米,高82厘米,至今仍清晰可辨。

宴坐之名来源于佛经,是指修行者静坐。这块台地紧临上、下雪窦寺间的古道。从台上向前望去,山谷尽收眼底,远处的雪窦寺也隐约可见。周边三面环山,山深林密,一旁溪水潺潺,环境清幽,正是僧人打坐修行的好去处,故称此为宴坐岩也恰如其分。

看其书法,笔画工整,线条粗壮,锋芒内藏,呈现出佛家书法的特征,当是某位高僧大德所书。

(3)禅鉴大师诗摩崖

与"宴坐岩"摩崖相邻的岩面上刻着另一块摩崖,宽70厘米,高100厘米,为一首诗:"我无说□汝无闻,若是龙未眼有□。似死□□何□碍,从教花雨自缤纷。"共计5列,其中诗作每句刻1列,计4列。其后有款"住山禅鉴大师题"(图3-6-8),计1列。从落款看,禅鉴大师曾任寺院住持,惜雪窦寺早年寺志记载不详,仅宋代雪窦寺住持"雪窦鉴禅师"与"禅鉴大师"名称较为相近,但禅鉴大师是否为雪窦鉴,尚需考证。此摩崖诗文方志中未见记载,也可补史料之缺。

(4)《中夏书怀》诗摩崖

小瀑布东侧台地的边沿有前后两块岩壁,略有上下。其中,较高一块岩壁上刻有一首诗:"千岩万壑最高峰,层窦深云古梵宫。粥饭随时无个事,坐磐陀石纳清风。"宽60厘米,高85厘米。文字共刻5列,其中诗作每句刻1列,计4列。其后有款曰:"中夏书怀惠靖。"(图3-6-9)计1列。因这一带另一块摩崖落款为"惠靖赋",由此可以肯定,其落款中的"中夏书怀"为诗名,"惠靖"是作者或书者。此诗在《雪窦寺志》中有载,为曾任兵部侍郎的明代奉化人宋琰(1394—1457)所作。是寺志记载有误,此诗为惠靖所作,还是惠靖只是重抄旧诗呢?此摩崖题刻为我们留下了难解的谜题。

(5)惠靖赋摩崖

惠靖赋摩崖在《中夏书怀》诗摩崖一旁,石上刻有一首赋:"□□出幽谷,□□□林泉。□□□归路,□□绝世缘。"每句5字,刻1列,计4列,末尾有落款"惠靖赋"(图3-6-10),占1列,合计5列。此处摩崖宽42厘米,高35厘米,上部风化特别严重,已无法看出文字。诗作未见相关志书记载。此处摩崖与《中夏书怀》诗摩崖笔迹相似,疑为同一人所书。

(6)"古雪窦"三字摩崖

宴坐岩台地之下,就是一大片平坦的石台。石台上孤立着一块巨石,巨石面对瀑布的一面上部向外悬空挑出,最外沿自然形成一块呈带状的平面,其上部从右向左刻有"古雪窦"三字(图3-6-11),宽130厘米,高45厘米。雪窦之名因雪窦山主峰乳峰上"水如乳从窦中出"得名,而眼前两股溪流所形成的两条瀑布因遇阶梯状石台,逐级而下,水流在每级都冲刷形成一个个窦孔,水又从窦孔涌出,在黑石的映衬下,水如雪如乳。古人又在此写下"古雪窦"三个擘窠大字,是否可以佐证雪窦之名就缘起于这里呢?

(7)《游上雪窦》诗摩崖

刻有"古雪窦"三字的巨石面向古道的一侧,刻有一首诗:"下雪窦游上雪窦,过云峰后望云峰。如趋仙府经三岛,似入天门彻九重。无日不飞丹洞鹤,有时忽起隐潭龙。只应奉召西归去,此境何由得再逢。"(图3-6-12)宽80厘米,高42厘米。外刻有线框,每句刻1列,落款1列,共刻9列,文字纤细,不易识别。此诗在《雪窦寺志》中有记载,名为《游上雪窦》,然而此摩崖文字与寺志中所载有一字不同,即第三句中摩崖为"三岛",寺志为"三峡"。[1]寺志中称该诗为达观昙颖所作,与摩崖落款"达观大师昙颖题"相符。达观昙颖(989—1059),为临济宗第七世祖,杭州人。曾住持金山、灵隐等寺院。北宋至和年间(1054—1056)任雪窦寺第十一任住持,在其任上,还主持始建雪窦山亭(今名入山亭),修建御碑亭。

宁波有准确纪年的摩崖题刻此前以慈溪栲栳山北宋熙宁八年(1075)题刻为最早,如果此摩崖题刻能够被确定为达观昙颖住持雪窦寺时所书刻,则宁波最早摩崖题刻这一纪录又将提前约20年,改写到北宋至和年间。但从其落款中称"大师"而言,笔者认为此摩崖是后人刊刻的可能性更大。

---

[1]《雪窦寺志》编纂委员会编:《雪窦寺志》,宁波出版社2011年版,第426页。

4. 武岭学校"武岭幽胜"四字摩崖

奉化区溪口镇武岭门位于镇的最北端，入门后，左侧有一座临溪的小山。山并不高，历史上曾建有文昌阁，是当地文人谈诗论画的常聚之处。民国后，蒋介石将其改建为别墅，每次到溪口后便居住在此。与之隔街相望的便是武岭中学，其优越的地理位置，显示着这座学校的与众不同。

蒋介石所作《慈庵记》中有一段他生母王采玉的遗嘱："所余家产之半自办义务学校，教授乡里子弟之因贫失学者。"蒋介石遵照母亲的遗愿，耗银12万元之多，创办了这所武岭学校。曾多次公示建校宗旨："尊重母亲遗训，利于家乡子弟就读。"校址选择、教育设施、植树绿化、教员配置等方面在当时属全国一流。学校由翁文灏之弟、建筑设计师翁文涛设计，由上海孙裕生营造厂承造。学校于1928年12月开工，蒋介石曾亲自为学校写了新校舍的奠基石。至次年底，完成主体工程。学校占地90余亩，有大礼堂、教学楼、宿舍楼、健身房等建筑40余幢，建筑面积1.4万平方米。大礼堂外观恢宏，装饰精致，具有典型的民国时期建筑风格。

学校以先筹办普通中学，并拟办大学为目标，由宋美龄任学校董事会董事长，蒋介石亲任校长，蒋介石的妹夫竺芝珊任常务董事，民国时期的风云人物蒋经国、蒋纬国、陈果夫、陈立夫、陈布雷都是学校的董事。学校的办学经费和蒋氏丰镐房、蒋母墓道维护修缮费用等一样，都直接由蒋介石过目并由中国农业银行上海支行支付。学校的大礼堂东首第一间设有蒋介石办公室，其每次回到溪口，几乎每天都要到学校中来，也经常出席学校活动并讲话。武岭中学办学规格之高，足见蒋介石对该校的重视，在学校内岩石上留有蒋介石的摩崖题字也就不足为怪了。

武岭学校的大礼堂东侧，有一片山石，树木葱郁，环境清幽，山脚有一块不大的内凹空间，置有石桌、石凳。就在石桌旁的岩面上，纵向刊刻着楷书"武岭幽胜"四字（图3-6-13），每字宽约20厘米，高约30厘米。右上侧刻有纪年"二十年春"，左下侧刻有落款："蒋中正题。"整块摩崖字体修长，笔画劲秀，具有明显的蒋氏书法风格。"二十年"即1931年，据蒋介石日记所载，1931年4月

8日,"晚与王校长谈话,并写武岭幽胜四大字。刻刊于校东之悬岩。古树穿岩而出,荣茂可爱。余自况此树之性根为余性根也,爱甚"[1]。这也进一步确认,此处摩崖是蒋介石所亲题。这一处摩崖石刻现已成为溪口保留下来的为数不多的蒋介石书迹原刻之一。

5. 甬山摩崖

甬山位于奉化区江口街道的鄞奉交界处,因其山形如一口甬钟,故称其为甬山,又因山巅有一座寿峰塔,亦称塔山。山虽不高,但其在宁波有着特殊的地位。宁波简称"甬",便是由此山而来。

甬山上有白雀寺、清水庵、蝙蝠洞等。其中,白雀寺相传由六朝名僧智觉大师所创建,曾与雪窦寺、岳林寺、青莲讲寺齐名,并称为奉化四大名寺。民国时期,蒋介石、于右任等党政要员也都曾登临甬山。

甬山的岩石属于砂砾岩,岩石中夹杂着大量鹅卵石,石质粗糙,表面凹凸严重,并不适宜刊刻摩崖。但在甬山上依旧发现有7块摩崖石刻,按其所处位置,可以分为甬山山道摩崖和甬山岩洞摩崖两部分。

(1)甬山山道摩崖

甬山山道摩崖都集中在登山道两侧,其摩崖字号较大,笔画线条宽约2厘米。刊刻时,几乎沿笔画线条垂直向内,深2至3厘米,线条底部凿为内凹的弧形。虽无刊刻前打磨加工痕迹,但摩崖文字依然清晰,保存相对完好,共有6块。

自山脚登山,约走400级台阶,可见山道左侧有一块裸露的山石,面向山道的一面岩石上并排刻着两块摩崖(图3-6-14)。左侧纵向刻有"佛国"两字,摩崖宽35厘米,高100厘米。这两字表示开始进入白雀寺的范围。右距90厘米处,又纵向刻有"西径"两字,摩崖宽40厘米,高90厘米。此山道直通山顶寺

---

[1]陈红民主编:《中外学者论蒋介石:蒋介石与近代中国国际学术研讨会论文集》,浙江大学出版社2013年版,第470页。

院,此"西径"两字应是寺中僧人对此山道的称谓。从这两处摩崖上行约10米远,山道左侧有一块扁平的岩石孤立于山石上,此石上部平整,近台阶处下部悬空,岩石面向山道一侧自右向左刻有"磐陀石"三字(图3-6-15),宽90厘米,高30厘米。相传,观音菩萨在其道场普陀山时,经常在磐陀石上讲经说法,刻此三字,也是希望观音菩萨能降临此地。

继续拾级而上,再走约100级台阶,可见山道右侧有一块岩石面向山道一侧,自右向左横刻有"屋石"两字(图3-6-16),摩崖宽90厘米,高30厘米。此岩石尤为特别,下部岩体被掏空内凹,上部扁平状的岩石凌空而出,岩下自然形成高2米、进深1.7米的空间,形同石屋,"屋石"正是对这处岩石形象的称谓。

再走约150级台阶,可见山道右侧有一座民国时期建的六角水泥凉亭,其左侧有一大块高约半米的岩石,凿有台阶可登,顶部较平坦,正中刻着一个2米见方的"心"字,其左侧有款:"奉江居士学志。"(图3-6-17)奉江即奉化江。由此来看,刊刻者当是奉化本地人,可惜不知为何人,但从摩崖刻法来看,其年代不会早于清代。"心"字中间还刻有一个心形的图案(图3-6-18)。"心"字石临山道的一侧凿平后,自右向左横刻有"问心石"三字(图3-6-19),摩崖宽100厘米,高40厘米。

甬山山道摩崖内容多属佛教用词,故此批摩崖与甬山上白雀寺、清水庵颇有关系。从书体来看,摩崖都为楷体,书法风格颇为相似,缺少书法艺术提按顿挫之美,结体也不美,更像是用枯木拼接而成,但透露出佛家书法特有的安静之态。甬山上摩崖都没有纪年,仅在"心"字旁有落款,而"心"字石的刻法、写法与其他摩崖有异曲同工之妙,由此认为,这些摩崖年代不会早于清代。

(2)甬山岩洞摩崖

甬山山体呈东西走向,其南北两侧山坡上分布着因岩体风化坍塌而形成的山洞,南坡清水庵、北坡蝙蝠洞等,都是后人以山洞为基础建起的寺院庵堂。在蝙蝠洞西北白雀寺下,有一个狭长的无名山洞,洞宽约40米,进深约4米,高约4米。洞内供奉有佛像,由住在蝙蝠洞内的老尼姑看管,但老尼姑圆寂后,现已呈现荒废之象。就在主佛的头上,有一块高约20厘米、宽约100厘米的狭长岩面,其表面较为细腻,与周边由鹅卵石沉积形成的岩石截然不同,也是山洞中仅有的一块尚能刊刻摩崖的岩面。其上自右向左,横向刻有一块摩崖,起首为纪年"民国乙卯年",每一字占一列,其中"卯"字略靠下,大概是刊刻后发现漏刻所补刻。"年"字后紧跟一列为"春日穀旦",纵刻。其后纵刻15列曰:"郭李氏福根助洋拾元正、何严氏性莲助洋伍元正、沈李氏惠忠助洋贰元正、徐蒋氏善福助洋贰元正、骆门助小洋拾角。比丘弟子。"(图3-6-20)民国乙卯年即民国四年(1915)。全文以楷体所书,虽文字粗劣,但足以证明在民国初期,这里已经成为民间信仰点。

6. 岩溪摩崖

岩溪也称班溪,发源于毛羊岗,自南向北流,沿途汇入中溪、西晦溪,最终在康岭村汇入剡江。其上流称为岩溪,下流称为岩头江,全长16公里,是剡江上一条重要支流。其中,浙江省历史文化名村岩头村就沿岩溪两岸而建,其风景优美,民风淳朴,历史文化厚重。岩溪共发现两处摩崖,也都位于岩头村。

(1)白象山"石泉"两字摩崖

岩溪在岩头村中蜿蜒而过,流过村前的广济桥后,溪流紧贴白象山,山间不断有水渗出,注入溪中,叮咚作响,似石中之泉,故有石泉之称。虽然这段溪流并不长,但两岸平直,河道较深,水平如镜,加之不断有水滴入,与文人手执水滴为砚台加水一景象颇为契合,这段河道便又有了一个儒雅的名称——砚池。

临溪的水边有一块2米见方的岩石,其上部外突,下部略向内倾,表面平整,是刊刻摩崖极佳的位置。岩面上自右向左横书有"石泉"两字(图3-6-21),以楷书书写,笔画较粗,刊刻时沿笔画线条垂直向下刊刻,笔画底面基本凿平,至今保存完好,文字清晰,落款有"石台"两字。石台即岩头村人、著名书法家毛玉佩(1760—1833),其字孟迁,号石台,自号伴我山民。诸生,好书法,尤喜写大字,被誉为清代奉化五大书法家之一。

毛玉佩以书写大字而著称,奉化萧王庙庙门两侧还留有其书写的"龙""虎"两字榜书,每字近2米见方,气势逼人。"石泉"两字尺寸虽不及萧王庙所书写的两字大，但相传这一摩崖是其在道光十二年（1832）所题，以此计算，即为毛玉佩去世前一年所书，书写时毛玉佩已是73岁的老人，其书法已达到人书皆老的境界。何况毛玉佩就是溪口镇岩头村人，其为家乡所书，自然心境不同。"石泉"两字笔力深厚，结体沉稳，足以成为其代表之作。这一摩崖在《剡源乡志》中已有记载，2003年，此摩崖被公布为奉化文保点。

"石泉"摩崖临溪，与公路隔溪相望，很容易找到，但很多史料中同时提到岩溪边还有另一处摩崖"砚池"，对其记述却扑朔迷离，众说纷纭。最早记载这一摩崖的是《剡源乡志》："砚池，二字，字大一尺，毛玉佩正书，与'石泉'二字相去四五丈。"[1]因有《剡源乡志》记载，此后很多著述都将"砚池"摩崖列入其中。如《溪口镇志》："象山脚下的'石泉''砚池'等摩崖石刻，都是玉佩先生的手迹。"[2]《奉化风情》："溪旁白象山脚的岩壁上，有'砚池''石泉'四个大字的石刻。"[3]"砚池"两字摩崖是否存在呢？据岩头村人毛昭飞在1985年的一篇文章中记述，"砚池"两字摩崖确实存在，但不是毛玉佩所书，而是毛裕成所书："晚辈廪贡生毛裕成先生在另一方悬岩上配有'砚池'。"[4]正因为岩头村是蒋介石发妻毛福梅的故乡，颇受外界关注，书中也不免有对岩头村的风景描述。如《蒋介石和宋美龄》[5]一书在述及此摩崖时，原样沿袭了此说。而《国共两党名将名帅婚恋实录（下）》一书在述及此摩崖时，还误述为"毛思诚在另一方悬岩上配有'砚池'的墨迹，风骨遒劲"[6]。但几年后，毛昭飞在自己的文章中，却又否认了"砚池"是毛裕成所书的观点："著名书法大家毛玉佩真迹'石泉''砚池'……"[7]"砚池"两字摩崖是否存在尚不清楚，《宁波通史·清代卷》则又提出这一带有"石头"摩崖："今天的岩头村白象山脚下的石刻'石泉'及'石头'就

---

[1]赵霈涛：《剡源乡志》卷二十二，清光绪二十八年（1902）奉化赵氏剡曲草堂活字印本，第8页。
[2]《溪口镇志》编纂委员会编：《溪口镇志》，宁波出版社2017年版，第488页。
[3]毛翼虎、范学文：《奉化风情》，浙江人民出版社1986年版，第109页。
[4]毛昭飞：《蒋氏父子的两位先生》，载中国人民政治协商会议浙江省奉化县委员会文史资料研究委员会编《奉化文史资料（第2辑）》，1985年12月内部印刷，第51页。
[5]简洁、孟忻编著：《蒋介石和宋美龄》，吉林文史出版社1989年版，第17页。
[6]韩耀旗编著：《国共两党名将名帅婚恋实录（下）》，吉林人民出版社1995年版，第8页。
[7]毛昭飞：《岩头三记》，载沈国民编《奉化人》，大众文艺出版社2007年版，第140页。

是他的手迹。著有《学书略则》。"[1]《奉化建筑探胜》又提出了这一带有"石台"摩崖："今岩头村白象山脚石刻'石泉'及'石台'即其（毛玉佩）手迹，著有《学书略刻》等书。"[2]

按理说，"字大一尺"的"砚池"两字是比较容易发现的，但笔者曾多次到实地寻访，除在"石泉"摩崖左上侧看到后人刻的"和天下"三字，其周边至今不曾发现其他摩崖。如果笔者只属于个人行为，那么始于2007年的第三次全国文物普查，通常到一个村庄开展文物普查时，都要先找村中对历史文化较为熟悉的老人了解情况，并对村庄文物进行地毯式排摸，但在岩头村，摩崖也只登记了"石泉"两字摩崖，对"砚池"摩崖不曾提及。更何况岩头村重视旅游，"石泉"摩崖被刷上红漆，格外显眼，假设确有"砚池"摩崖，想必相关部门也不会忽视这一文化景观，但村里的导游总图和村史馆中都不见提及"砚池"摩崖。笔者不否定历史上存在"砚池"两字摩崖的可能性，但从现在所掌握的信息而言，如果确曾有"砚池"两字摩崖，很有可能已经毁失，或风化严重，已无人知悉具体位置。而至于"石头""石台"摩崖，更是未见有记载。

（2）"岩溪"两字摩崖

岩溪在岩头村大兴桥至永宁桥间，这段溪床以岩石为底，岩溪之名便由此而来，是观水玩水的绝佳去处。部分较高的岩石露出水面，被水流磨得已无棱角，如同一只只浮于水面的乌龟，或昂首向前，或缩头缩尾，或龟背微露。溪流便在此绕行迂回，鱼儿嬉戏其间。此地自古是岩头八景之一，被称为神龟奇石，引来无数文人游览唱咏。

其中，在西北侧的岩石上，孤立着一块大致呈菱形的石块，高约75厘米，每边约宽50厘米。在其面朝西岸的一侧岩面上，可以看出刊刻前先向下凿成宽32厘米、高63厘米的长方形，其上纵向刊刻有楷书"岩溪"两字（图3-6-22），文字刻得较深，每字约15厘米见方。虽然字号不算太大，但文字清晰。岩石左侧缺了一块，致使"溪"字左下角残缺。两个字和凿成的长方形整体也自上而下

---

[1] 傅璇琮主编，乐承耀著：《宁波通史·清代卷》，宁波出版社2009年版，第398页。
[2] 奉化市政协文史委员会编：《奉化建筑探胜》，2012年内部印刷，第161页。

略向左倾。

经询问当地百姓，得知这块菱形的岩石原来就立在岩石之上。20多年前，此石曾在一次大水中被冲到了下游。岩头村的一位老书记看到后，认为此石有历史价值，便请人把它打捞上来，复立在岩石之上。因怕再次被洪水冲掉，于是将此石下部用水泥固定在岩石上。笔者猜测，这块菱形岩石原本大概更为方正些，正是那次大水，此石在滚落过程中，左侧被敲落了一块，不仅造成了"溪"字的残损，也使得此石底部有些倾斜。而复立过程中，村民只顾立稳，而忽略了文字的倾斜，因此，才看到了现在菱形的外观和倾斜的文字。

摩崖刊刻的菱形岩石石质与下部的基岩大致相同，颗粒较粗，因其孤立于岩石之上，不排除是为刊刻摩崖而特意从周边山上运来的可能性。此摩崖地方志和相关文献中都不曾记载，据村民所述，此石一直存在。从书写风格看，也并非现代人所为，且其书法笔力沉稳深厚，怀疑这一摩崖也是由岩头村清代著名书法家毛玉佩所书。

7. 石井龙潭"嘘气成云"四字摩崖

大堰镇石井村是一个群山环抱的小村庄，村前有一条自西向东流的小溪。村庄的两山山脚间有一缺口，其下有近20米的落差。小溪流经此处，形成一条瀑布。水流在山崖间撞击三次，形成四阶飞瀑，跌落深潭。其潭深不可测，故有石井之说，村名也由此而来。水流溢出后，流往东北方向，最终汇入柏坑水库。

大堰旧称镇亭，此瀑布古称镇亭飞瀑，可见此瀑布在当地颇有名气。民间传说，唐朝时便有龙王居住在瀑布下的深潭中，因此有龙潭之称。当地民众还有六月十八来此求雨的习俗。龙潭边建有镇亭龙王庙，"嘘气成云"四字摩崖就镌刻在隔溪相对的山崖上。

摩崖题刻在高约6米的山崖之上，其外有深刻的长方形线框，框内自右向左刻着"嘘气成云"四字（图3-6-23），行书，刻得较深。其右侧有上款"民国二十年六月"，可见，此摩崖刻于1931年。四字左侧有落款者，因摩崖较高、摩崖上长满苔藓等原因无法看清，仅可看出书写者姓"毛"，只能期待今后有识之士进一步辨认。"嘘气成云"出自唐代韩愈的《杂说一·龙说》："龙嘘气成云，云固弗灵于龙也。"其意是龙吹气成云。相传，龙出行时，先吹出气来，化成云朵，再乘着这种云气，就可以随意到达任何地方。

8. 右军石砚题刻

右军石砚现藏溪口博物馆，是一块约70厘米见方、高约50厘米的石块。石质粗劣，色呈黄白色。石块顶面略平，中间凿有两个并列的长方形砚槽。砚槽底面由下向上向内倾斜，逐渐加深，形似砚台。其上自右向左刻有楷书"右军遗迹"四字，砚槽左侧有款"伴我山民志"（图3-6-24），分2列，每字约10厘米见方。

右军即"书圣"王羲之，官至右军将军，故人称王右军。相传，此石是王右军的砚台。在石上题字的伴我山民为清代奉化五大书法家之一毛玉佩。因此，现在也有说此砚正是毛玉佩所仿制的右军石砚。

史书记载，东晋永和十一年（355），王右军称病弃官，迁居绍兴金庭，直至去世葬于金庭。而奉化当地传说，王右军辞官后，曾居住在剡源一曲六诏村，晋帝六次诏书请他回朝而不返，故有"六诏不起"之说，村庄以此得名六诏村。村中还有与王羲之相关的遗迹，如村中至今还留有王羲之洗砚的墨池，原来相近的还有鹅池，甚至称这一带出产大白鹅与王右军爱鹅有着密切的关联。王右军还在邻近的晚香岭建有别业，先改为王右军祠，后改为庙，庙中还遗留有一方王羲之砚石。砚石一说最早见于元陈沆《剡源九曲图记》："水一曲而为六诏，晋右将军王公逸少隐居其间，六诏下而不起，地由是名。后人为之立庙，有砚石存焉。"[1]黄梨洲在《四明山志》中也有记载："一曲，在六诏，有王右军庙，右军隐于此，六诏不起，故名。山有砚石，云右军所遗也。"[2]清代奉化诗人孙达《剡源九曲》中还写到"白石清泉砚尚存"。因此，也有人认为此右军石砚是王右军的遗物。然而，1922年8月12日《宁波时事公报》曾刊登一则消息称，奉化大湖山山洪暴发，洪水冲走了右军祠庙的石砚。此石砚消失人间。不可思议的是，

---

[1]奉化市政协文史委员会、奉化市风景旅游管理局编：《奉化文史资料（第11辑）：溪口胜景》，2000年内部印刷，第186页。
[2]黄宗羲：《四明山志》卷一，康熙四十年（1701）刻本，第34页。

1988年7月,又是一场大洪水后,村民发现这块石砚又奇迹般地重现于六诏村溪滩上,于是第一时间通知文保部门,此石砚便从此由文保部门保管。

六诏村在宋宝庆《会稽续志》中称"陆照",可见六诏之名出现在宋代之后。不排除后人为了攀附王右军之名,恰以王右军淡泊名利,六拒诏书的高风亮节之事,便据谐音将陆照改称六诏。又将村中两个小池冠以墨池、鹅池之名,以使外人更为相信王右军曾隐居此村。而晚香岭的王右军祠庙是真实存在的。古时,民众常有为所敬慕的忠臣良将、安境佑民的历史名人建庙的习俗,如旧时宁波就建有从未到过本地的薛仁贵、文天祥、范仲淹等人的庙宇。由此可见,晚香岭的"别业"并不一定就与王右军无关,或是后人为了纪念王右军而建。

至于此石砚,无论是哪位书家,都不可能用石质粗劣、体量如此之大的一块岩石来雕琢成自己的日常用砚。书法名家毛玉佩,也不会为了附和民众喜好,去仿刻一块右军石砚,并为此题上"右军遗迹"四字。笔者猜测,古籍中所提到的砚石并不是书家日常使用的普通砚石,而是当地好事者为了更好地证明王羲之与六诏村的密切关系,在蛮石上刻带两个砚槽的大石头。久而久之,村民便一直将此石称为王右军遗迹,毛玉佩也信以为真,为此题了书迹。

此石砚虽然极有可能是古人的一件臆造品,但其背后有着关于六诏村的传说故事,又有毛玉佩的题字,也足有珍藏价值。

第七节　慈溪市摩崖题刻

1. 栲栳山石谷亭摩崖

栲栳山亦称仙居山,位于慈溪市上林湖南岸,有东栲栳和西栲栳之分,摩崖题刻位于西栲栳山。据《余姚县志》记载:"西峰之半出为栲栳溪,溪旁有石高二丈余,曰斗紫石,有石如屋,曰石谷亭。"[1]沿栲栳溪古道溯流而上,近至半山腰瀑布时,山道的一侧有一巨石横出,因石块风化坠落,其下部中空,状如路亭,石谷亭即指此地,当地人俗称"方超石"(图3-7-1)。

石块天然堆砌而成的中空石洞里侧有一块倾斜的石面,约半人高,石谷亭摩崖便刻于其上,题刻宽50厘米,高30厘米。其因上部有岩石保护,未受风吹雨淋,而且字大如掌,字迹较为清晰。刊刻时沿笔画边线斜向深刻,两刀相交,在笔画线条内形成内凹的"V"字形。自右向左纵向书写"游,乙卯,陈公佐,李撰,杨景谟,黄颂",共刻6列。第一列刻"游"一字,第二列刻"乙卯"两字,后四列每列刻一个姓名。摩崖用楷书所书,局部笔画略显姿态,结体形散而神不散。从整体看,书写者应该有一定书法功力,但从部分笔画来看,却又似初学书法者所书,因此怀疑此摩崖刻工不佳,使原本书法多有走样。

这一摩崖的年代,在《余姚县志》中定为北宋熙宁八年(1075)。[2]题名中

---

[1]周炳麟修,邵友濂、孙德祖纂:《余姚县志》卷二,清光绪二十五年(1899)版,第14页。
[2]周炳麟修,邵友濂、孙德祖纂:《余姚县志》卷十六,清光绪二十五年(1899)版,第8页。

黄颖,熙宁五年(1072)曾为陈辅墓志篆盖,其署名为:"给事郎守太常博士知明州鄞县事兼监市舶司骑都尉赐绯鱼袋。"杨景谟在《续资治通鉴长编》中有载:"(元祐七年三月)右朝奉郎、开封府推官杨景谟为职方员外郎。"[1]明万历《绍兴府志》有记载:"华清泉……宋元丰中,杨景谟、顾临同游,酌泉赋诗。"[2]李撰,字子约,据《李子约墓志铭》所载,其为苏州人,熙宁六年(1073)登进士第,调余姚县任主簿。

综上所述,可以认定"乙卯"确为《余姚县志》所定的熙宁八年(1075)。此摩崖题刻是黄颖等四人结伴同游后所刊刻,这也是至今宁波最早有明确纪年和史料佐证的一处摩崖。1986年被公布为县级文保点。

2. 佛迹洞摩崖

达蓬山位于慈溪市东南,与江北区、镇海区相邻,因山中多香草而得名香山。相传,秦始皇派徐福由此出海,前往蓬莱仙境求取长生不老药而改名为达蓬山,意为由此抵达蓬莱仙境之意。

"山不在高,有仙则名。"达蓬山上有一岩洞,两山相夹,洞口狭窄,仅容一人侧身而入。洞内则宽敞许多,可容十余人。洞底平整,四周峭壁竖立,绿荫蔽顶。相传唐天宝元年(742),有位叫达慧的云游僧来此,晚上做梦时,山神告诉他,观音菩萨在去普陀山之前,便在达蓬山山洞中修行,后来左脚一蹬,腾空而起,便去了普陀山。观音菩萨的左脚印便留在了达蓬山,而她在普陀山落脚的地方即今天的观音跳。两个脚印一左一右,正好相对。次日,达慧果真在洞内发现一个硕大的脚印,于是称山洞为佛迹洞,并立志在此建筑一座寺院。他每天不辞辛劳,四出化缘,终于在洞边构建起了一座佛迹寺。经过几年努力,又建起了两座院落,佛迹寺形成了达蓬山上、中、下三座分院的规模。由于佛迹洞内有佛迹,寺院也随之名声远播,香火鼎盛,不远千里朝拜佛迹者络绎不绝。

---

[1]李焘著,黄以周等辑补:《续资治通鉴长编》卷四百七十一,上海古籍出版社1985年版,第4413—4414页。
[2]萧良幹修,李能成点校:《万历〈绍兴府志〉点校本》,宁波出版社2012年版,第187页。

宋初，佛迹寺方丈请人在洞内凿刻长眉罗汉石像一座，可惜毁于"文革"期间。1645年，明末清初思想家黄宗羲游佛迹洞后，曾作《海赋诗》："剥藓见题名，情亲异代魂。隆兴钱集锦，淳熙唐仲温。攀萝复穿石，胜迹今尚存。"诗中提到的"隆兴钱集锦""淳熙唐仲温"是指两块摩崖题刻，至今尚存，均位于佛迹洞内东壁，离地约2米，呈水平排列，略有高低。除了这两块摩崖，洞内在清康熙年间（1662—1722）又增刻了一块，现在洞中共有三块摩崖，其中两块游记类题刻，一块铭刻，均是信众们礼佛迹后所留，且每块对岩面的处理手法都不相同。岩洞上部古木遮阴，风化较少，刊刻前对岩面进行过处理，加之文字字号较大，至今尚为完好。三块摩崖在《慈溪县志》都有记载，2011年，已被公布为省级文保单位。

（1）佛迹洞淳熙九年（1182）摩崖题刻

此摩崖位于最左侧，预先凿刻成宽90厘米、高48厘米平面后再行刊刻，全文楷书，自左向右纵向书写，计11列，每列5字，字径约7厘米。全文为："县宰唐仲温，携家来礼古佛足迹，访禅师遗迹，扪萝穿石，小休洞口，东眺沧海，真胜游也。子士贤，孙祺孙侍行。时淳熙九年，清明前一日。"（图3-7-2）

此题刻为唐仲温携子带孙，全家来此礼佛迹游览后的题记。据雍正《慈溪县志》所载，唐仲温为宋淳熙八年（1181）慈溪县令。据此可知，此摩崖是其任县令的第二年所刻。另据《宋元学案》所载，唐仲温，浙江金华人，其父唐尧封，曾为侍御史，声名清直。其兄弟唐仲友、唐仲义皆为进士，曾任饶州教授。

（2）佛迹洞隆兴二年（1164）摩崖题刻

三块摩崖中以此块年代为最早，刻于中间。摩崖岩壁几乎未经加工，直接刊刻。其刻有线框，下部线刻一长方形，宽50厘米，高53厘米，上部线刻尖顶朝上的三角形。摩崖自右向左纵向刻于长方形线框内，计5列。全文为："武林钱竽、锦屏陈邦彦皆奉亲来瞻佛迹。隆兴二年二月廿四日。"（图3-7-3）全文楷书，每字字径约8厘米。

"武林"即今天的杭州市。钱竽（1102—1174），字和甫，杭州临安人，进士，曾任处州（今丽水）太守、明州（今宁波）通判等职。这里的"锦屏"并非今天的奉化区，而是指今天台州温岭大溪镇东南的锦屏山。陈邦彦（1108—1172），原名陈良翰，字邦彦，南宋绍兴五年（1135）进士，历任会稽主簿、慈溪知县、瑞安知县、建宁知府、兵部侍郎、右谏议大夫、给事中、太子詹兼侍讲等，是南宋的名臣。他在慈溪上任的那一年，适遇大旱饥荒。他调查民情后，开仓放粮，帮百姓度过荒年。此后组织百姓兴修水利，从根本上解决了农田灌溉和生活用水问题。《慈溪县志》称他"天资高明，操尚介特。恢崇风化，作成人材，吏畏民爱"。显然，此摩崖是两位地方官带家人来此后所题。

（3）佛迹洞康熙三十五年（1696）摩崖

最右侧的摩崖刊刻年代最晚，其在刊刻前，首先对粗糙的岩面进行凿平，使其成为一块宽170厘米、高55厘米的平整面，再进行刻字。全文楷书，自右向左纵向书写，计20列。每列6字，每字字径约6厘米，排列整齐。全文为："巍巍达蓬，跨海之东，古留佛迹，今逢慧公。自来十载，苦志潜踪，达摩面壁，仿佛宇风。乃辟石洞，乃肇大雄，梵音振起，海音聿通。指挥花落，入定云封，佛迹维异，师行维崇。余聆其铎，语语透宗，虎溪相过，敢附陶翁。游佛迹洞，谒慧初大师，率笔志之。赐进士翰林院修撰秦宗游题。康熙丙子年仲冬。"（图3-7-4）秦宗游，浙江山阴（今绍兴）人，康熙十八年（1679）进士。因此，此摩崖为当时秦宗游于康熙丙子年，即康熙三十五年（1696）来游览后所作的铭文。

3. 梅湖"寿"字摩崖

慈溪市横河镇梅湖水库南岸，临水边有一块巨石，石面上刻有一个"寿"字榜书（图3-7-5），文字宽102厘米，高145厘米，楷书书写。其线条浑厚雄伟，笔势苍劲有力。

为何在水库边刻一个"寿"字的摩崖呢？原来未建水库前，"寿"字摩崖前有一条自东向西流淌的烛溪，自烛溪向南侧山谷而上有一条鹅卵石古道，一直通向山上的积庆寺。寺院始建于南宋宝祐四年（1256），《余姚县志》记载："积庆教寺在梅梁山，宋资政殿学士史岩之建，理宗御书'积庆教寺'赐之。"旧时自烛溪而上，首先会看到一座石牌坊，过了石牌坊，便可看到路边刻有"寿"字的巨石,是去积庆寺的必经之处。由此猜测,这一摩崖与积庆寺有着一定的联系,只是未见史料记载。清代史学家黄宗羲也曾到过积庆寺,并留下一诗:"乱山草盖三间屋,曾有先朝御笔排。古迹至今留赑屃,流年只好抹皮鞋。松涛欲泛禅床去,寒叶已将佛迹埋。欲为一番多话旧,反来牵课道人怀。"但也未对此摩崖加以描述,难以考证此摩崖的历史。1958 年,为建梅湖水库,石牌坊、积庆寺都已拆毁,唯独这一"寿"字摩崖被留存下来,成为历史上积庆寺存在的见证。此处摩崖在 1986 年 7 月,由慈溪县人民政府列为第一批文物保护点。

4. 伏龙山摩崖群

慈溪市龙山镇的伏龙山又称龙山,宋宝庆《四明志》载:"伏龙山……跨东海西海之门,宛若龙头龙尾之形,又若龙赴海之状,因名。"唐代时还是海边的一座小岛,沧海桑田,伏龙山早已是大陆的一部分,孤立于 329 国道之北。

山虽不高,海拔仅 282 米,但坐落于山顶的伏龙禅寺颇有年代,始建于唐咸通三年(862),北宋熙宁年间(1068—1077)更名寿圣禅寺,南宋绍兴三十二年(1162)寿峰普宁于此广弘药师法门,施医济药。刺史柳公武奏请,改寺额为广福禅寺。由此,伏龙寺也因"东海佛国,药师道场"而名闻天下。唐开国元勋尉迟恭,宋政治家王安石、大文豪苏东坡、民族英雄文天祥、著名学者黄震,明朝抗倭名将戚继光,明末清初思想家黄宗羲,清抗法将领欧阳利见,近代高僧弘一大师、商帮巨子虞洽卿等历代名宦显贵或曾登山游寺,或留下与此寺有关的传说故事。

伏龙寺东北方有一股溪水,流过刺史桥后喷涌而出,坠落山下,其两侧的山体自然形成悬崖绝壁,俗称千丈岩。瀑布北侧的一面绝壁面朝大海,一旁又有飞瀑流水,加之绝壁间多裸露山石,以及伏龙山的千年文化底蕴,造就了伏龙山摩崖石刻群。据清代诸生范观濂《山北乡土集》所述:"岩旁有一小径,胆壮者循径而下至半径,壁有'勇入'二字,下至近潮水处,有'波涛'二字,大七八尺,相传为坡翁笔也。"并作诗曰:"雄视东坡百代豪,当年曾此狎波涛。浑涵一气文如海,千丈光芒起笔毫。"但此处摩崖石刻大都风化严重,难以识别,加之千丈岩险峻奇崛,人迹罕至,少有人攀越。数次文物调查均没有将此地摩崖题刻列入其中,史书中记载的"勇入"和"波涛"两处摩崖也没有找到。1988年,龙山村民为挖掘树桩盆景,涉足千丈岩,才在巨石嵯峨的岩壁上发现了摩崖石刻。第三次全国文物普查期间,慈溪文管办在当地人的带领下,对这一处摩崖遗存进行了更为仔细的调查,共发现五处摩崖题刻。2003年12月,伏龙山摩崖石刻被慈溪市人民政府公布为第五批文物保护单位。

笔者先后数次来此调查石刻,两次爬到悬崖边,对此处摩崖群进行考察后,找到了其中四处摩崖题刻,其主要分布在上下平行的三条紧依山岩的山道旁。此前,曾有人提出,这条山道曾经是登山道,摩崖是刊刻在来伏龙寺的山道旁。但笔者对此观点无法苟同,从山道的攀登难度和摩崖的内容来看,可以肯定,此为登山道的说法不成立。摩崖所刻的位置应是香客到伏龙寺礼佛后探幽观海的好去处,所以刊刻在此,以增游兴。

伏龙山摩崖群都为楷书,字体相仿,书法线条粗壮厚实,整体外框为长方形。书写时注重起笔和收笔,行笔沉稳。其中一处摩崖内容为"无量寿佛",加之摩崖群离伏龙寺较近,由此可以肯定,这处摩崖群是由伏龙寺的僧人所书写。刊刻时,笔画刻入石面约5毫米,线条内凹,内底近似平面。虽然摩崖没有纪年,但从其书风和刊刻的技法来看,初步认定是宋元时期所刻,现在发现这一摩崖群共有5块摩崖。

(1)"渐入"两字摩崖

自刺史桥北侧十余米处的狭窄岩壁缝隙而下,在树林中向北绕到山岩之前,岩石前有仅容一人的羊肠小道,一侧是裸露的山岩,一侧是近乎垂直的崖壁,往前没走出几步路已到了尽头,眼前就是无法攀爬的垂直绝壁和万丈深渊。而就在最窄处的小道边山岩上,纵向刻有"渐入"两字(图3-7-6),宽32厘米,高55厘米。似乎在提醒游客,这里的风景才刚刚开始,只要寻找到小道,依然可以继续游览。

(2)"莫退"两字摩崖

在"渐入"摩崖之下,能隐约看到山岩的下方有一道缓坡。这里草木茂盛,只要抓住一旁的树干,就能顺势而下。小道也是紧贴山岩,仅容一人行走,没走几米,眼前就有一块巨石,小道因巨石而陡然变窄,山道上形成一个"V"字形缺口。两侧落差较大,而缺口下就是草木不生的垂直绝壁,十分险峻。如果此时退缩不前,转身回望,就能看到小道一旁有一块山石略有突出,岩壁上恰刻有"莫退"两字(图3-7-7)。似乎在告诉游客,莫要退缩,只要勇往直前,就能看到无限风景。此处摩崖自右向左,横向所刻,宽70厘米,高45厘米。

(3)"无量寿佛"四字摩崖

自"莫退"摩崖前的岩石跳过缺口,没走几步,山道分为两岔。顺着上行的小道约走百米,两道又相合,却被眼前一块竖的山岩所挡。抬头而望,在此山岩的中部裸露处,自上到下纵向刻有"无量寿佛"四个大字(图3-7-8),字体较为扁平,宽约60厘米,高约170厘米。所刻字号较大,刊刻位置也较高,即使站在刺史桥下溪流的对岸,也能清晰地看到这块岩石和所刻的"无量寿佛"四字摩崖。

(4)"玉莲岩"三字摩崖

若自山道分岔处下行,则又有一段紧依山岩的山道,约走百米,山道旁的岩壁自上到下纵向刻有"玉莲岩"三字(图3-7-9)。其字体扁平,与"无量寿佛"的书法风格极其相似,当为同一人所书。

(5)"涌旵"两字摩崖

据相关资料显示,在"无量寿佛"下西侧,可以看到"涌旵"两字(图3-7-10)。笔者因山道难行,没靠近"无量寿佛"所在崖壁,故没有找到此摩崖。但从慈溪市第三次全国文物普查照片来看,"涌旵"两字为自右向左横刻,两字之间岩石有裂隙,摩崖书法风格和刊刻技法都与"渐入""莫退"摩崖相仿,可以确信这处摩崖是真实存在的,大概是笔者无缘得见。

"旵"是指日出山间、日光普照的美妙自然现象。从伏龙山摩崖群所处山岩位置来看,其面朝东方,古时,伏龙山下就是大海,这里应是登高望海以及看海上日出的绝佳去处。

5. "紫霞洞"题名摩崖

慈溪市观海卫镇鼓楼山东侧有一处天然洞穴,称为紫霞洞。相传,吕洞宾曾在此炼丹。据记载,明朝初年,开国大将汤和巡视海防途经此地,驻扎其旁。入夜,其见有一片紫云腾起,弥漫扩散后,笼罩了整片营帐上空,直到拂晓才散去。汤和大喜过望,视为吉相,追查紫云来源,得知是从鼓楼山洞中而出,便命名此洞为"紫霞洞"。后上奏朝廷,以此山为中心,构建观海卫城,并在东西两侧建浒山所、龙山所,形成"一卫两翼"的海防体系,故在当地流传着"百是城连营出紫霞"之说。

紫霞洞为一上窄下宽的狭长自然山洞,洞口宽约3米,高10余米,深10余米。其山石呈赫紫色,洞的北壁约一人高的洞壁上,凿有一个内凹的长方形佛龛。其上下各有一长方形平面,上部宽140厘米,高53厘米,自右向左刻有"紫霞洞"三字(图3-7-11),以行书写就。刊刻时,线条刻得较浅,线条内底部呈向上凸起的圆弧状。虽然此处摩崖是在凿平后再刊刻,但石面未经打磨,并不平整,加之洞内潮湿,风化严重,所幸"紫霞洞"三字笔画较粗,还较为明显。而其落款因字号较小,此前未见有人识出。笔者经清理后细辨,可以看出其落款为"玄谷书"三字。佛龛下部依稀也有字,但字较小,笔画较细,已无法看清。

玄谷是谁,无法考证。从其"紫霞洞"三字书法来看,线条飘逸流畅,如行云流水,玄谷应是一位文人雅士。而从此处摩崖刊刻的手法而言,猜测其为明代时所刻。

6. 洞山寺古道摩崖

洞山寺位于慈溪市掌起镇任佳溪村将军岗山腰,据《镇海县志》记载,洞山寺始建于五代后梁开平(907—910)初,另有一说,其创建于三国赤乌年间(238—251)。北宋时,曾赐额"幽栖洞山"。清乾隆年间(1736—1796)曾重修。"文革"中,寺院被严重破坏,现存建筑为1985年后逐渐修复的。

在未建盘山公路前,前往洞山寺礼佛唯有走古道。古道起自灵湖南岸的湖墩自然村东约1公里,沿途有摩崖石刻、石塔、白云洞、放生池等古迹,全程长约 3 公里，终点便是洞山寺。洞山寺坐东南朝西北，放生池位于寺前正北方，其一旁的圆拱石门洞称为白云洞。出门约几十米，路边原有一座五层六面实心石塔，被盗后，现立有一座仿制的七层六面实心石塔。自石塔沿台阶下山，约走 50 米，山道上有一座小石桥，就在桥东侧草丛中有一块呈菱形的山石，高约 3 米，隔溪流与古道相对，易被登山者发现，加之面向古道一侧较为平整，是难得的刊刻摩崖的好地方。岩面自上而下纵刻有楷书"阿弥陀佛"四字（图 3-7-12），宽 40 厘米，高 190 厘米。无纪年落款。摩崖书法规整，字体偏长。据称，此摩崖题刻在 1965 年"四清"运动中略遭敲损，但似乎影响不大。其刊刻时，沿线条边缘近乎垂直向内凿刻，线条底铲平。加之笔画线条粗壮，且刊刻较深，字迹依旧清楚可见。

此摩崖虽无落款，但所在处山道是古时前往洞山寺的必经之路，且其内容为佛教题材，其书法起笔收笔尽显圆润之感，给人以浑厚和闲静之美，由此猜测，这一摩崖应为洞山寺高僧所书，以护佑前来礼佛的信众。

7. 小桃花岭古道摩崖

历代慈溪县的地图中，可以看到县境中部的东西向群山将县域一切为二，阻隔了山北大片区域与山南县城之间的联系。历史上，在这片群山中逐渐开辟出了多条古道。其中，自今天慈溪市龙山镇河头村南有两条古道通往山巅，西侧一条古道称为大桃花岭古道，也称兰屿古道。东侧一条古道称为小桃花岭古道，也称仙霞岭古道。由大、小桃花岭古道登顶，经横穿山顶的古道可与另几条古道相连，四通八达，即可前往当时的慈溪县城，即今天的慈城镇。也可东通镇横海溪、郎家坪、汶溪等村。因此，古道旧时人流不息，是重要的交通线。

小桃花岭古道全长约 2.3 公里，由河头村入山，约行至半途时，被一堆山石所挡，山道便骤然上山，从山石与竹林间穿过。山石高四五米，其面向山道一侧，岩石中间有一道横行裂痕，其下部逐渐内倾，而上部岩石相对平整，表面呈卵形，其上纵向刊刻有"南无阿弥陀佛"六个楷书大字（图 3-7-13），传说是八仙参拜观音菩萨后所刻。因此，当地俗称这里为阿弥陀佛跟。这一摩崖 2009 年 2 月在第三次全国文物普查中被发现并登录。当地对此六字由何人何时所刻众说纷纭，在相关介绍中称其为唐代所刻，甚至将其确定为唐代僧人了尘所书。[1]

摩崖没有款识。文字外线刻一个宽约 20 厘米、高约 80 厘米的长方形外框，其中外框上部刻成变体元宝形。摩崖虽刻得较浅，但保存完好，至今仍清晰可见。文字略呈左低右高之势，笔画纤细，线条粗细缺少变化，像是许多小树枝拼接而成，但其文字结体并不松散，给人以清新雅致之感。从其边框上部的造型，以及文字的写法和刻法来看，笔者认为，此处摩崖年代不会早于清代。

这一摩崖位于古道边，也应是周边寺院中僧人所书写并刊刻，其目的是以此来护佑过往路人。

8. 夹岙岭古道摩崖

夹岙岭位于慈溪市龙山镇河头村西侧，与村庄一山相隔。岭间有一条夹岙岭古道，起自潘岙村，至山顶四岔口，慈溪段全长约 1.7 公里。2009 年 2 月，第三次全国文物普查期间，普查队在此古道上登录有一块摩崖石刻。笔者为访这一摩崖到夹岙岭古道，又在山上新发现了一块摩崖石刻。因此，夹岙岭古道上现在已知有两块摩崖题刻。

（1）"南无阿弥陀佛"小字摩崖

自潘岙村沿古道上山，约 1.2 公里处，石台阶右侧草丛中有一片宽约 4 米、高约 3 米的山石。其斜向古道，迎面的岩石自然裂成多块，其中左下部有一块岩面较为平整，其上纵向刻有"南无阿弥陀佛"六个字（图 3-7-14），文字部分总宽约 15 厘米，高约 80 厘米，每字约 12 厘米见方。楷书所写，无款。文字笔画纤细，与小桃花岭古道摩崖题刻略有几分相似，但其摩崖外侧无线框，书法笔画略为圆润，两处摩崖的"陀"字写法也各不相同，小桃花岭古道摩崖为"陀"，而这一摩崖题刻使用了俗字"陁"。这一摩崖题刻的刊刻目的与小桃花岭古道摩

---

[1] 朱金茂、杨胜隽、林巧红主编：《四明遗韵：宁波市传统村落拾贝》，宁波出版社 2013 年版，第 43 页。

相仿，同为以此保佑古道上的过往行旅，也应是周边寺院中僧侣所书写，但其书法略差，猜测其年代也不会早于小桃花岭古道摩崖题刻。

（2）"南无阿弥陀佛"大字摩崖

自第一块摩崖继续沿台阶上山，不到50米，有山体横于古道之前。抬头向山上望去，隐约可见树藤后有一块山岩，摩崖题刻便刊刻于此。但由于现在山上草木茂盛，树藤交错，几乎把刻有摩崖题刻的山岩遮挡得严严实实，也许这正是此块摩崖在"三普"时未被发现的主要原因。

沿着台阶继续登山，略向左转绕至山体的侧面，从古道侧向上山，才能看清这一摩崖题刻。此处山体高10多米，岩面相对平整，岩面中部自上而下刻有"南无阿弥陀佛"六个大字（图3-7-15），楷书所写，无款。整块摩崖宽35厘米，高190厘米，最末一字离地160厘米，这一摩崖明显比第一块摩崖大。其书法和小桃花岭古道摩崖题刻"南无阿弥陀佛"相比有几分相似，同为楷体书法，无上下款，笔画线条同样较为纤细，也缺少变化，艺术性不强，但其字体更为方正。而且，这一摩崖题刻中的"陀"字字形为"陁"，与小桃花岭古道摩崖中的"陀"字有着明显差别。由此，这一摩崖题刻和小桃花岭古道摩崖题刻并非同一时期所刻，猜测其年代可能更早一些。

第八节 余姚市摩崖题刻

1. 龙泉山摩崖

龙泉山位于余姚市中心,登临此山,余姚城尽收眼底,是余姚的第一名胜,历史文化积淀深厚。龙泉山顶原有王阳明所书"祭忠台"摩崖,惜已毁,现存仅龙泉山东麓"龙泉"及"王阳明诗"两处摩崖。自龙泉山东门入山,迎面可见著名史学家史树青所题"姚墟古迹"四字。自此碑两侧拾级而上,有一平台,龙泉山的两块摩崖便在这平台之上。

(1)"龙泉"两字题名摩崖

平台边的山脚下有一汪泉眼,泉池直径220厘米,四周围以石栏。最前面的石块向内切割后,刻有余姚人魏振纲2000年所书的"海眼澄碧"四字。其靠山一侧的山壁下部有一块山石,其上纵向刻有行书"龙泉"两字(图3-8-1),旁有落款"屺山题"。摩崖宽30厘米,高65厘米。书法纤长秀劲,如行云流水。经考,屺山即堵福诜(1884—1961),字申甫,号屺山,别号冷庵,浙江绍兴人。毕业于浙江高等学堂,曾任浙江模范小学堂长,浙江两级师范学堂、浙江大学等教师。

(2)"王阳明诗"摩崖

自龙泉左侧上山,台阶转折处,迎面可见山边有一块突起的山岩,岩体从侧面看呈三角形,恰巧倾斜向上一面略为平整,摩崖便刻于其上。摩崖纵向刊刻,共分4列,所刻为行书:"青山随地佳,岂必故园好。但得此身闲,尘寰亦蓬岛。西林日初暮,明月来何早。醉卧石床凉,洞云秋叶扫。"落款为"书阳明题壁诗,诜",其下刻有"堵福诜印"(图3-8-2)。阳明即指王守仁,其自号阳明,故后人多称其为阳明先生。其为余姚人,明代著名思想家、哲学家。显然,这是一块堵福诜抄录王阳明诗作的摩崖。

据记载,两块摩崖所在的龙泉山东麓民国前为荒山,并无泉。民国四年(1915),周巷人叶杏林见此地宜于开店,便在此购山置地,开办了余姚第一家照相馆"鸿雪轩"。他为增加照片的美感,不仅在山间种植花花草草,建设亭台楼阁,还雇人在山间凿池成泉,这两处摩崖都是他所刊刻。[1]龙泉山龙泉和王阳明是余姚曾经最响的文化名片。龙泉山原名灵绪山、屿山。因山腰有龙泉,终年不涸,故改名为龙泉山。龙泉颇为有名,宋高宗曾饮用过此泉之水,王安石曾为之赋诗。现在龙泉山上称为"龙泉"的共有三处,除摩崖所在这一处,一处在中天阁旁,另一处在中天阁上的石亭内。较为公认的龙泉山龙泉指的是石亭内的龙泉。而叶杏林正是抓住了余姚民众对"龙泉古迹"的向往,在新挖的泉边请人题写刊刻"龙泉"两字摩崖,以假乱真。而王阳明的诗也是同理,此诗原为王阳明为江西赣州通天岩所作。叶杏林抓住余姚民众崇敬先贤的心理,请人重书王阳明诗作,刊刻于照相馆的"摄影基地"内。由此可见,叶杏林善于经商,这两处摩崖的刊刻都是其为吸引更多客户的营销手段。

2. 羊额岭"羊额古道"四字摩崖

宁波市西南的四明山,群山起伏,冈峦层叠,横跨余姚、海曙、奉化、嵊州、上虞五区(市)。四明山造就景色宜人的自然风光的同时,崇山峻岭也给交通带来不便,阻隔着大山内外的联系。

相传在宋代,余姚梁弄镇有个人叫孙德玉,他是镇上孙氏的九世孙,自幼聪颖,曾官至崇政殿侍讲,后因足伤,久治不愈,只能告病还乡。宋宁宗皇帝还亲赐其拐杖一根。孙德玉与杖锡寺住持德云和尚为知交,然而杖锡寺位于四明山

---

[1]诸焕灿:《鸿雪轩照相馆》,载2022年1月2日《余姚日报》第三版。

腹地，而梁弄镇却处于四明山下，四明山有着崎岖不平的山道，以及一段被称为"大岚屏障""四明天梯"的羊额岭。此岭传为因仙人丹丘子在这一带修道牧羊而得名，其岭海拔千尺，险峻异常，特别是有一段傍溪的山道，翻越时须紧贴峭壁，一不小心，就会掉落溪中。对于原本就有脚伤的孙德玉而言，两人相见是何等之难。为此，南宋嘉定年间（1208—1224），两人决定共同出资开凿一条梁弄通往大岚杖锡的羊额岭山道。山道沿山间溪流而建，全部用块石砌成，宽约2米，全长约5公里，共计2000多级台阶。此后的700多年里，羊额岭山道一直是山里通往山外的交通要道。

如今因修建了盘山公路，羊额岭古道只有徒步者偶尔来此健身。山下古道除起始2公里及局部路段因后期建造溅水岩水库而遭毁坏外，古道依然保存着当年的面貌。古道两边山崖陡峭，夏天浓荫蔽日，凉爽宜人，一侧溪流中山石叠嶂，流水潺潺，环境清幽。

自溅水岩水库上行约三分之一处，过一小桥后有一片乱石滩。据当地村民介绍，这片乱石滩处曾经是一座供商旅休息避雨的石亭。旅人步行至此，已十分劳累，而此处竹木参天，鸟雀啁鸣，溪流跌宕而落，水声悦耳，美如琴声，正可以稍作小憩。当行人抬头仰望时，正可看到山道上方数米高处的"羊额古道"摩崖题刻。

摩崖刻在与石亭旧址相对的山坡上，草丛中有一块上仰的平整岩面特别显眼，岩面自上而下刻有隶书"羊额古道"四字（图3-8-3），右上角有款为"庚午秋十月吉旦"，左下角落款"睢宁苗启平题"。整幅摩崖题刻宽70厘米，高150厘米。摩崖深刻圆底，笔画较粗，文字清晰，保存完好。苗启平（1895—1958），字允青，江苏睢宁人，民国十七年（1928）四月至民国二十年（1931）五月间任余姚县县长。为国民党立法委员。而庚午年即为1930年，由此可见，该处摩崖题刻是这位苗县长到任后第三年所题写的。

3. 北斗湾摩崖

梁弄镇向南8公里处有一处峡谷地带，称为北斗湾，羊额古道曾经的起始点便在峡谷谷口。1994年，在谷口截断溪流后兴建水力发电站，因原溪流中有一块岩石称为溅水岩,岩旁有一道瀑布称为溅水瀑布,发电站便由此而得名溅水岩电站。

2017年夏,水电站维修,放水清库,原来的峡谷又重见天日。当时,恰好仇柏年先生路过此地,发现北斗湾有摩崖后,便告知笔者这一信息,但我一时较忙,未能前往。待笔者几星期后再去,水库已重新蓄水,摩崖又没入水中,笔者与摩崖失之交臂。据仇先生介绍和提供的照片,以及笔者实地走访,可以确认,北斗湾内摩崖刻在同一块岩石崖壁之上。此岩石呈赭色,位于水库南侧的公路下方,大致与水库北侧山脉向水库最凸出的山尖相对。岩石表面较为平整,中部突出,上部略仰朝天,下部略折内,就在这处岩石上,上下分布着两块摩崖。

(1)"阿弥陀佛"四字摩崖

岩石崖壁的左上方,纵向刻有"阿弥陀佛"四字(图3-8-4),其中"佛"字一半刊刻在下部崖壁上。四字为楷书,每字约25厘米见方,书写得较为随意,应是当地信众或僧人所书。刊刻也无定法,有些线条沿笔画边线斜刻入石,使笔画线条内形成凸起的圆弧形,而有些线条则沿笔画边线斜刻入石后,两刀相交,使笔画线条内底形成内凹的尖底。

(2)助建羊额庵摩崖

"阿弥陀佛"四字摩崖的右下角,岩面向内折的下部,可看到文字外有线框,上部为一线刻的三角形,三角形内正中刻着一个"佛"字。下部为一个等宽的长方形,内刻文字连款共9列,满列12字,其文为:"四明乡信官汪克章,夫人黄氏,具任广东签事执事,于正德年间建立羊额岭庵一所,助田贰拾丘,坐落北斗湾,永与道人孙普坚为业,祈保自身寿比南山,福如东海,子孙昌盛,世代为官,爵禄绵长,诸事祺祥者。券缘道人孙普坚刊行。嘉靖岁次丙戌四月望日谨具。"(图3-8-5)

嘉靖丙戌,即明嘉靖五年(1526)。捐田亩的汪克章(1466—1545),字叔宪,号东泉,是余姚四明汪氏上宅牌轩派人,为十八世汪瑚幼子。据汪氏宗谱《宗祠科名匾》记载:"克章,宏治辛酉经魁,正德戊辰会魁,广东按察使佥宪,进阶奉政大夫。"[1]其为官廉明,政绩显著,晚年隐居乡间,"白水煮仙茶,风清趁月皓。畅饮涤襟怀,豪谈直到卯"成为其安享晚年的生活写照。其曾积书万余卷,藏于四桂堂。

上虞出土有汪克章书写的明代徐文彪墓志铭,铭文所刻书法俊秀,而此摩崖文字颇为随意,显然并非出自其手,有可能正是这位受捐的道人孙普坚所书刻。从摩崖中也可看出,在书刻时,保留着刊立石碑时的遗风,如在文字外先线刻了尖顶的碑状外框,在涉及名字时,字号缩小书写等。猜测刊刻目的是起到记功碑的功用,而之所以改刻碑为刻摩崖,其一,是为了节省碑材的经费。其二,从所刊刻的位置来看,在未修水库之前,羊额岭古道沿着溪流。因此,此摩崖原应在古道之旁,为让来往路人看到,以表彰汪克章捐田之行为。

4. 鼎新潭摩崖

鼎新潭在余姚市大隐镇章山村森林岙道士山南侧。森林岙属于峡谷地带,谷中原有森林村,村旁有一条古道通往山里,但随着交通的改善,以及1957年筑坝新建森林水库,村庄搬迁,山谷内少有人来。

鼎新潭原本就无路可寻,即使当地人也少有知者。其所在的道士山高且陡,人迹罕至,林木茂盛。欲往鼎新潭唯有溯山溪从乱石中攀爬而上,至山腰时,可见山崖左右开阔,中间内凹,呈"V"字形。最深处有一条瀑布悬于崖上,瀑布下形成深潭,称为鼎新潭,亦称石人潭、绿龙潭。此地历史上曾属于慈溪县境内,因此,鼎新潭摩崖石刻在《慈溪县志》中也有记载:"王绣鼎新潭题字,皆镌绝壁上,未能募拓。"[2]第三次全国文物普查中,文物部门在鼎新潭边崖壁上发现两块摩崖石刻(图3-8-6),遂作为新发现登录。2010年,鼎新潭摩崖题刻被公布为余姚市文物保护单位。

虽然鼎新潭摩崖题刻已列入文保单位,但文物标志碑并不在潭边或自鼎新潭流下的溪水边,而是随意放置在山边。这一带又有多条小溪,找到此潭颇为

---

[1] 汪济川:《姚邑四明汪氏宗谱》卷一,清光绪十二年(1886)木活字本,第2页。
[2] 杨泰亨:《慈溪县志》卷五十,清光绪二十五年(1902)刻本,第25页。

不易。2016年1月,笔者独自初访鼎新潭,沿着山道来回走了好几趟,问了好几个挖笋人,都不知此潭,最后幸遇一老者,才找到此潭。为了看清摩崖题刻落款小字,2021年3月,笔者在妻子陪同下再访鼎新潭,两人在这一带山上转了大半天,未能找到。2022年1月,好友邵宏国先生陪笔者三访鼎新潭,找了好几条山溪,最终才找到鼎新潭,颇费周折。

(1)"鼎新潭"三字题名摩崖

据《慈溪县志》记载:"顺治十一年夏大旱,绣设罗天大醮诚祷。忽一老人来,对邑生冯乔松言,石人迁潭石壁下,曷往求之。告于绣,往视,绿色蛇数尺,蟠盆石上,目光闪闪,昂首四射,大雨立注,因改石人潭为鼎新潭,绣摩崖勒名于其上。"[1]

志中所提到的"绣"便是时任慈溪知县王绣,字文卿,山东淄川人,清顺治五年(1648)举人,次年中进士。[2] 顺治十一年至十七年(1654—1660)任慈溪县知县。在任时适逢大旱,在鼎新潭求得大雨,大旱即消。因此,改石人潭为鼎新潭,也称绿龙潭,并在此刊刻摩崖。

鼎新潭两侧的崖壁都如刀削般平整,其左侧崖面的上部,纵向刻有"鼎新潭"三个大字(图3-8-7),楷体,每字宽50厘米,高60厘米。"潭"字下部石块脱落,略有损字。其刻法较为特别,只是刻了一下文字线条边线,形成一个线刻空框字。其左右皆有款,文字下凹为深刻,风化严重。左侧款为一列,尚存"顺治拾贰年乙未"。右侧款为两列,为"赐进士事文林郎知慈溪县事□阳王绣文卿□敬□",下落款的左下角盖有两方印章。[3] 但因位置较高,加之风化严重,有些字无法看清。由此,可以确认,鼎新潭三字确为王绣清顺治十一年(1654)为民求雨成功后,在第二年所书。

---

[1] 杨泰亨:《慈溪县志》卷二十三,清光绪二十五年(1902)刻本,第32页。
[2] 李进莉、潘荣胜编著:《清代山东进士》,齐鲁书社2009年版,第34页。
[3] 孙栋苗等撰稿:《大隐古韵:余姚记忆——最后的历史文化遗产》,2011年内部印刷,第9页。

（2）"其泽配天"四字摩崖

鼎新潭向右行数步，山脚下有一块近似长方形的崖壁，表面较为平整，摩崖便刻于其上，文字部分宽110厘米，高90厘米。此摩崖分左右两部分，右侧为"其泽配天"四个榜书大字（图3-8-8），每字宽约35厘米，高约40厘米。分两列刊刻，每列两字。其为楷书所写，线条起笔和收笔较为圆润，少锋芒。刊刻时，沿文字线条外轮廓向外小角度开凿，同时，线条轮廓外约1厘米处向线条倾斜开凿，在线条外侧形成"V"字形刀口，使文字呈现凸起的效果。这一摩崖刻法在宁波地区较为少见。

左侧为两段并排的长跋，共计7列，文字下凹深刻。《乡土深情》[1]和《话说大隐》[2]两书中的两篇同名文章《鼎新潭摩崖题刻》中，都提到此摩崖镌刻有"其泽配天"四个大字，以及"清顺治十一年（1654）邑令王绣祷"等60余小字。第三次全国文物普查后，相关文物普查资料提法也与此相同。这一提法，虽没明确指出这一摩崖是邑令王绣所书，但其后文提到此"鼎新潭"三字落款有"王绣文卿敬题"，实际已将读者误导为这一摩崖也是王绣所书。但笔者实地考察后，确认"其泽配天"四字的左侧小字为："鼎新潭始于顺治十一年，邑令王绣祷雨题圣名，鸿绘僧于紫国庙而来，颜之以额。乾隆壬午夏复旱，余祷之，甘霖叠沛，因于镌石，以垂不忘云。知慈溪县事窦忻题。"窦忻，山西平定人，拔贡。曾任仙居知县、赣州知府等。清乾隆二十五年至乾隆三十年间（1760—1765）任慈溪知县。乾隆壬子即乾隆二十七年（1762），由此可知，此块摩崖并不是顺治年间王绣所题，而是比其晚100余年后的清乾隆二十七年，慈溪再次发生大旱，知县窦忻仿王绣祷雨鼎新潭之行，也来此祈雨，因如所愿，故在此题下"其泽配天"四字。长跋中提到的紫国庙，据《慈溪县志》记载，在"县治西南二里，祀紫微大帝殿旁有落星池……明万历四十年建"[3]。

---

[1] 胡惠瑞著：《乡土深情》，2002年1月内部印刷，第157页。
[2] 翁如良：《鼎新潭摩崖题刻》，载中共大隐镇委员会、大隐镇人民政府编《话说大隐》，2001年5月内部印刷，第36页。
[3] 杨泰亨：《慈溪县志》卷十四，清光绪二十五年（1899）刻本，第35页。

5. 临山镇"麟山第一泉"五字摩崖

余姚市临山镇龟山又名南山，其北麓临城村南岭路58号南侧的山脚下有一口泉，圆口，也称玉露井、碧泉。其水质清冽，天旱不枯，在当地颇为有名。清潘肇丰有《凤城十咏·玉露品泉》诗："玉露泠泠自古传，城南幽处涌天然。派连甘谷三千里，名著麟山第一泉。"[1]

泉水北侧数米后有一块横卧的山石，长年湿润，摩崖便刻在其山脚，刊刻前先在山岩上凿出一个平面，然后凿出文字，自上而下纵向刻有"麟山第一泉"五字（图3-8-9），文字凸出，四周底面凿平。此类文字凸起的摩崖在宁波颇为少见，实为难得。此摩崖虽没有刊刻落款，但清代临山名士陈梓所著的《一斋杂著》有载："吾城号临山，余以远近有龟山、龙山、凤山，独无麟，因改临为麟。而南山之麓有泉清冽，邵子天章嘱余大书'麟山第一泉'五字，摩崖显刻于泉侧，好事者咏诗成帙。"[2]再看其书法以楷书为主体，略带行意，飘逸劲健，颇具功力。此摩崖为清代名士、著名书法家陈梓所书当可信之。此摩崖2004年被公布为余姚市文保点。

陈梓（1683—1759），字敷公，又作古铭、古民，号一斋，又号客星山人，余姚临山人。年轻时随父迁居嘉兴，晚年返回故里，一生不曾娶妻，萧然以终。其博览群书，拒绝投靠清廷为官，隐居教授弟子，研习诗文书画，保持了崇高的民族气节。书法取法颜真卿、米芾等诸家，尤善行书。以诗作和书法闻名于世，时人将其与北方李错并称为"南陈北李"。其一生勤奋，著作甚丰，有《四书质疑》《经义质疑》《删后诗存》《一斋杂著》等存世。西泠印社社长张宗祥曾评其为"前无古人，后无来者"，康有为也认同此观点。陈梓留存下来的书画作品不多，此摩崖正是其难得一见的榜书，弥足珍贵。

---

[1]魏振纲主编：《余姚山水诗词选》，北京作家出版社2004年版，第203页。
[2]王清毅、岑华潮编著：《慈溪文献集成·余姚六仓志（下）》，杭州出版社2004年版，第390页。

6. 何胜村助建拱桥芳名摩崖

自余姚市梨洲街道梁辉水库溯源而上,在雁湖村何胜自然村南半里许,路边原有一座石拱桥,曾是进出四明山区的交通要道。民国十年(1921),此桥被山洪所毁,后于原桥址旁重建如今的三折边石梁桥。过桥后,有一条依山傍溪的山道通往山下,而桥旁的山脚下有一块两面几乎垂直的崖壁,其上部略显平整,下部凹凸不平,呈现出石材原始的状态,正面一米见方,另一面宽约0.5米,高约0.8米,其两面崖壁刻满文字。记载的是当年捐建石拱桥者的姓名和金额。朱永宁先生发现此摩崖,并提出其是宁波现存所见唯一一块与建桥相关的摩崖,弥足珍贵。其清理后提供给笔者相关照片,可见全文如下(图3-8-10):

> 同建:康熙己亥年孟夏月。姚喜芝助艮一两、张君望助艮贰两、张君德助艮一两、施允公助艮一两、施元孝助艮一两、施子高助艮五钱、张君昇助艮五钱、张明玉助艮五钱。

题刻落款为康熙己亥年,即康熙五十八年(1719)。此摩崖中"银"作"艮",这类写法是民间文人为便于书写,对个别常用文字部首进行删减。这种字被称为"俗字",常出现在民间的账本和金银饰品的铭记中。由此可见刊刻摩崖时的随意性,加之书法水平低劣,显然并非出自某位书法家之手,然而捐款者的善举却值得后人永远赞颂。

这块崖壁表面不十分平整,并不适宜刊刻摩崖,而此崖壁位于山民下山必经的桥面旁,过往路人都可以轻易看到。对于山里人而言,重重的大山阻挡了与外界的联系,给走出大山求知求学、经商贸易带来了极大的不便,因此对修建一条通往外界的道路尤为看重,对于捐款修建石拱桥的人更是怀有感激之情。因此选择刊刻于此,以表彰这些捐款人的善举。

如今,随着溪流的另一侧公路修建,已很少有人行走在这条山道上,捐款所建的石拱桥也已改建,但摩崖题刻依然清晰,在述说着一段并不久远的历史。

7. 柿林村"丹山赤水"四字摩崖

余姚市大岚镇四明山腹地的崇山峻岭间,有一片高山台地。村庄因位于台地边缘,隔着深谷与对山相望,便以此地势而得名峙岭村,一度改称"士林村"。据说,某领导视察后,看到村子里多种柿子树,便改村名为柿林村。

自村后沿山道下到山脚,有一座始建于清咸丰九年(1859)的石拱桥。站在桥上,抬头就能看到崖壁上纵向刻有"丹山赤水"四个大字(图3-8-11),书法笔画舒展劲挺,具有宋徽宗自创的瘦金体特征,当地的旅游资料称其为宋徽宗所亲书,其实不然。

四明山确有"丹山赤水"之称,相传,四明山曾是东汉上虞令刘纲求道成仙之地。刘纲弃官后,同妻子樊云翘在四明山的白水山潺湲洞向仙人求道,得道后升天成仙。后人为纪念他们,在飞升处建祠修观。唐道士司马承祯(647—735)游历天下名山后,在其所撰的《洞天福地之天地宫府图》中,列出天下"十大洞天、三十六小洞天,七十二福地",其中有:"第九四明山洞,周围一百八十里,名丹山赤水之天。"将四明山列为三十六洞天中的第九洞天。唐天宝三年(744),唐玄宗欲扩大道观规模,但因飞升处道路艰险,庙宇移建至潺湲洞外刘樊故居旧址。

北宋政和年间(1111—1118),宋徽宗御笔亲书赐门额"丹山赤水洞天"六字。这也正是宋徽宗亲书"丹山赤水"之说的由来。然而,宋徽宗御书并未刻成摩崖,庙宇也并不立于柿林村,且庙宇建筑早在明正德至嘉靖年间(1506—1566)已经毁失。显然,柿林村的摩崖题刻并非宋徽宗所亲书,而是当时柿林村为开发旅游,相关部门集宋徽宗书迹而仿刻。

巧的是,过赤水桥迎面有一段宽数里、高百余米的悬崖峭壁,崖间呈现红色。传说,古代有一位仙人在此杀羊,血水溅到崖石上而把崖壁染成了红色,所以称此为杀羊岩,亦称丹崖。悬壁倒映在一旁的小溪中,溪水也看似呈现出红色,小溪便被称为赤水溪。因此,这一带也被称为"丹山赤水"。而且,这段丹崖上还留有一处民国时期的摩崖题刻,只是原来树木稀疏,站在古桥上便能一眼看到,而现在摩崖被树木所挡,难以发现。这一摩崖在赤水桥旁道观后的树丛中,即此段崖壁的右下角,高约5米处,自上而下纵向深刻有隶书"丹山赤水"四字。每字宽约 50 厘米，高约 35 厘米，总高约 1.5 米。其上款为"庚午"，下款为"睢宁苗启平题"。庚午即为民国十九年（1930）。苗县长主政余姚期间，为羊额古道、白水冲瀑布、胜归山等多地题写了摩崖，着实为余姚文化增色不少，这摩崖便是其中一处。

另有"圣泉"两字摩崖，见第四章第一节《胡公岩摩崖群》。

第九节 宁海县摩崖题刻

1. 石台山石台联句摩崖

石台山距宁海县城东南 2.5 公里,海拔约 200 米。山巅有数块巨石相叠,让人称绝,在几公里外便可一眼看到,特别显眼。其最上部一块顶面平整,可坐十余人,俗称石垒盘,也称棋枰石。相传,主宰人间生死的南斗和北斗曾在此下棋,以博高低。有位年轻人到山上砍柴,见山顶上有两个老者对弈,便站在一旁观棋。一局结束,老者催其回家。年轻人回家后才发现,山下已过了七世。

石台山少有高大的树木,山间随处可见独立的山石。山顶视线极佳,俯瞰县城,万家屋舍,历历在目,远眺大海,岛屿星点,缥缈可见,是登高望远的绝佳去处。石台山上几块摩崖都集中在近山顶的数块巨石上。

石台联句摩崖位于近山顶的第二层平台之上。此台上一块巨石裸露,顶部有一块约呈 30 度的斜面,其上部与山体自然相接,两侧自上而下,落差逐渐增加,至最下部时,与石面相差约有半腰之高,形成一块突出的石台。其表面较为平整,石台联句文字几乎刻满整块石台面。(图 3-9-1)

元延祐三年(1316),时任宁海县丞的黄溍与几位朋友一起登山寻访旧迹,所作《石台纪游诗序》记载:"抉剔蔽翳,求昔人之遗刻,既漫灭不可识,唯庆元诸老题咏故在。"[1]其所指的"庆元诸老题咏"便是指石台联句摩崖。元代以后,

---

[1] 王云五主编,黄溍撰:《丛书集成初编·黄文献集》,商务印书馆 1936 年版,第 193 页。

这一摩崖便不被人知,有人认为其原因是"被苔藓所隐",但此摩崖所在石台岩面朝上,平日较为干燥,加之山顶风急,不可能生长一些遮盖摩崖的地衣类苔藓。通常除了榜书,不经过清理,摩崖文字较为难辨。此摩崖具体内容不被人知的原因,史书记载是"兹岩极高,广不可拓"[1]。有一种说法是在清道光十四年(1834),当地人赵连成同朋友来此游玩,发现岩石上有字迹,便摹拓而归,此摩崖遂广为所知。据《台州金石录》记载,清康熙府志中记载多有误,是"吾邑董枚臣、明经炜尝游其地,就岩抄录以归,因藉著录"[2]。有记载最近一次对此摩崖进行考察研究当属"1990年11月4日,《白石村志》编委会一行9人,根据古籍记载来此考察,拓摹得100多字"[3]。此事在成文于1999年的《石台山摩崖诗刻》一文中也得到了印证:"笔者曾于几年前和几位热爱文物的朋友在此描摹了序文100多字。"[4]并配发了一张照片。可见,当时为编辑村志,几位编辑者曾登山寻访至此,但他们并没有进行"拓摹",而只是为便于拍照,用白粉笔之类的东西对前六列文字进行了涂抹。

石台联句摩崖称得上是宁海境内较为著名的一处摩崖,但从历代记载来看,对此摩崖拓印并不多。笔者认为,其主要原因是这一摩崖刊刻于斜面之上,无法用搭架子等方法来解决摩崖纵身高和面积大等拓印中的技术难题,且山顶风大风急、全天暴露于阳光之下、操作不便等进行传拓的不利因素较多,所以拓印此摩崖难度极高,历代拓印不多。

笔者独自一人或朋友陪同,多次上石台山考察摩崖,认为石台联句摩崖并非"字迹已湮没不清",而是除了被后人在摩崖上刻了一个"心"字外,保存较为完好。其文字部分宽250厘米,高290厘米。通篇摩崖正好500字,自上而下,自右而左刊刻,排列整齐,共计22列。最右侧一列为题名"石台联句"四字。其后为序文,计4列。题名和序文最上一字平齐。联句文最上一字高于题名和序文三字,满列25字,共占17列。通篇以隶书写就,每字约10厘米见方,笔力遒劲,气息古朴。

---

[1]黄瑞辑:《台州金石录》卷七,民国五年(1916)刘氏嘉业堂刻本,第12页。
[2]黄瑞辑:《台州金石录》卷七,民国五年(1916)刘氏嘉业堂刻本,第12页。
[3]《白石村志》编纂委员会编:《白石村志》,北京团结出版社1993年版,第178页。
[4]薛家栓:《缑乡记忆》,宁波出版社2014年版,第94页。

《台州金石录》《香山刘氏宗谱》均有其内容,但将所载内容与此摩崖比对,差别较多,甚至漏抄摩崖第 18 列中的四句联语,为此,有必要重录此文,所毁文字依方志补全。全文如下:

石台联句

自有宇宙,便有此山,未有此游。庆元丙辰重九,南塘胡融少瀹勒铭其上。明年上元前二日,刘次皋允叔自香岩来,竹坞李揆文叔、蒙庵王度雅叔,筠轩周仲卿次和皆不约而至,相与同登,联句纪实,以示来者,四朝老农少瀹书。

璇台插中天,乾坤发端倪。胡。荆夹险道,自古谁攀跻。李。嘉余二三友,乘兴同杖藜。刘。行行陟其巅,一楂手自携。王。上摩白兔宫,下蹑青云梯。周。傲睨群动间,太仓米壹稊。俯瞰万家邑,户牖开蜜脾。群峦尽东鹜,驶若万骥驰。马秦忽破碎,象岛尤瑰琦。杜鹃状雄尊,白鲤波涟漪。枧成横朱鸟,秀连秋水湄。崄崟摘星岭,上可扪南箕。羽人炼丹丘,迄今有遗基。维西控桐柏,岩壑争献奇。雁苍直栝苍,势金庭来。奔雷三十六,赶起卧龙姿。维北际池明,鹤香非人窥。天门何荡荡,香岩独嵬巍。帽尖冠朝霞,髻山染夕霏。眼阔浮世狭,身高众山低。清游□俗子,崄语惊山魑。持杯迭献酬,磨石共镌题。短李才调逸,余力拔象犀。髯胡诗之豪,鼻息干云霓。闲雅推王子,皎然霞外姿。刘君一癯仙,胸中无町畦。周郎万夫敌,猛将闻鼓鼙。或倦而憩石,或勇而临崖。或袖手冥搜,或抵掌滑稽。或倚松盘桓,或望云感悽。俱有济胜□,□□吟指碑。嗟尔闲闻人,只尺不及知。矫矫出笼鹤,卑卑在樊篱。静躁各异趣,物情元不齐。来涂遇野妪,问我何所之。且言石出世,曾梦金仙□。献岁买官酒,登山酹山祇。君今契我梦,从此开山蹊。彼妪尚尔耳,我辈宁已而。他年五君咏,永与兹山垂。

荆字下漏榛字。

从序文中可知,"庆元丙辰重九"即南宋庆元二年(1196)重阳节,胡融曾刻铭文于此山,这一摩崖至今未曾找到。"明年上元前二日",即庆元三年(1197)正月十三日,同县的几位好友刘次皋、李揆、王度、周仲卿同来看望胡融,一行五人登石台山游览,并在山上作联句以记此事。胡融便将此联句抄录后刻于此,这便是此摩崖的由来。

胡融(约 1131—1210),字子化,又字少瀹,自号四朝老农,宁海人,居县城,隐居不仕,善作诗。曾编纂第一部《宁海县志》(已佚),著有《土风志》《历代蒙求》《菊谱》等。[1] 刘次皋(1152—1215),原名次皋,后改名倓,字允叔,号阆风居士,为西店镇礼村人。其嗜书如命,曾师从淳熙四先生之一沈焕,学问颇得先生喜欢。四明大儒楼钥、陆九渊见其文章后,也都对其才学大为赞赏,也得到过朱熹等著名学者指点。但他屡不中科举,直到其弟弟考中进士后才得到一个迪功郎,任湖北黄陂主簿等职。后弃官,隐居在故乡礼村后的香岩山,在山上建阆风吟室,潜心读书,世称阆风先生。他死后影响深远,南宋著名诗人、文学家舒岳祥也仰慕刘阆风之名,自号阆风。刘次皋有《易经百义》《阆风集》传世。周仲卿,字次和,宁海人,庆元五年(1199)进士,官至提辖左藏库。另两位李撰、王度,也应是宁海当地文人。

前十句联语后都用小字注有姓氏,其联句是按胡融、李撰、刘次皋、王度、周仲卿顺序抄录的。此后虽未注明,但联句数正好是 5 的倍数,应也是按此顺序抄录。每句 5 字,每人共作 8 对联句,共 40 对联句。其中,联句第六、七列的"雁苍直栝苍,势金庭来"下半句缺一字。据《宁海县志》记载,应为"势自金庭来"[2],摩崖漏刻一个"自"字。

此摩崖是宁海当时几位著名文人游历后即兴所作的联句,才气激昂,人文内涵丰富,史料价值颇高。摩崖刻于南宋庆元三年(1197),属于宁波的早期摩崖之一,历经 800 多年,尤为难得。又是南宋时宁海文人胡融所书,书法具有一定功力和艺术性。且面积较大,字数较多,可称得上是宁波摩崖题刻中难得一见的佳作。此摩崖除少数几字外,所刻文字依然清晰可辨。但令人痛心和气愤的是,由于缺乏保护意识,有人在此摩崖正中刻了一个宽 1.8 米、高 1.4 米的"心"字,刻划较深,笔画较粗,使原有摩崖 43 个字因此而凿毁,上文抄录时将由此造成的损字用字外加"□"表示了。这造成了南宋石台联句摩崖不可挽回的极其严重的损失。在此刊刻"心"字的人,足以成为宁海文化的千古罪人。这一"心"字在 1990 年《白石村志》编委会所拍的照片中尚不存在,而 1999 年薛家

---

[1] 喻长霖等:《台州府志》卷一一六,民国二十五年(1936)铅印本,第 15 页。
[2] 王瑞成修,张浚纂:《宁海县志》卷二十一,清光绪二十八年(1902)刻本,第 46、47 页。

栓先生在《石台山摩崖诗刻》一文中已提到"可惜目前已遭到人为破坏"[1]。薛先生是宁海人,对无知的家乡人所做的丑事写得较为隐晦也是情理之中,其所指应就是这个"心"字,可见此字刊刻于20世纪90年代。另在此摩崖的左下部,也发现有刊刻的痕迹,只是字号不大,刻得较浅,损字不多。2011年12月,石台山摩崖石刻被公布为县级文保点。

石台联句摩崖南侧岩石的最外侧,刻着一首五言诗:"二斗乘醉归,空余古棋坪。世人何碌碌,孔方咖常情。"分刻3列。在第3列左下,刻有落款4列:"莘草诗,己巳中秋墨波书,宜生刻,同游者芝春程。"(图3-9-2)莘草即薛家栓,1943年生,《白石村志》主编。己巳年即1989年。

另在石台山最高处,有一扁平的岩石自石堆中伸出,其一面刻有篆书"远瞩"两字。(图3-9-3)"远"字左侧刻有"壬戌中秋","瞩"字右侧有款:"则复书,宜生刻。"则复姓严,黄坛人,原为宁海工艺美术厂职工。壬戌年即1982年。据称,同时期还刻有一块摩崖"石台凭眺",但笔者未曾见。

值得注意的是,在"远"字落款左下角,隐约可见有文字两列,在"远"字右侧,似乎也有一些字。这些字字号较小,约10厘米见方,且风化十分严重,可识别的仅有"声"等几个字。由此可以肯定,"远瞩"两字的石面,此前也曾刻有文字,而且文字数量较多。在此刊刻"远瞩"两字,对此块摩崖也造成了严重损毁。石台山联句中曾提到"庆元丙辰重九,南塘胡融少瀹勒铭其上",而石台山上不大,却不曾发现这一摩崖,由此猜测,被"远瞩"两字所毁的摩崖有可能正是南宋庆元丙辰,即庆元二年(1196)重九南塘胡融所刻的铭文。

2. 桶盘山摩崖

宁海平调中的耍牙堪称能与川剧变脸相提并论的我国戏曲表演艺术中一绝,其中最著名的一出戏《金莲斩蛟》发生地就在宁海县西店镇境内的桶盘山。

相传,戏中的独角龙也确有此人,原为清代新昌县山区农民的孩子,生下来便长着一副凶相,阔嘴大眼,牙齿外露,喜欢吃壁虎等野生动物。长大后,身上

---

[1] 薛家栓著:《缑乡记忆》,宁波出版社2014年版,第94页。

长满疮,满身是一块块的厚痂,头上也长出了一只角,人们都叫他"独角龙"。他路经宁海桶盘山时,对此地情有独钟,于是占山为王,到处抢掠,为害四方,还霸占了看管山林的金家女儿金莲、金宝两姐妹,成了当地有名的强盗王。周边村民都心惊胆战,晚上不敢独自出门,更不敢上山。然而独角龙有刀枪不入的本领,金家两姐妹看在眼里,恨在心头。有一天,金家两姐妹终于知道独角龙咽喉处有一个穴位,只有刺到这个穴位才可置其于死地。于是金莲便想出一条妙计,谎称要同独角龙一起去溪水边洗澡。独角龙不知是计,一起来到溪边。此时金莲故意滑了一跤,正当独角龙伸手去拉她时,金莲迅速拔出早已准备好的短剑,对着独角龙的咽喉刺去,独角龙就这样被刺死了。清代,一位姓章的翰林把这事改编成了剧本《小金莲》,也就是现在《金莲斩蛟》的最初稿。从此,金莲为民除害的事迹也广为流传,桶盘山也由此而被更多人所熟知。

桶盘山并不高,主峰也仅有182米。拾级而上,至山顶寺院后,沿山路绕到寺院东侧,山路尽头,便可见裸露的大岩石。站在岩石上,不仅象山港尽收眼底,还可俯视西店镇。因此,桶盘山早在一千年前的宋代已是登高观海的绝佳去处。而这一带山间又散布着表面看似光滑的巨大岩石,正为游客游览之余题诗作赋、刊刻摩崖提供了物质条件。至今在山上共找到摩崖石刻4块,相对较为集中。

(1) 嘉定五年摩崖

山路尽头的西侧,紧靠大石岩有一块呈斜坡状的岩石,其上刻有"嘉定壬申仲冬廿六日,成吉甫、陆子济览胜于此"(图3-9-4),题刻宽80厘米,高130厘米,摩崖纵向刊刻,由右向左,共计4列。楷书所写,字体工稳,其中"此"字,写成上下结构,颇为特别。嘉定壬申年即南宋嘉定五年(1212)。仲冬即农历十一月。此摩崖穿越800余年的风雨,再现了嘉定五年十一月,成吉甫、陆子济两位朋友相约一起爬桶盘山,在此远望大海,兴之所至,在山上这块裸露岩石上刻石记事的一段往事。

就在此摩崖之下,自右向左横刻有"睨海"两字,楷书所写,书法较嘉定五年摩崖而言,少了笔势的锋芒,线条凝练,有入木三分之感,与嘉定五年摩崖似乎并非一人所书。此摩崖无落款,但其紧临嘉定五年摩崖,且刻法相近,由此认为,这两字也是同一时期所书。

(2)淳熙十五年摩崖

嘉定五年摩崖题刻所在的斜坡状岩石前,有一块与大石岩间隔仅十余厘米的另一块石岩。站在岩上,恰好可以看到大石岩的南侧面。其岩面几乎垂直而下。淳熙十五年(1188)摩崖题刻便镌刻在垂直岩面的右侧(图3-9-5)。

如游客站在大石岩上,摩崖在大石岩岩石之侧,因此游客看不到此处摩崖。只有从一侧爬下石岩,站在比大石岩略矮的另一块岩石上,回头细审大石岩崖壁,才能发现淳熙十五年摩崖题刻,但其刊刻较浅,并不易被发现。2004年,当地文物部门在桶盘山上发现了两处摩崖,这一信息由宁海报社徐群飞撰文刊登于《宁波日报》。所发现的两处摩崖,一处为嘉定五年摩崖,另一处文物部门认出部分文字:"康熙戊申……良上瀚鉴此山……第行之敬步……太初舒子朗德王颖之同……"由此,将其摩崖定为清康熙戊申年,即康熙七年(1668)所刻。

2012年国庆节,笔者寻访摩崖至此,经清理辨认,确认其为南宋淳熙十五年摩崖题刻。《钱江晚报》得知此事后,还进行了专题报道。但当时条件有限,摩崖文字辨认有所遗漏。2020年国庆节,笔者再去辨认,补全文字。全文为:"淳熙戊申良月上浣,刘允叔领弟行之、敬叔,侄太初、舒子明、德文、王颖之同登。"此处摩崖题刻文字部分宽75厘米,高75厘米,分为5列刊刻,以楷书书写。淳熙戊申年,应是南宋淳熙十五年,至今摩崖文字基本清晰,保存完好。值得注意的是,该题刻中有"刘允叔",经查,南宋时期宁海著名文人阆风先生刘次皋。此摩崖刊刻于淳熙十五年,刘佽此年正好36岁。据查《香山刘氏宗谱》,刘次皋之父刘向生子三人,次皋为长子,三子名嵒,字敬叔,惜24岁时早逝。[1]此信息正与摩崖中"刘允叔领弟行之、敬叔"相符。摩崖中所涉及的其他人虽无法考证,但可以肯定,这段题刻正是刘次皋率弟弟们及朋友一同登山时所留,也是刘佽留存下来的一件手迹,极具文献价值。

刘佽为宁海西店镇礼村人,其家乡离桶盘山不远。据史料记载:"祖次皋公无意仕进,酷爱山水。"在宁海已发现与刘佽相关的摩崖石刻多处,不仅都集中

---

[1]《香山刘氏宗谱》卷三,民国铅印本,第16页。

在其家乡周边的山林间，还都位于山水绝佳之处。这些摩崖的发现，也印证了史料记载的真实性。[1]

（3）刘佚诗作摩崖

桶盘山一带岩石石质表面远看平整光滑，细看为细小的沙质颗粒，表面粗糙不平，与宁海石台山颇为相似。此类岩石上的摩崖刊刻笔画较细或刊刻不深，较难分辨，也正是这一原因，淳熙十五年摩崖发现后，其左侧的摩崖一直未被人所察觉。2021年夏，好友曹炜在此清理时，发现淳熙十五年摩崖旁隐约还有笔迹。2022年元月，笔者与任亚亚、曹炜、童相兵同往桶盘山，经清理，使得这处摩崖首次得以呈现（图3-9-6）。摩崖纵向刊刻，自右向左，共刻7列，文字部分宽85厘米，高80厘米。但因风化严重，仅其中几个字可辨，但可以确认满列7字。从仅存可识的零星几个文字看，所刻为一首诗，可惜无法通读。最后一列起始为"刘次"两字，因刘佚原名刘次皋，且此摩崖右侧就是刘佚所书淳熙十五年摩崖，两块摩崖刊刻手法、书法风格、字号大小也颇为相似，由此认为，此块摩崖是刘佚同时期所书，是一块难得的南宋时期摩崖。此摩崖与淳熙十五年摩崖有着某种联系，或许也可视为淳熙十五年摩崖的一部分，只是风化严重，待有识之士进一步审读。

（4）题刻摩崖

桶盘山山顶几块岩石西侧的上部集中了三块摩崖，另一块摩崖则位于这片岩石的东侧。东侧岩面多为岩石自然开裂剥落后形成，如刀削过般平整，在高约5米的岩壁上，纵向刊刻着一列摩崖，文字部分宽13厘米，残高58厘米，凿刻较深，笔画清晰，自上而下可见有"宅自田大土"等字（图3-9-7），但无法理解其意，而文字上下都有石面风化剥落情况，应是有残损。

3. 天门山白岩阿铭摩崖

宁海人童相兵老师爱好登山，其在宁海县西店镇桥棚村后的财神山登山

---

[1]《香山刘氏宗谱》卷一，民国铅印本，第29页。

时，听闻当地流传山间将军岩上刻有一首诗，是南宋时一位刘氏先祖奎字辈的居士所题。他在当地人陪同下，找到了那块传说中刻着诗文的将军岩，看着似乎刻有文字，但难以看清其内容。2021年春节刚过，笔者便在童老师的指引下到财神山访此摩崖。

财神山是现在叫法，其原称白岩窝，亦称天门山、狮山、千丈岩等。山谷间溪坑里遍布形状各异的岩石，一条溪流则在岩石间时隐时现。依山道而上，沿途裸露的岩石几乎都被刻上了佛号，这些摩崖字体都使用电脑字体中的隶书，其数量之多，艺术水平之低下，让人痛惜。幸好此山道比较陡，新刻摩崖现在只延伸到半山腰，而白岩窝摩崖约在山道的三分之二处，未被破坏，实为幸事。

山间确有一处极似一位将军侧面的岩石，长方形的脸上，额、鼻、眼、嘴惟妙惟肖。而刻有摩崖的那块岩石处在溪坑中，呈赭红色，大致呈长方形，高约2米，朝东一面如碑面一样平整，几乎垂直立于流坑中，显得尤为特殊，也像一位危立的将军，难怪会将此岩石称为将军岩。

摩崖即刻于此石朝东一侧的中部，文字部分宽95厘米，高105厘米，共刻8列，第1列为题名，铭文占4列，最后3列为落款。其中前五列字体略大，每列最多10字。除个别小字风化严重难识外，文字都还清晰，保存较为完好。全文如下（图3-9-8）：

白岩阿铭

岩阿阒境，物外遐观，山光炳睟，海氛渺漫，幽贞履道，硕宽考槃，乐斯二者，仁智之端。

绍熙癸丑良月中□日

刘允叔同弟子德文游

刊石周仲□

所刻为《白岩阿铭》。岩阿，是指山的曲折处。由此可见白岩阿是此地的原名，因为谐音关系，现在称其为白岩窝。所刻并不是诗，而是铭文，四字一句。落款"绍熙癸丑"即南宋绍熙四年（1193），其年代与传说相符，但其作者却截然不同。据民国《刘氏宗谱》记载，桥棚村刘氏一族自海口迁居桥棚东周，始迁祖为刘利,名敬三,字孟秋,生于德祐乙亥年,即南宋德祐元年(1275),晚于此摩崖刊刻之年。[1]摩崖落款中刘允叔即南宋时期宁海名人刘俟,与其同游的弟子德文在桶盘山摩崖中也有提及:"淳熙戊申良月上浣,刘允叔领弟行之、敬叔,侄太初、舒子明、德文、王颖之同登。"从摩崖落款中"同弟子"的表述中,可以认为此摩崖真正的作者正是刘俟。白岩窝和桶盘山一样,早在南宋时期就是当地知名的游览之地,此摩崖是刘俟和弟子游览后所刻。而且,此摩崖有一特殊之处,即其最后一列署有刻石人姓名。碑刻、摩崖由工匠所刻,多不署名,尤其是摩崖,而此南宋的摩崖,却留有刻石工匠的名字,为宁波已知的孤例,极为难得。

此摩崖通篇以楷书所写,字体结构方正,笔力雄强圆厚,气势庄重雄浑,具有庙堂之气,可以看出其书法深受唐代大书法家颜真卿的影响,具有明显的颜体气息,基本可以肯定,此为刘俟所亲书。

此处摩崖为南宋绍熙四年所刻,属宁波早期摩崖。整体保存较为完好,为宁海南宋时期名人刘俟和其弟子游览后所刊刻,历代史籍未见记载,为首次发现。《白岩阿铭》应为刘俟所作并亲书。其内容此前也不见记载,具有较高的文献价值。其书法大气,功力深厚,是可以确认的刘俟少有的笔迹之一,具有较高的艺术价值和人文价值。此摩崖末尾有刊石者名,在宁波摩崖中尚属首次发现,具有较高的研究价值。同时,该摩崖也是反映宁波南宋时期旅游情况的重要实例。因此,该摩崖是已知宁波地区南宋时期摩崖题刻文物价值较高的一块。为此,笔者联系《宁波晚报》记者顾嘉懿,对这一新发现进行了整版的报道,这一摩崖也由此被公众所认知。

4. 阆风山摩崖

宁海县西店镇西侧的西北干山属天台山余脉,起于香岩山,自北向南群山连绵,至西店镇雷公山入象山港。香岩山在崇祯、康熙《宁海县志》中被称为赤稻山。光绪《宁海县志》载:"观旧志,香岩以岩名,不以山名。赤稻山里数适与

---

[1]《刘氏宗谱》卷三,民国二十年(1931)版,第3页。

相符,当即香岩之最高处,俗云稻桶岩是也。"[1]香岩山并不高,俗话说"山不在高,有仙则名",此山因阆风先生和阆风庵而名声在外。

据史料记载:"祖次皋公无意仕进,酷爱山水。日登其巅,依石室而架数楹,往来歇息,时公名石室为阆风台,人遂称公为阆风先生。"[2]刘佽隐居的石室后来改建为阆风庵,以祭祀刘佽。相传,每年冬至日,在庵里和衣而眠,就能得到神灵的托梦,十分灵验,为此,庵中至今依然香火不绝。

自阆风庵放生池前广场下行,约20米,山坡孤立着一块2米见方的巨石,略向后倾,岩石面北一侧较为平整,其上刻满文字。该处摩崖面积较大,保存尚可,与山下礼村到阆风庵的古道隔溪相望。此处摩崖早该被人所知,但因为交通的改善,如今,前往阆风庵无论是坐车还是步行,多走小溪南侧的公路,而摩崖位于公路之下,难以被发现。巨石周边环境也已大变,现在山坡上长满了一人多高的茅草和小竹,岩石下半部分也被腐叶长年累月积起的松软土层所掩埋,即使走在古道上也难以看到这一摩崖,发现难度尤大。

2010年2月,笔者和朱永宁先生同访阆风山,在管庙老人的指点下,一路披荆斩棘找到此摩崖。因时间关系,仅匆匆清理了摩崖的起首部分,后因琐事所累,一直不曾重访。2021年8月,好友曹炜得知此处有摩崖,相约葛俊俏、童相兵、任亚亚一起清晨5点上山,挖出没于泥土下的文字,清理后,此处摩崖方才第一次呈现其全貌。同年10月,笔者再访摩崖至阆风山。

摩崖所刻为《香岩铭并序》,全文自上而下、自右而左刊刻。第一排为纪年,第二排为文名,第三排起为序文,共5列,满列16字,后为铭文,每列首字高于序文一字,共7列,满列18字,文尾有落款一列,全文总计15列。摩崖题刻文字部分宽170厘米,高220厘米,每字约11厘米见方,其中第一列纪年文字略小,每字约6厘米见方。摩崖因石质粗糙以及长年风吹雨打,文字保存程度各有差别。其右侧文字较左侧文字清晰,下部约50厘米原没于腐土之下的文字较上部长期暴露在外的文字清晰,经辨认,所刻内容如下(图3-9-9):

---

[1]王瑞成修,张濬纂:《宁海县志》卷二,清光绪二十八年(1902)刻本,第14页。
[2]《香山刘氏宗谱》卷一,民国铅印本,第29页。

皇宋绍熙癸丑孟秋

香岩铭并序

香岩者，出自天台之界面溪之窟，其有异香，因曰香岩。下有龙须，曰龙须山。刘氏之系出自丰沛，至今父老类能言之。唐末避乱徙于金华，八世祖由金华始迁居兹岩东，孙□□敬刻铭于麓。曰：

天台孕秀，兹山标灵。壁立万仞，影□□溟。东临日观，只尺蓬瀛。西麓月窟，回转星潢。林花春映，岩桂冬荣。凡有龙须，□产界香。鲵□□□，蛟龙所藏。石岩□□，□□□铸。□维精雷，奔电激雾，□□云兴，雷以□雨，泽我嘉生。自□宇宙，□□神形，悠□佳今。□□无名，昔者吾祖。□□□□，易子八□。世孙爱始，勒铭于此。

嘉□四年，叶梦鼎题。

书此摩崖的叶梦鼎（1200—1279），字镇之，号西涧，宁海人，南宋时宰相。而此摩崖起首仅刻有一列纪年"皇宋绍熙癸丑孟秋"，"绍熙癸丑"即绍熙四年（1193）。其年代较叶梦鼎出生之年更早，加之文末最后一列左上落款纪年辨识难度较大，因此，此摩崖何时所刻着实让人疑惑。

《香岩铭并序》是一篇完整的文章，前有序后有铭，前有文名后有落款，按正常碑刻摩崖刻法，其纪年也应在文末落款之上。即便刻在文前，也不应刻在首列。《香岩铭并序》正文和落款字号大小都相差不多，而首列纪年文字明显较"香岩铭并序"字号小。

从此摩崖书法而言，有些笔画较粗，有着颜体之风，透露出沉稳雄浑的庙堂之气；有些笔画纤细，笔力秀劲，有着二王书风的秀美，以及黄庭坚书风的开张之势；有些书法水平低劣，看似随意所书。整幅摩崖书法单字水平差异较大，也缺乏艺术连贯性。而叶梦鼎自幼爱好书法，尤喜王献之，其书风楷中带行，行中有楷，端秀闲雅，沉隐豪健，平中出奇，富有韵味。但其书迹仅台北故宫博物院所存《呈判府监丞郎中札子册页》，且为小行书，无法与摩崖题刻进行比对。虽然此处摩崖从落款和局部文字的书法水平来看，是叶梦鼎所书的可能性较大，但可以肯定，摩崖刻工较差，即便此处摩崖确为叶梦鼎所书，也与原作艺术性存在一定差距。但首列纪年文字书法较为工整，与下文并非一人所书，其书法优劣也并非由刻工水平高低所产生的差异。

在"叶梦鼎题"同列上部年号位置隐约可识有"嘉"字，其大小也和《香岩铭并序》全文字号大小相仿，书法风格相仿。而叶梦鼎一生所经历带"嘉"字的年号有南宋嘉泰朝、嘉定朝、嘉熙朝，而嘉泰、嘉定朝时，叶梦鼎尚幼，嘉熙元年（1237）其高中进士。因此，此摩崖纪年应为南宋嘉熙四年（1240）。

综上所述，笔者认为，《香岩铭并序》是南宋嘉熙四年（1240）叶梦鼎所书，虽然此摩崖刻工欠佳，也能从中一窥南宋丞相叶梦鼎的书法。查此文章，未见任何古籍记载。因此，此摩崖仍具有重要的文献价值和艺术价值。

而首列摩崖题记为何单独刊刻，又无其他内容呢？尚待进一步考证。

5. 石屏山摩崖

西店镇樟树村的后山上原来遍布孤立的岩石，后因修建海塘就近取石，山石多被运走。而其山腰有一块岩石，俗称雉鸡岩，因其岩石上刻有文字，村民虽少有人知道其文字内容，但出于对文化的尊重，便留下了这块岩石。岩石上文字刻于700多年前的元代，今天已成为宁波唯一一处元代摩崖石刻。

岩石孤立于樟树小学后的山腰，宽358厘米，高290厘米，厚115厘米。其石扁平，与地面约呈60度夹角斜插入土，好似从泥土中喷涌而出，像是小山吐出的舌头，也像是一块大屏风，竖立在山中，此山由此得名石屏山。

此岩石南侧岩面相对较为平整，下部略向内倾斜，其上刻有摩崖。据《宁海县志》记载，其内容为："石屏山石上刻元宣尉使哈剌罕赛诗云：千年壁立任莓苔，今日石盘居士来。洗刷浮云堪宴坐，不教独秀在天台。"[1]其他史志和有关文章涉及此摩崖时，记载也与此基本一致。

2022年元旦，笔者与曹炜、任亚亚、童相兵、葛俊俏一起，对此摩崖进行了考察，发现此摩崖由左右两首诗组成（图3-9-10）。右侧一首诗宽85厘米，高110厘米，与文献记载颇为相近，但有所差异，实际所刻为："千岩壁立任莓

---

[1]王瑞成修，张浚纂：《宁海县志》卷二十一，清光绪二十八年（1902）刻本，第47页。

苔,今日玉槃居士来。洗剔云根堪宴坐,不教独秀在天台。"每句占一列,后有落款一列:"昌□季明。"共计5列。除少数几字因风化难以辨识外,保存基本完好。

左侧一首诗紧跟其后,上部低于右侧诗文一字有余,下部长于右侧诗文。此诗宽85厘米,高130厘米,所刻为:"地灵阐宝出苍苔,匹马严风奉命来。万里梯航随入贡,近天高处映三台。"刻3列,其中,第一排首字前空一格,第二排下部空3个字位。后有落款一列:"金吾卫上将军中书左丞行浙东道宣慰使哈剌𪿨赓。"纪年一列曰:"大德二年十一月六日。"共计5列。全部文字清晰,保存完好。

哈剌𪿨在《元史》有载,蒙古哈鲁氏人,初为水军镇抚、沿海招讨副使等,至元十四年(1277),已来到宁波,在沿海一带作战,也曾以上将军、都元帅之职率元军攻打日本。至元二十六年(1289)拜金吾卫上将军、中书左丞、浙东道宣慰使,并兼海上万户府达鲁花赤。大德五年(1307),改任云南行省右丞,征八百媳妇国。至顺元年(1330),以罪废。十一年,卒于汝州。[1]

哈剌𪿨名款后,空一格,又刻了一个较前文字号大一些的"赓"字,即哈剌𪿨自称其所作诗是一首续写的诗。从诗中韵脚来看,左侧一首诗也是前一首诗的步韵诗。细看两诗,也有所差别,右侧一诗整体镌刻高度较左侧诗低。其文字大小也有所差别,右侧一诗每字约15厘米见方,字号较大,左侧一诗每字不足10厘米见方,字号较小,且右侧诗后有款"昌□季明",由此认为,右侧诗是昌□季明所作。石屏山摩崖所刻实际为两个人作和书写的两首诗。

右侧一诗在《天台续集别编》中已有记载:"千岩壁立任苍苔,今日玉盘居士来。洗剔云根堪宴坐,不教独秀在天台。"[2]为玉盘居士所作,其题目为《题樟林寺》。樟林便是今天的宁海县西店镇樟树村,摩崖前山脚的樟树小学即原保宁寺原址。该寺始建于宋,由唐代的庵堂改建而来,樟林寺或许即为此寺。同时,《天台续集别编》收录有《赋玉溪寺石菖蒲》诗,其作者为"高述,字季明"[3],而摩崖上有"昌□季明"。继我们考察石屏山半年后,新昌梁少膺与一批朋友

---

[1] 宋濂、王袆编修:《元史卷一百三十二·列传十九》,中华书局2011年版,第3215页。
[2] 林表民编:《天台续集别编》卷二,文渊阁四库全书版,第11—12页。
[3] 林表民编:《天台续集别编》卷二,文渊阁四库全书版,第8页。

在2022年夏季到石屏山进行考察,并挑灯夜拓。其依《嘉定赤城志》记载,高述在宋绍圣三年(1096)任宁海县知县。为润州丹阳(今江苏镇江)人,元祐三年(1088)进士,工诗文,善书画,[1]便断定玉盘居士即高述,而且"昌"为高述原籍"丹阳(镇江)一地名"。[2]

据《台州府志》记载,高述在宁海梁王山的梁王潭石壁、寿宁寺前石也刻有题名,还曾亲书"瀛岩"二字摩崖。石屏山上此诗为其所刻的可能性也有,但要确定此摩崖为高述所书,仍有不少疑点。其一,《天台续集别编》中同时收录有高述的诗作多首,其下均注为高述所作,而唯有《题樟林寺》写为玉盘居士所作,而不是写高述所作。同一本书中,同一人,为何会有不同的写法?其二,《题樟林寺》下有注:"有碑,高述题名在侧。"碑与摩崖并不相同,且题名在侧也可以指原刻文边上另写跋文。其三,高述虽原籍丹阳,但一般题名在名字前如写原籍,则以县名为多,不会小到某一乡村名。如"昌"确为地名,高述也只会写"丹阳季明",而非"昌□季明"。其四,假设高述即季明,且为玉盘居士,则诗句中自称"今日玉盘居士来"似乎并不合常理。

综上所述,笔者对梁先生观点并不认可,认为此诗原作者并非如古籍所记为玉盘居士所作,也并非高述所作。其真正作者为摩崖中落款所书的"昌□季明"。其落款形式与僧人的法名字号四字连写方式相符,且山下即为原保安寺,由此猜测,此人为寺中一位僧人。

《天台续集别编》为林表民所编辑。林表民,字逢吉,号玉溪,原籍山东,后居浙江临海。著有《玉溪吟草》等。《天台续集别编》成书于南宋淳祐十年(1250)。由此可以认定,石屏山右侧的一首诗是宁波少有的北宋时期摩崖。

新昌沙溪镇董村西侧龟溪北岸的崖壁上有一块摩崖石刻,为哈剌鲔在元大德三年(1299)正月所书,其中提道:"大德二年十一月奉旨寻采水晶,自宁海之樟林至新昌之石厂发泄地藏。"[3]"大德二年十一月",完全与石屏山上摩崖纪年

---

[1] 任林豪、马曙明编著:《台州编年史·五代、北宋卷》,浙江古籍出版社2017年版,第242页。
[2] 梁少膺:《西店樟林石屏山摩崖之考察》,载2022年8月26日《今日宁海》第5版。
[3] 中国文化遗产研究院等编著:《新昌董村水晶矿摩崖题记保护工程报告》,文物出版社2010年版,第6页。

相同。通读两处摩崖内容，可以复原出当年的情景。元大德二年（1298），时任浙东宣慰使的哈剌䚟收到了寻找水晶的圣旨，虽然已进入冬季，但为完成圣命，十一月某天，其还是顶着寒风，策马从宁波城出发一路南下。值得庆幸的是，首先在宁海樟林发现水晶矿。据《宁海樟树孙氏宗谱》记载，当年开采水晶的地方正在石屏山西侧，称为水晶塘，开采出水晶枕一对和水晶伞二顶。[1]宁海的水晶便跨越万里山河，运往京城。哈剌䚟奉旨寻找水晶之行，在宁海樟树村便有所收获，也算不负皇命。他在樟林村期间，见后山石屏山上有旧刻诗文，便一时来了雅兴，于是，步其韵和诗一首，并将此刊刻上石，这便是此摩崖的由来。樟树孙氏有族人分居新昌董村，有可能哈剌䚟正是得到樟树村孙氏的指点，约一个多月后，又在新昌董村发现水晶，再次记事刊刻摩崖。

石屏山摩崖与新昌董村摩崖遥相呼应，同为元代地方官哈剌䚟在奉旨寻找水晶矿一事时所书，真实记录了在宁海和新昌相继发现水晶的历史，也是少有的浙江省元代摩崖之一，具有极为重要的史料价值。但新昌摩崖早在1989年公布为浙江省文物保护单位，并于2008年实施了摩崖专项保护工程，而宁海此处摩崖至今还未公布为文保点，在宁海县第三次全国文物普查名录中也未曾列入，实在让人费解和担忧。

6. 狮子山摩崖

据史料记载："深甽狮口山上有石刻，点画模糊，剩'千百人'三字可辨。"[2]狮口山即深甽镇沙地村东侧的狮子山，其山嘴外突，凫溪遇此山后，在此转了一个90度的大转弯，再绕山东流，年久冲刷，凫溪便在狮口山下形成了一个深潭，因水流声似纺车，故名纺车潭。（图3-9-11）当地流传着一个传说，谁能通读狮子山上摩崖文字，潭中就会出现美女，但千百年来，没人能通读此文。据《宁海县地名志》记载，狮子山路侧有摩崖："千古岩崖绝路行，智人方便叠山岬；经过无限皆从上，一任长溪水骨生。□□乙卯□□公作。"[3]当地镇、村也仅知

---

[1]《宁海樟树孙氏宗谱》手抄本，第557页。
[2] 王瑞成修，张浚纂：《宁海县志》卷二十一，清光绪二十八年（1902）刻本，第46页。
[3] 宁海县地名委员会编：《宁海县地名志》，1988年内部印刷，第34页。

沙地村有摩崖，具体什么内容、什么年代、何人所刻等信息并不了解。也正因为狮子山上摩崖少有人知，内容难以辨认，致使在第三次全国文物普查中，当地文保部门也未找到此摩崖。

2021年3月5日，宁海童相兵老师约当地几位朋友一起冒雨上山，寻到了此摩崖。几天后，童老师又约好友曹炜、任亚亚一起前往清理，方才第一次揭开此摩崖的庐山真面目。

狮子山半山腰有一条古道，东接山下刘村，西连沙地村，历史上是梅林与深甽间的交通要道。（图3-9-12）自沙地村沿古道上山，约走百米后，狭长的古道豁然开朗，道旁有一小块空地，几十米高的山体垂直屹立在一旁。就在山脚处，有一块不大的山岩，岩面如打磨过般格外平整，其上自右向左纵向刻有摩崖，几乎刻满了整块岩面。岩面最右侧突出处刻有"天一"两个字，其一旁确如地名志中所载为诗文，但有几字错误，实为："千古岩崖绝路行，智人方便叠山䂬；经过无限皆从此，一任长溪水骨生。"每一句占一列，共4列。诗文字部分宽约50厘米，高约85厘米。其后有落款，文字部分宽约30厘米，高约40厘米，位于诗文左下方，也占4列："绍兴乙卯徇公作，彦公开此路，庆元乙卯，□公同僧谦师重修记。"（图3-9-13）从落款中可知，此山道由彦公开通于绍兴乙卯，即南宋绍兴五年（1135）。60年后，庆元乙卯即南宋庆元元年（1195），又进行重修，徇公作了一首诗来称赞开通此山道的功绩，并刊刻于山道旁的岩壁。狮子山东侧的山下刘村村民主姓刘，自明初迁徙而来。而西侧的沙地村村民主姓王，据《沙地王氏宗谱》记载，沙地村王氏是在明弘治年间由西店镇王家迁此定居。可见，刻立此摩崖时，尚没有邻近的这两个村，开通此山道的彦公和作诗的徇公，并非上述两村之人。而离此摩崖不远的雁苍山下有吉祥寺，也称雁苍寺，其始建于梁天监二年（503），此摩崖中提到的谦师有可能就是吉祥寺僧人。在摩崖诗文前的"天一"两字无论字体和刻法，都与诗文和落款有所差别，故疑为后人所刻。

诗文和落款大小相仿，都以楷书所写，沿笔画线条斜向向内刊刻，使笔画线条底面呈现"V"字形。此处摩崖保存现状不容乐观，前几年，曾有计划将狮子山突出的山嘴炸掉开路，遭到沙地村王岳明老书记的坚决反对，认为炸山后会破坏风景，虽然当时谁也不知道这山上有宋代古道和宋代摩崖，但无意之中却保护下了古道和摩崖。后来工程方不得已改在山下开挖一条隧道,所幸隧道属游步道,并不通车,开挖口径较小,没触及此摩崖。但在施工中,摩崖左侧一块岩石被炸裂掉落,其分裂线几乎与诗文和落款分界线重叠,使此摩崖文字一分为二,诗文中的"一任长"三字裂成多块小碎片掉落,难免让人感到惋惜。其摩崖本身前后两段保存程度也有差别,诗文部分刻得较深,现状较好,落款部分有部分文字已模糊不清。

该处摩崖记录了古道建成和重修的重要时间,而且,此摩崖诗文此前都不见典籍记载,又属于宁波早期摩崖。因此,此摩崖具有极重要的文物价值。

另在狮子山古道入口旁的山岩上,纵刻有"南无佛"三字,当是僧人为祈佑路人所刻。

7. 新岭"头上青天"四字摩崖

宁海城关向南约8公里,有一片东西走向的大山。翻越大山最近的古道新岭(又名摘星岭),曾是宁海县城通往一市镇以及三门湾的交通要道,也是到台州、温州,乃至乘船通往世界的必经之路。

新岭北麓原马铺村以北约1公里的古道旁,称为百步峻的山体在此露出一块约一人高的崖壁,其岩面朝下山的古道,自右向左横刻有"头上青天"四字(图3-9-14)。右侧刻有上款:"乾隆己酉九秋。"乾隆己酉年即乾隆五十四年(1789)。左侧刻有落款:"邑令郭文志书。"郭文志为福建闽县(今属福州)人,字可典,号书屏,清乾隆三十六年(1771)举人。曾担任过宁海、鄞县、桐乡等浙江十一个县的县令,后任教清代名臣纪昀家塾十年。在宁海任上,清理积案,解决山道上盗患严重的状况。其为官清廉,为民所想,在民众中颇有口碑,民众称其为郭青天。此处摩崖通宽4.7米,高1.2米。2011年12月被公布为县级文保点。

有记载称此摩崖风化较为严重,对此摩崖进行过加深补刻,并填红漆涂抹痕迹。[1]但据走访当地人所知,此摩崖未曾被补刻,填涂红漆源起于在此铺设

---

[1]宁海县第三次全国文物普查办公室编:《缑乡古韵——宁海县第三次全国文物普查成果选编》,西泠印社出版社2012年版,第219页。

管线时,施工人员见此文字不清晰,便用刷管线的红漆填了一下色。

新岭"头上青天"四字摩崖颇有来历,还有一段流传很广的故事。相传,有一个放羊娃外出讨债,回来的路上途经新岭。这段古道又高又陡,山路难走。此时刚好遇到一个盲人在前面行走,放羊娃见他行动不便,就主动上前去搀扶。两人边聊边走,盲人问这小孩:"你一个小孩子,怎么一个人走在山道上?你从哪来啊?"放羊娃告诉他:"我到山上讨羊钱去了,现在讨完羊钱回家去。"在当地口语中,"羊"和"洋"的发音近似。盲人听成了去讨洋钱(银圆),以为他一定怀揣着很多洋钱,一时财迷心窍,起了害人之心。当走到一块大岩石旁时,盲人让小孩子在此歇一下,也就在此时,趁小孩不注意,将他活活掐死了。盲人摸遍小孩全身,也只找到了两个铜钱。这才知道,小孩是去讨卖羊的钱,而并非"洋钱"。正在此时,刚才还晴好的天气,一下子乌云密布,雷声大作,一个闪电过后,盲人当场被雷劈死在岩石边,天空又恢复了刚才的样子。当村民们赶到这里时,都感叹善恶终将得到报应。

古道历史上客商如云,而这里地处崇山峻岭,较为偏僻,导致这一带时有抢劫者出没,特别是在清末民国初时,杀人抢劫事件时常发生。宁海话称抢劫者为落壳,"新岭头落壳"特别有名,后来成了宁海人称坏人的代名词,也用此来吓唬小孩,可见旧时新岭一带治安之差。

盲人杀害小孩一事传到时任宁海县知县郭文志耳中,他欣然为之奋笔直书"头上青天"四字,镌于事发现场,以劝人为善,并以此警诫盗贼:"世人莫做亏心事,头上三尺有神明。"

8. 新岭"民具尔瞻"四字摩崖

新岭旧时杀人抢劫事件时有发生,在岭北有"头上青天"四字,而岭南有"民具尔瞻"四字(图3-9-15)。新岭"民具尔瞻"四字摩崖在宁海县一市镇新岭脚自然村,自新岭脚村沿古道而上,行不多远就可见山间的一道飞瀑,称之为双龙瀑。古道在瀑布之上,古道内侧山体上部岩石裸露,称之为鹅冠岩,摩崖就刊刻在这块岩壁右下角,离地十余米。摩崖外刻有线框,宽250厘米,高75厘米,其内自右而左横向刊刻"民具尔瞻"四字,为楷书,结体方正,线条浑厚饱满。刊刻时沿笔画轮廓垂直刻出边线，笔画内线条底铲平，前有上款一列："道光九年二月吉旦。"即清道光九年（1829）所刻。后有落款两列："举人褚传中题，生员曹炳辉书。"用双刀法刊刻。其刊刻手法与新岭北麓"头上青天"摩崖较为相似。褚传中（1776—1844），字行衷，号允斋，宁海县东岙人，嘉庆十八年（1813）举人。曾重修东岙乘龙书院，并作有《乘龙书院重修记》文。曹炳辉，宁海县官塘曹人，贡生。

"民具尔瞻"出自《诗经·小雅·节南山》："节彼南山，维石岩岩。赫赫师尹，民具尔瞻。"原是周幽王时期的大夫斥责太史尹氏的诗，控诉尹氏的暴虐，指斥上天不公，让坏人执政祸害百姓，希望周幽王追究尹氏罪恶，使万邦安居乐业。原文意思是：巍峨的南山啊，岩石累累。显赫的尹太史啊，民众都看着你。刻此四字，是借用尹太史代指那些想在岭上的为恶者，以此警告他们：你们的一言一行，民众都看得清清楚楚。

9. 松岩潭摩崖

沿宁海县梅林兰丁村溯溪而上，在通往香山主峰的山道边有一段峡谷地带。溪流在山谷间跌宕而下，形成上中下三处瀑布，每条瀑布下因长年水流冲击，又形成了三处水潭，统称为松岩潭。最底下一个水潭不远处，在古道边有一块高及腰部的巨石。巨石顶部为一个斜面，恰面向古道。在斜面偏下处，刻有"清光绪甲午秋，洞口庙境下求雨有应，绅耆感谢敬志"二十一个字（图3-9-16）。宽60厘米，高90厘米。其自上而下，自左而右，用隶书所写，分刻4列，满列6字。石面较为平滑，孔隙不多，每个字宽约15厘米，高约12厘米，字号较大，刻得较深，加之线条粗壮，摩崖至今保存完好。

宁波一带，但凡山中有水潭之处，无论是瀑布冲击而成，还是自然泉水喷涌而成，或是前人挖掘而成，多冠以"龙潭"之名，赋以美丽的传说。这里峡谷间也有瀑布和水潭，历史上也逃不出称之为龙潭的使命，特别是摩崖所在的松岩潭最下一潭，早在宋代就已远近闻名。据宋《嘉定赤城志》所载："松岩潭，三，在县西北七十里。上潭险绝无径；中潭名煎茶，每祷则瀹茗焉，有瀑布泻其下，水清浅，游鱼可数；下潭圆径三丈许，上隘内宽，水绀色，莫知浅深，乾道中祷雨，僧坠钹其中,善水者没而取之,见其下若大堂第,晃洁可爱,有龙枕石卧,忽骧其首,没者惊,亟出,俄而两崖间水涌丈余,甘澍大洽焉。"[1]也许,正是正史中的记载,使得这处"龙潭"名声大震。若干旱无雨,则农作物无法生长。传说,龙王主管下雨,因此,民间龙王信仰基础极为广泛。此摩崖刊刻于光绪甲午秋,即光绪二十年(1894)秋天。由此也可以获知,当年秋天一定过于干旱,民众无奈之下,来此龙潭求雨,而不久又天降雨水。乡民认为是龙王显灵,因此,刻此摩崖,以感谢龙王。宁波不乏求雨相关的摩崖,但此处摩崖是宁波至今发现的同类摩崖中字数最多的一块。而且,其刊刻于溪流边的岩石之上。岩石表面光滑,字号较大,文字清晰,因此,也是宁波难得的一处保存现状较好的摩崖。

10. 石龙窦摩崖

宁海深甽镇龙宫村是一个千年古村,村名源于村西的一条龙宫溪。沿溪流溯源而上,约1公里处,被山石露出的一角所挡。溪流长年从中间流下,不仅将山石切割出了一道深深的缝隙,还在山下形成了一个深不见底的水潭。奇特的是,在大自然的鬼斧神工之下,山脚下有一个内壁光滑的内凹半圆状孔洞。孔腔、孔洞又被称为窦,而此水潭相传居住着东海龙王之子,因此称为石龙窦。潭中流出的溪流由此被称为龙溪,村庄则由此得名龙溪村。石龙窦边怪石峥嵘,孔洞里潭水如碧,犹如宫殿,因此有水晶宫、龙宫之称。明正统十三年(1448),改溪名为龙宫溪,改村名为龙宫村。

据南宋《嘉定赤城志》记载:"石龙窦,在县西北七十里龙公岙。窦在石壁下,世传龙于此出入,其展转挨擦处犹有痕焉。下为大湫,不知源所从来,但见窦水泻下,喷激如飞练,崖上有'石龙窦'三字。"[2]

2021年春节,笔者实地考察龙宫村石龙窦,见此地早已建起大庵坑水库,幸好大坝选址在石龙窦之后,这一自然景观得以保留下来。但因隔着水潭,且岩壁较高,站在水边已经看不清字迹。于是,笔者用长焦镜头拍了照片(图3-9-

---

[1]陈耆卿:《嘉定赤城志》卷二十五,钦定四库全书版,第10页。
[2]陈耆卿:《嘉定赤城志》卷二十五,钦定四库全书版,第12页。

17），经仇柏年先生等老照片研究爱好者一起辨认，可以确认在左侧半圆状孔洞约中部上方，岩壁斜面的最下部，以笔画线条勾勒法，自右向左刻有楷书"水晶宫"三字，但是否有落款已难以分辨。其中"水"字正好处在山间水流流过石壁的水道之上。"水晶宫"三字右下角的孔洞内壁隐约可见也有字，同样用笔画线条勾勒法自右向左刊刻，据此前看到过的旧影，这里所刻是楷书"石龙窦"三字。

可以确认，石龙窦摩崖至少是两块，但长期处于潮湿环境中，风化严重，且因距离较远而无法看清，但这两块摩崖还是真实存在的。这两块摩崖刊刻技法类似，应属于同一时期所刻，而在宋代的方志中就有"石龙窦"三字摩崖的记载，因此，这两块摩崖或许是宋代所刻。

11. 寿宁寺袖石摩崖

宁海县东南跃龙街道港头村寿宁寺前不远的山旁有一口白泉井，井旁孤立着一块天然石柱（图3-9-18），这便是著名的袖石，也称为昙猷石。白泉井和这块袖石，有着太多的传奇故事和不解之谜。

港头村位于宁海县城东南的白溪边，白溪直通三门湾。因此，港头村一带在历史上是宁海人出海的一个重要港口。相传，将天台山开辟为佛国的东晋著名高僧昙猷，其乘坐枫木做成的木筏东渡，便是在宁海白桥港一带登岸。上岸后，昙猷感到口渴，但四周没有喝水之处，便用禅杖戳地，遂有白泉涌出，这便是白泉井的由来。其后，人们便在井旁建立了白水庵，即今天寿宁寺的前身。

相传，昙猷东渡时，将一块石头作为压舱石带到了宁海。上岸后，其便藏于袖口中，故称为袖石。此石会逐年长大，颇为神奇。明崇祯五年（1633）《宁海县志》中对此石已有记载："有仙人袖石，高丈许，上大下小如杵。"[1]据《嘉定赤城志》载："门外有猷所携石高数尺许，石上有绍圣中高述、陈安道以下题字。"[2]

此石至今仍立在寿宁寺前，通高210厘米，呈扁平柱状，宽面最宽处68厘米，窄面最窄处仅31厘米。其头部略鼓，故前人有"上大下小"之说。据当地人

---

[1] 滕延振：《关于东晋高僧昙猷的考证》，载《黑龙江史志》总第202期，2009年9月，第23页。
[2] 陈耆卿：《嘉定赤城志》卷二十五，钦定四库全书版，第9—10页。

所述,此石在"文革"中,曾被拦腰断为上下两截,用于铺路,现已粘接修复。

石上未见题名,有一侧窄面断痕之下刻满文字,共存3列,自右向左纵向刊刻,以楷书所写,但中部文字似有重叠现象。宁海曹炜老师认为其分为上下两块摩崖,笔者颇为认同。其中,上段摩崖为:"……海于緱山之□,□茅开土,建一梵院,名'海晏',记之以石。"下段摩崖从叠压和磨损情况看,其年代更早,损毁更为严重,仅残留"建""二"等字,已不可通读。

据载:"后晋天福五年(940),白水庵改名'海晏'。"[1]可见,此石与寿宁寺有关不容置疑。摩崖中不见纪年,但曹炜老师认为,此寺在宋淳化元年(990)改寺名为寿宁寺,并一直沿用至今。由此,其认为上段摩崖为天福五年至淳化元年间(940—990)所刻,笔者颇为认同。其摩崖刊刻风格与宁海所发现的另几处宋代摩崖颇为相似,不仅上段摩崖应是宋代所刻,下段摩崖虽然保存较差,但其较上段书法更佳,特别是"建"字,起笔、落笔提按顿挫清晰,从其风格上看,也应是宋代所刻。

从残存的笔画来看,无论是上段还是下段摩崖,均为原文的后段,前面应还有字,可惜已残。从刻有文字的右侧宽面来看,其头部未损,以下略向内凹,呈斜线向下,且向内凿去一片石块,由此分析,摩崖文字起首部分仅各缺损一列。

就在此段摩崖的窄面上半段中部,也发现有一些笔画,虽然因为石面粗糙及风化严重辨不出文字,但从残存的笔画可以看出,原来所刻为几个榜书,纵向书写,且用篆体所书。

在刻有摩崖的窄面左侧,即顺时针第一面,断痕下方也可以看出曾刻有一些文字,但风化严重,几乎读不出一个字。从残存的笔画中可以看出,其文字较为纤细,字号较小,且存上部一小块,其下部呈斜线向下且向内被凿去一块。而此面断痕的上方也风化严重,尚存有并列的"成""十"两个楷体字,字号较大,线条较粗,但为何意,着实让人费解。

对袖石的实地考察可以看出,此石原来多面刻有文字,且内容、字体各异,应该有很强的可读性和艺术性。但由于人为和自然原因,袖石上的摩崖文字没

---

[1]胡声雷:《寿宁寺的历史沿革》,载福泉、寿宁寺合编《福寿同臻志》,1996年内部印刷,第35页。

能完整保存下来,着实让人痛心和惋惜。

12. 清潭村清溪摩崖

宁海县深甽清潭村是清潭路下张氏一族的居住地,有着千年的历史,蜿蜒的清溪呈半包围状环绕村庄流过。明朝方孝孺惨遭灭门之祸,其学生张岵一族百余口自溺于斗岩潭,后改潭名为尽忠潭,潭边摩崖为近几年所刻。除此摩崖外,清溪上共有三块摩崖,其中两块为潭界摩崖,一块为潭名摩崖。

潭界摩崖分别位于清溪的上下游,下游的一块摩崖在村东双枝庙前。庙临溪而建,溪道中孤立有一块呈方形的岩石,高约半人,石顶面略呈北高南低之势,自上而下纵刻有"禁潭界"三字,宽20厘米,高90厘米。此摩崖没有上下款,书法以楷体为主,略带行意,字虽规整,但结体略为松散,线条力度不够,猜测为当地乡绅所书。文字线条较粗,斜刀入石,笔画内深刻呈下凹圆弧状。石面较为平整,加之深刻,文字上局部岩石虽有所剥落,但几乎不影响文字阅读。(图3-9-19)

村西有一座乱石拱桥,称为老岙桥。上游的另一块摩崖便在此桥之下,溪道中有一块呈三角形的岩石露出水面,面对来水方向略向后仰,其上也纵向刻有"禁潭界"三字。其大小、书法和刻法与双枝庙前的"禁潭界"三字几乎一模一样。(图3-9-20)

老岙桥在村庄的上游,双枝庙在村庄的下游,两块"禁潭界"之间,正是清潭村。摩崖为何而刻?所禁是什么?现在流传有两种说法,一说是禁止在两界间洗衣、抓鱼,一说是禁止在两界间乱倒污物。无论在两界间禁止什么,都可以肯定,此两块摩崖具有标记和提示作用,其目的是保护村庄居住区内的水源。

临溪的一块山石上,纵向刊刻着"放生潭"三字,没有落款,但看其尺寸及书法,特别是"潭"字,与两块"禁潭界"中的"潭"字如出一辙,由此可以肯定,这块摩崖和"禁潭界"由同一人所书,同时所刻。经询问当地知情人,"放生潭"三字摩崖可能在紫金岩塔之下,但未曾找见。

无论是禁潭界摩崖,还是放生潭题名摩崖,都因当地村民保护水源而生,是研究人与自然和谐共存的重要实证。此类具有生态保护意义的摩崖石刻,宁波也仅此一处,具有重要的文物保护价值。

13. 白峤岭摩崖

宁海县城西的白峤岭上有古道,不仅是县城通往越溪、茶院、长街等地的要径,也是通往离县城最近出海口白峤港的重要通道。

相传,摩崖所在的白峤岭古道上,原来有一个白羊精,变化为美女勾引残害路人。有一个道士三擒妖精,并将其压在石头之下,用毛笔在石头上写下佛号,称字迹褪掉,白羊精便可出来。村民见此,便将这"阿弥陀佛"四字凿刻成了摩崖,也就永远镇住了妖精。据史料记载,白峤岭古道上确有摩崖石刻,但提法却不一致。光绪《宁海县志》载:"阿弥陀佛四字,刻白峤岭左石上。"[1]而《宁海县文化志》载,白峤岭上不仅有"阿弥陀佛"摩崖,而且还不止一处,"白峤岭左右壁上刻'阿弥陀佛'四字两处"[2]。涉及白峤岭的相关文章中也多是据方志抄录,都不曾提到具体情况,以及刊登过相关图片。在第三次全国文物普查中,白峤岭上摩崖一处也没有登记。当地更流传着一种说法,1998年,为建设宁波市高等级公路网中沿海南线公路宁海城关至长街一级公路,加快形成宁海"两纵两横七连"公路网骨架,在白峤岭开挖隧道,并建设两侧连接线。这一建设对白峤岭古道有一定毁坏,"阿弥陀佛"摩崖已经被毁。白峤岭上到底有没有摩崖?是否还能找到?一直没有定论。

2021年5月,曹炜老师专程沿着白峤岭古道寻找,先后在宁海一侧的和尚塘水库东白峤岭古道边,发现了两块岩石上刻有文字,后经清理辨认,发现白峤岭上现存有两个点位的四块摩崖,其中一块是宋代纪年摩崖,弥足珍贵,其发现之功,当可载入史册。

(1)"阿弥陀佛"四字摩崖

白峤岭西麓的和尚塘水库东有一小片梯田,南临公路,北侧一直延伸至山

---

[1]王瑞成修,张浚纂:《宁海县志》卷二十一,清光绪二十八年(1902)刻本,第48页。
[2]宁海县文化广播电视局编:《宁海县文化志》,1993年内部印刷,第121页。

脚下。梯田的里侧,紧依山脚原有白峤岭古道,呈东西方向,1 米至 2 米宽,但因年久废弃,这段古道多已被改为田地,依稀还能看出古道的痕迹。

山脚和梯田中散布着不少岩石。其中,在离水库约 150 米处,山脚下的原古道边有一块上部略小、下部略大的岩石,宽约 250 厘米,高约 150 厘米,石面朝南,略向下倾。岩石自然分成上、中、下三层,下层略高,最为突出,逐层内缩,中层自右向左横刻有楷书"阿弥陀佛"四字(图 3-9-21),宽 85 厘米,高 23 厘米。刊刻时,沿线条边线向中间凿刻,使线条内形成内凹的圆弧状。上层自右向左横刻"比丘载盛立"五字,楷书,宽 53 厘米,高 7 厘米。从落款中不难得知,摩崖是由僧人所刻,其刊刻目的,应是以佛号的无穷法力来护佑行走在古道上的路人。

值得注意的是,1952 年,白峤岭宁海一侧兴建和尚塘水库,至 1956 年建成,淹没了部分古道。梯田边的这段古道又与盛宁线近在咫尺,而盛宁线是鄞州盛垫到宁海的公路,始建于 1958 年。显然,水库兴建和盛宁线开通后,从宁海县城翻越白峤岭,可以沿着盛宁线走,古道便逐渐废弃,也就失去了刊刻摩崖的必要。且从宁海过白峤岭,摩崖恰在古道之左,其内容和方位都与光绪县志中记载相符,由此认为,这处新发现的摩崖很可能就是方志中所记载的其中一处摩崖,刊刻年代则在清光绪之前。

(2)绍定五年"阿弥陀佛"四字摩崖

自梯田边的"阿弥陀佛"四字摩崖沿古道继续登山,走过梯田,进入林间,在山间小道约走几十米,可见路边山脚下有一块岩石,宽约 3 米,高约 1.5 米,也自然形成三层,最下一层较大,高约 70 厘米,呈三角形台状,向前伸出,台体向上逐渐缩小,台面逐渐向左侧倾斜。中部一层左低右高,厚约 20 厘米,面南有一块呈长三角形的岩面。最上层与山体相连,面南形成一块宽 2 米、高 70 厘米、大致呈长方形的岩面,上部略鼓,两侧有缺角。

最上层岩面上,自右向左横向刻着"阿弥陀佛"四字(图 3-9-22),以楷书所写,刊刻时,自笔画边沿垂直向下刊刻,笔画内底则刻成凸起的圆弧形。书法线条较粗,每笔笔画宽近 4 厘米,字号较大,每字约 30 厘米见方,文字至今十分清晰。书法结体方正,笔锋内含,有一种浑厚闲静之美。其中,"陀"字右边写法与东钱湖小普陀补陀洞天洞口南宋时期题名摩崖"陀"字写法有异曲同工之妙,但书法水平远不及"补陀洞天"的书写者书艺高超。最后一个"佛"字写得也有些头重脚轻。

文字部分宽 160 厘米，高 30 厘米。"阿弥陀佛"四字两侧有小字，但有所风化，可以看出的是右侧纵向刻有"劝念"两个小字，应是规劝来往行旅见此默念此四字佛号，以保佑一路平安之意。左侧纵向刻有两列文字，第一列刻"绍定壬辰"，另一列刻有"月"字。绍定壬辰即南宋绍定五年（1232），由此可以确定这是宁波又一处南宋时期摩崖。此摩崖未找到书写者落款，但从书法角度，猜测是当时附近寺院中的高僧所书。

宁波境内的古道旁，发现多处刻有"阿弥陀佛"等佛号的摩崖，但均无纪年，而且刊刻年代普遍较晚，主要是在清末民国时期所刊刻。该处摩崖无疑是宁波众多佛号摩崖中最有文物价值的一处。

（3）清康熙三十七年（1698）题记摩崖

南宋绍定五年"阿弥陀佛"摩崖的"阿"和"弥"字之上，自右向左纵向刻着"康熙三十七年□□"，每两字为一列，共 4 列。以楷书书写，字体略扁。每字约 7 厘米见方，文字部分总宽 40 厘米，高 20 厘米。虽最后两字因为风化无法辨识，但可以确认此题记刻于康熙三十七年，为一处古人题写的"到此一游"。

（4）"县东岭"三字摩崖

绍定五年"阿弥陀佛"摩崖下部的第二层岩面右侧，自右向左横刻着"县东岭"三字（图 3-9-23）。摩崖以楷书书写，字体方正，每字约 10 厘米见方，文字部分总宽 40 厘米，高 12 厘米，前后无款，文字清晰，保存完好。

白峤岭位于宁海县城之东，该摩崖刻于此古道上，显然是一处由乡绅所书的题名摩崖，"县东岭"指的就是现在的白峤岭。白峤山在志书中也称云峤山，但此前文献中从没有提到过称为县东岭。显然，这一摩崖实证了白峤岭在古时也有县东岭之称，因此，具有重要的文献价值。

14. "求"字摩崖

有旅友曾在宁海温泉后的山上找到一处摩崖，仅从照片可以确认，这是一处古人遗留下来的摩崖石刻。石头位于山岗半道的乱石丛中，30厘米至50厘米大小，朝天面平整，其上深刻有一个篆书的"求"字，几乎占据石面的全部，上下无落款和纪年。这也是宁波地区至今发现的唯一一处篆书摩崖石刻。

笔者不曾到过实地，经向知情者了解，这处石刻大概位于避火岗仙人谷南边的赤发洪山岗上。其周边是否还有其他摩崖及相关遗存不得而知，仅从此摩崖内容，以及刊刻于山脊之上来分析，这一摩崖应与先人认为山顶与天更为接近的理念有关，猜测曾在此举办某种仪式，为祈求神灵后所留下。此摩崖虽然只有一个字，但也是先人留下的遗迹，故也将其记录在册。

第十节　象山县摩崖题刻

1. 二湾摩崖群

象山县石浦镇背山面海，老城东南的山脚下有一处弧形缺口，称之为二湾。在缺口深处，离地约4米高的岩壁自然形成一块宽20余米、高约4米、中间略鼓的裸露面。面朝大海，在岩壁上以"视卒当如婴儿"为中心，呈两侧对称分布着9块大小不一的摩崖题刻（图3-10-1）。这也是现存宁波摩崖题刻中最为集中和数量最多的一处。

石浦镇位于海湾之内，湾外有数座小岛为屏障，小岛间有海峡与大海相通。湾内风平浪静，独特的地理位置，使其历来是天然良港和海防重镇。明代设石浦所，建有石浦所城。洪武二十年（1387），舟山昌国卫即迁往天门山（今石浦镇东门岛），洪武二十七年（1394），因天门山三面环海，获取淡水不易，后又迁至石浦镇不远的后门山，即今天的昌国，足见石浦在海防中重要的军事地位。从二湾摩崖石刻的内容来看，都反映了兵民相亲、齐心抗击外寇的决心和精神面貌。很多摩崖原先都有落款，但因为风化严重，加之字号较小，现已很难辨识，有几处留下官职及姓名的，也找不到相关史料。但可以肯定的是，这些题刻正是当时驻守石浦的将士所镌刻，是宁波独特的海防相关摩崖题刻重要组成部分。1984年6月，被公布为县级文物保护单位。

这些摩崖题刻除"视卒当如婴儿"摩崖为六字外，其他均为四个字。与江心寺后摩崖风格如出一辙，有着一定的关联性。这一带摩崖刻法也基本相仿，多是先沿线条轮廓向内凿刻边线后，再将线条内底面凿平，也有部分保留底面，使线条内底面呈现中间高、两边低的弧形。落款小字则多用双刀法刊刻，线条两侧斜面内倾，在线条内中线交接。摩崖书法因是将士所书，书法功力自然也不能与书法家相提并论，除个别作品外，大都艺术性不强，但其具有较高的历史意义，是石浦这座海防小镇的重要史迹。

该摩崖群在清及民国《象山县志》中都有记载，所在区域20世纪50年代已属军事禁区，致使各类资料对其现存摩崖数量描述常有差别。20世纪70年代摩崖有所损害，落款残损严重。约2007年无知者又私自在摩崖群左侧上山山道旁新刻了一个约2米见方的电脑体"忠"字，对摩崖群整体风貌造成了不可挽回的后果。其中，在"季侯顾我"上方岩石上纵向刻有"神仙"两字，每字约0.5米见方，其"神"字右上角刻有"赖炳文立"。赖炳文不知是谁，但其凿刻的线条内缺少历史所遗留的痕迹，如新刻一般。由此，暂定其与相邻摩崖并不是同一时期刊刻，故不在统计之列。

（1）"视卒当如婴儿"六字摩崖

二湾摩崖群中最大和最显眼的即这块摩崖，宽326厘米，高63厘米，位于二湾摩崖群的中间位置，自右向左横刻有楷书"视卒当如婴儿"六个擘窠大字（图3-10-2），刊刻时，笔画内底面凿得较平，保存完好，文字清晰。外有线刻长方框，最右侧上下顶格刻有"万历癸巳岁"五字，最左侧上下顶格刻有"钱塘单椿题"。万历癸巳即明万历二十一年（1593）。据道光《象山县志》记载，单椿曾任杭州卫指挥、昌国卫备倭都指挥。昌国卫旧址即在离石浦镇北侧不远的昌国。该摩崖书法气势宏大，线条雄健，字迹刚劲，足见单椿具有一定的书法功力。

（2）"云天世戴"四字摩崖

在"视卒当如婴儿"六字摩崖上一块山岩，自右向左横刻有楷书"云天世戴"四大字（图3-10-3），宽180厘米，高66厘米。刊刻时，笔画内底面未凿平，笔画线条内呈凸起的圆弧状。书法较为稚气，整体把握能力欠佳。细辨上下款，也有字，但风化严重，上款可见有"□□七年□月共立"，下款可见有"练营□爷□□"。

(3)"将苑羽仪"四字摩崖

"视卒当如婴儿"六字摩崖左下侧有两块摩崖,左数第一块摩崖,其外有一圭首碑形线框,宽80厘米,高140厘米。自上而下纵向居中刻有"将苑羽仪"四字(图 3-10-4)。《将苑》是指古人专门讨论为将之道的军事著作,"羽仪"代指人的高位和才德,"将苑羽仪"应是对将帅的夸奖之词。右上侧纵向刻有"游击将军郑公尽忠",左上侧纵向刻有"合区□□□□刊石"。此摩崖应是为游击将军郑尽忠所刻,可惜关于此人的信息无从查找。

此摩崖刻刊时,先依笔画刻出边线,保留笔画线条中间部分,最终呈现笔画线条凸起的圆弧状。

(4)"严侯永瞻"四字摩崖

"视卒当如婴儿"六字摩崖左下侧有两块摩崖,左数第二块摩崖,岩面上自上而下纵向刊刻有"严侯永瞻"四字(图 3-10-5),宽70厘米,高160厘米。据民国《象山县志》所载,此摩崖刻于明崇祯九年(1636),但无名款。[1]摩崖现状右上侧纪年"崇祯九年"仍存,下部是否还有字,已不得而知,左侧似为"昌国都司□所众□",下面文字难识。

二湾摩崖群中,大多数摩崖的文字被涂以红漆,较易识别,大多数摩崖都有线刻的圭首碑形外框,或线刻长方形外框。而此摩崖大概因风化过于严重,既没有上漆,其外框也不明显,较为特别。

(5)"石存恩在"四字摩崖

"视卒当如婴儿"六字摩崖所在岩石的左后有一块山岩,其位于二湾摩崖群最左侧,与"严侯永瞻"四字摩崖相距约4米。此摩崖岩面相对较为平整,从上至下纵书"石存恩在"四字(图 3-10-6),右上侧刻有"崇祯九年",左上侧刻有"练营守备叶爷□□石"。外有线刻圭首碑形外框,宽80厘米,高145厘米。

此摩崖刊刻技法和这一带的其他摩崖略有差别。二湾摩崖多按笔画轮廓

---

[1]陈汉章:民国《象山县志》点校本,方志出版社2004年版,第1125页。

刊刻，笔画底面刊刻得较为细致平整，也有保留底面，使之呈现中间高、两边低的弧形，但此摩崖底面凿得较为粗糙，并呈现内凹之势。

（6）"松屏蒲藩"四字摩崖

"视卒当如婴儿"六字摩崖右下侧有两块摩崖，左侧第一块从所刻一圭首碑形线框可知这里曾也有一块摩崖，文字自上而下纵向书刻，但文字残损严重，难以识别。仅左上方落款残存一个"武"字（图3-10-7）。据属地文保部门调查资料所知，早年可见此摩崖为"松屏蒲藩"四字，但近年文字磨灭。但据民国《象山县志》所载二湾及江心寺后摩崖，唯"龙雄堵寇"有记载，但未见实物。因有时相关资料也不一定准确，此摩崖或为"龙雄堵寇"四字，也不得而知。

（7）"季侯顾我"四字摩崖

"视卒当如婴儿"六字摩崖右下侧，左起第二块比第一块略矮，也刻有一圭首碑形线框，宽70厘米，高155厘米。"碑"内中间自上而下刊刻"季侯顾我"（图3-10-8），其右下刻款"恩同海永"，左下刻款"德与石存"，其中"与"字石面剥落。此摩崖在道光《象山县志》中已经有记载，民国《象山县志》对其记载更为详细："字径一尺，左镌'恩同海永'四字，右镌'德与石存'四字，径并三寸，无年月。按《秩官志》：元明间并无姓季之令，惟宋嘉定十七年（1218）季齐愈任邑。所谓季侯者当即其人，因叙于此。"[1]

（8）"岘石恩同"四字摩崖

"视卒当如婴儿"六字摩崖所在岩石右后侧有一块山岩，其位于二湾摩崖群最右侧，与"季侯顾我"四字摩崖相距约5米。

此山岩下部明显突出，岩石呈灰白色，与四周岩面的黄赭色有较大区别，可以肯定，此摩崖刊刻前，曾对岩体进行过平整，使其成为一个内凹的圭首碑形平直岩面，但凿刻不够细腻，致使右侧边线并不明显，部分边款不清晰。其轮廓宽78厘米，高138厘米。从上至下纵向书刻有"岘石恩同"四字（图3-10-9），右

---

[1] 陈汉章：民国《象山县志》点校本，方志出版社2004年版，第1111页。

上侧款识已无法辨认,左上侧刻有"昌□□□□□书石"。

2. 江心寺后摩崖

江山寺后摩崖题刻因刻在象山县石浦镇江心寺后北围墙外,故名。寺后北围墙外有一条小巷,与围墙一巷之隔的山体近地面有一块呈三角形的崖壁,分布着三块摩崖(图 3-10-10),呈一字排开。每块摩崖在刊刻前都未对山体进行处理,直接进行刊刻。都刻有线框,其上部两端倒角,形如圭首碑石,每两块间距约 1.5 米。文字均为阴文楷书,纵向书写,文字随岩石高低起伏。其与二湾摩崖群比较,无论从刊刻年代、刊刻形制、刊刻内容都极为相似,如不考虑位置的不同,可以一并进行研究。

江心寺后摩崖题刻从书法艺术角度来讲,虽也是普通将士所书写,但总体艺术水平较二湾摩崖群略差,但它和二湾摩崖题刻一样,同属于驻守在石浦镇的将士所题写,反映出当时守城官兵报效国家、一心抗敌的忠诚信念,为石浦这座海防重镇增添了厚重的历史感。

(1)"沧海恩波"四字摩崖

三块摩崖最左侧为"沧海恩波"四字摩崖(图 3-10-11),有圭首碑形线框,宽 80 厘米,高 150 厘米。其内自上而下纵向居中刊刻有"沧海恩波"四字。其上款风化严重,仅可确定其曾经有字,但文字已无法识别。其下款尚有几字清晰,但无法通读。据史料记载,为"所□练营总哨队义挽立"。此摩崖在民国《象山县志》中有提及。

(2)"恩绩如山"四字摩崖

三块摩崖居中为"恩绩如山"四字摩崖,有圭首碑形线框,宽 64 厘米,高 162 厘米。其内居中自上而下纵向刊刻有"恩绩如山"四字(图 3-10-12)。民国《象山县志》"恩绩如山"条有款为"钦升守备管昌运总事沈□遗爱"。[1] 守备一职是

---

[1] 陈汉章:民国《象山县志》点校本,方志出版社 2004 年版,第 1126 页。

明清武官，在明代时是镇守边防的军官，其地位仅次于游击将军。清代时，在清绿营统兵官中亦有设置，属正五品，次于都司，分领营兵，掌营务粮饷。从现场来看，其上款虽风化严重，无法通读，但有几字与县志中所载吻合，由此，"钦升守备管昌运总事沈□遗爱"此款应是指其摩崖的上款。而下款风化更为严重，已模糊不清，无法识别。

（3）"世侯永乾"四字摩崖

最右侧为"世侯永乾"四字摩崖（图3-10-13），有圭首碑形线框，宽58厘米，高125厘米。其内自上而下纵向居中刊刻有"世侯永乾"四字。其上下款风化较为严重，已毫无痕迹可寻。此摩崖在民国《象山县志》中也有提及。

3. 丹山摩崖群

象山县西北侧有蓬莱山，相传陶弘景炼丹于此，故此山又名丹山。半山腰有一处天然岩穴，巨石为顶，可容床几。在石屋西侧，有一处雨香禅寺，其原名雨香庵。乾隆志：县西二里，在炼丹山之半。令吴学周建，僧惟镜修。道光志：乾隆五十一年（1786），僧大彻重修。案《蓬岛樵歌·注》：万历初，邑令倪甫英为禅屋五间。令吴学周复建阁，翼以亭榭。[1]天然的石屋和始建于明代的雨香庵相映生辉，是丹山最著名的胜景，并形成了雨香庵、听秋室、眠云坞、招鹤峰、洗心池、指迷石、流华涧、移情台组成的"石屋八景"。以雨香庵为中心，散布着多处摩崖，以石屋八景题名摩崖为主。

自石屋沿小径向西，路旁有一块小岩石，纵向刻有楷书"游春径"三字，通宽8厘米，高16厘米。（图3-10-14）

在雨香寺大门东侧的小屋前，孤立着一块扁平的岩石，其中部纵向刻着楷书"占鳌头"三字。（图3-10-15）

跨进雨香寺大门，便可看见院子右侧有一块天然的山岩，如同一块特意放置的超大景观石，就在此岩向外突出的一块平整岩面上，纵向刻着楷书"招鹤

---

[1]陈汉章：民国《象山县志》点校本，方志出版社2004年版，第1174页。

峰"三字，分刻两列，首列两字。（图 3-10-16）

雨香寺大殿之后有一汪狭长的水池，池后右侧的山上刻有"流华涧"三字，纵向刊刻，分两列，首列两字。（图 3-10-17）池后左侧的临水处，纵向刻着隶书"洗心池"三字。（图 3-10-18）

水池西侧边的山上有一块表面平整的岩石，两头较尖，两侧平齐，宽 48 厘米，高 130 厘米，其中部纵向刻有三列文字："乾隆癸丑夏四月，陈广宁、徐华、萧鸿章同来。钱泳题记。"（图 3-10-19）以隶书书写，每列 7 字，排列整齐。作书的钱泳（1759—1844），字立群，号梅溪，江苏金匮（今属无锡）人。清代著名学者，著有《履园丛话》等。其不仅善诗词书画，而且也会镌石。与其同来的陈广宁（1763—1812），字靖侯，号默斋，山阴（今绍兴）人。曾任台湾县丞。清乾隆五十八年（1793），署象山左营守备，历署汀州、建宁、漳州等地总兵。萧鸿章，奉天岫岩（今属辽宁鞍山）人，兄弟五人，有萧家五虎之称。庠生。笔者曾爬上此岩，确认此石为后置，可以移动，虽与周边山体浑然一体，但属于碑刻，不属于摩崖之列。乾隆癸丑即乾隆五十八年，由此可知，此碑为陈广宁偕同著名学者钱泳等来此寻古探幽后所留，而且钱泳善刻石，此碑很有可能还是钱泳亲自动刀所刻。因此，极具历史和艺术价值。

雨香寺大殿的西侧有一殿宇，自殿宇东窗外望，发现紧贴窗外就有一块几乎垂直的崖壁，就在崖壁下方，纵向刻着隶书"移情台"三字。此摩崖若不经人指点，实难找到。早在 1990 年 1 月，象山县人民政府已将丹山摩崖群公布为县级文物保护单位。但寺院扩建前未与文保部门共同协调建设与保护中的矛盾，致使新构建筑严重破坏周边环境，着实让人惋惜。

据称，在石屋东 50 米处有一块岩上还刻有"眠云坞"三字，北面崖上有"飞霞洞"三字，以及"蓬莱胜境"四字等，惜笔者未曾找到。

已发现的丹山摩崖都属于题名摩崖，没有落款和纪年，但从书法来看，其无论是楷书、隶书还是行书书写，都具有一定功力，不像寺中僧人所书。据记载，钱泳等一行来此游览时，不仅留有题记，还曾为石屋八景作《石屋八咏》诗。由此猜测，丹山所遗留的摩崖也不排除是钱泳等一行人所书刻的可能性。

4. 南韭山岛摩崖

南韭山岛位于象山爵溪外约18.5公里处,是南韭山列岛中最大的一个岛屿,呈S形,南北长约5.26公里,总面积4.08平方公里。民国《象山县志》记载有"韭山以产大韭得名",又因岛处舟山群岛之南,所以称南韭山岛。据史料记载,岛上有多处摩崖石刻。南韭山岛历来就是海防前沿和军事要地。明代刘伯温及现当代彭德怀元帅、陈赓大将等都曾登岛视察海防。笔者认为,正因为该岛在军事上的独特地位,岛上所留下的多处摩崖石刻,其刊刻者应与历史上守岛官兵有关。

很多书中都记载在岛东北面巨岩下有一排石刻,上书"东南半壁,一縻二鹿,东晋十二年,宁绍把总欧"18个大字。有人依此认为此摩崖是小岛在东晋时便有人活动的有力证明。但宁波东晋时,属地有鄞、鄮、句章等,唐代设明州,明洪武十四年(1381),为避国号改名宁波,简称"宁"是在明代之后,摩崖如刻有"宁绍把总欧",由此可以认定,这一摩崖年代最早不会超过明代。

另据畚工介绍,山南平岩上,有一排数千字的摩崖石刻,后被海沙拥塞,字迹模糊,这一处摩崖现已难以找寻。南韭山岛因为特殊的地理位置,已成为第二个国家级海洋生态自然保护区。岛上居民已迁往象山,只有几个守岛人员,笔者无缘登岛一查究竟,仅按相关信息,基本可以认定,岛上尚可见有三处摩崖。现依据朱华庭先生的《南韭山的前尘往事》和吴伟峰先生的《传奇之岛南韭山》,对岛上摩崖石刻的相关记载和所摄图片,介绍如下。

(1)"仙岩"两字摩崖

南韭山岛中部有一处燥谷仓沙滩,其西南面的山崖如刀削般直立在海边,在山崖下有一个呈三角形的洞口,约一人高,弯腰进入洞口后豁然开朗。洞内空间较大,呈方形,而洞上部无顶,两侧的崖壁垂直而上,如同谷仓一样,燥谷仓之名便由此而来。历史上曾作为倭寇的藏宝洞和海盗关押人员的"监狱"。

相传,曾有一个叫葛孝先的孝子,独居在燥谷仓的这个洞中修身养性,后得道成仙,人称"葛仙翁"。他曾居住过的山洞也有了逸仙洞之名,洞口的山岩也被称为仙岩。"仙岩"两字就镌刻在洞口的上方,至今仍存。

(2)"逸仙洞"题名摩崖

进入洞口,两侧为刀削斧砍般的岩石直上云霄。就在一侧的崖壁上,隐约可见有刊刻痕迹,风化严重。因为刻得较深,岩石表面已经剥落严重,现残留摩崖笔画深部的痕迹,但仍可看出自右向左原刻有"逸仙洞"三字(图3-10-20)。

关于此摩崖,史料都称其为隶书,但从照片上看,此摩崖的写法和隶书完全两样,应属于用楷书所写。其刊刻时,几乎是沿笔画轮廓斜刀刊刻,而且刻得较深,笔画轮廓两边的斜面在底面相交形成尖角。

(3)"东南半壁"四字摩崖

据《南韭山的前尘往事》所述,在里塘西北角,一块岩石上刻有"东南半壁"四个大字,高约一米。[1]相传为明朝开国军师刘伯温所书。当年刘伯温率水师攻打温州时经过这里,曾登岛察看地形,见其地理位置独特,感慨道:"此乃天然屏障,东南半壁。"遂题"东南半壁"四字,并刊刻于岩壁之上。当年刘伯温停船的地方,后来被称为官船湾。

5. 高头山摩崖

南田岛鹤浦镇黄金坦村东侧水库底的北侧有高头山,山势陡峭,山间多裸露的山岩,其半山腰有两个山洞,一大一小,相距几十米。大洞位置略高,称为保安洞,洞深约5米。最内侧有一水潭,称为黄金坛,今黄金坦村便由此谐音而来。寺也以洞名,称为保安洞寺。寺院始建于清咸丰七年(1857),原建筑已毁,现存寺院是1998年开始复建的,自山下起,各殿散布于山间,殿与殿之间,有台阶相连。

自寺中大雄宝殿登山,约50米,台阶转折前,其右侧隐约有一条山间小道,沿小道略走几步,便可见山道左侧树丛后有一大片看似光秃秃的岩面,其上自

---

[1]朱华庭:《南韭山的前尘往事》,载2016年8月5日《今日宁海》第五版。

右向左，纵向刊刻文字5列，此即高头山摩崖（图3-10-21）。此摩崖在第三次全国文物普查中被发现并登录，当时抄录文字略有差错，实际摩崖所刻内容为："东至，南至，王国芳助山壹岩；西至，北至，又银拾两。"其中，"东至""南至"之间空了半字距离，"西至""北至"刻法也相仿。而第二行首字"王"高出一字，应是王国芳助山助银给寺院后，刊刻摩崖为纪其功，故将其名字高出一字以示尊敬。此块摩崖文字部分宽210厘米，高190厘米，列与列之间相隔约30厘米。其每字约20厘米见方，全部以楷体书写，字体方正，刊刻较深，保存完好，每字均清晰可见。

此摩崖面积较大，文字清晰，且正对台阶，理应上山时很容易被发现。2021年11月，程健捷夫妇陪笔者夫妇专程到高头山寻访此摩崖，四人自山下一路寻找摩崖，以至于从其旁台阶走过，也未曾发现。笔者重走台阶，并转进山路，始找到此摩崖，其主要原因是现在摩崖所在岩石前植被茂盛，环境风貌变化较大。

摩崖中寺院东西南北"四至"并未清晰注明，猜测其四至正是以王国芳所捐助的山地为界。极有可能正是得到摩崖中所提到的山地和银两，寺院才得以初创。此摩崖虽无纪年，但从寺院历史来看，摩崖可能与寺院历史同时，刻于清代咸丰年间。

6. 白龙潭摩崖

南田岛鹤浦镇樊岙水库湖面呈"Y"字形，分南北两片库区，沿南侧库区溯源而上，至库底后折向东北侧龙头背山，过桥有一片空地，当地民众在此周边堆龙、塑像、置景、建庙，形成龙王庙景区。自龙王庙再往山岙深处约500米，两山山岩对峙形成喇叭口状，最深处有山溪在岩石间穿梭，缓缓而下，流入山岩间的狭长形水潭中。潭水清澈，色似天青，此潭称为白龙潭。相传，潭中有白龙，每遇干旱，不仅南田岛上民众，隔海的石浦民众也会专程来此祈雨，十分灵验。如今，潭右侧尚留存有十余块与求雨相关的碑刻，半途还有宁波唯一一处岩雕，另有摩崖题刻两处。

(1)"白龙潭"题名摩崖

龙王庙主殿是一幢新建的坐西朝东仿古建筑,其南侧山坡上有几块巨石特别显眼。其中,最大一块岩石朝向山下一侧岩面略为平整,自上而下纵刻有"白龙潭"三个楷书大字(图3-10-22),右上角有纪年"中华民国二十六年四月",左下角有落款"长宁梁翼镐"。文字部分宽90厘米,高230厘米,其中榜书单字宽50厘米,高80厘米。刊刻时沿笔画边线几乎垂直向内深刻,至笔画内底时小弧形过度,凿平内底。此摩崖笔画较粗,且为深刻,书法雄浑厚重,落款小字挺劲俊美,当属宁波一处保存较佳的题名摩崖。

书写此摩崖的梁翼镐(1902—?),字奉星,四川宜宾人,毕业于北京师范大学,曾任浙江衢州省立第八中学(今衢州第一中学)校长。1936年12月,由校长改任南田县县长。摩崖纪年"民国二十六年"即1937年,可见,此摩崖当是其出任南田县县长没几月后所题写。

旧时至白龙潭祈雨,必先到蟹厂村武圣庙做水陆道场,再到白龙潭举行焚烧忏文等仪式。白龙潭摩崖作为祈雨文化重要组成部分,已和白龙潭求雨这一民俗活动相关遗存一起打包,称为"白龙潭、蟹厂武圣庙民俗遗址",在2007年被公布为象山县级文物保护单位。

(2)"天下奇观"题刻摩崖

白龙潭的右侧,整齐排列着上下两排碑刻,共有十多块,自清道光年间一直延续到民国时期,主要为民众来此求雨后,为感谢龙王显灵而立。就在碑刻之后的山边,有一块宽170厘米、高53厘米的天然条石,左低右高,约呈30度倾角斜置于山坡上。其中部自右而左,刻有"天下奇观"四个大字(图3-10-23)。文字部分宽90厘米,高30厘米,前后无款,为楷书写就,端庄秀劲,气势非凡。刊刻时沿笔画边线斜向内深刻,内底凿平。虽条石表面不平整,但笔画较粗,文字清晰可识。这一摩崖虽无纪年,但从其书法和刊刻技法,猜测为清末民国时期所刻。

第四章

宁波现存摩崖造像

第一节　胡公岩摩崖群

　　胡公岩摩崖石刻位于余姚市阳明街道胜归山东南坡。胜归山原名圣龟山，东晋隆安二年（398），将军刘牢之剿灭孙恩起义部队胜利后，屯兵于此，遂改名胜归山。山上石质细腻，石材含杂质少，自宋代起，就在此开采石料。长年开凿取石破坏了山体的风貌，历代官府屡禁不止。明嘉靖二十六年（1547），胡宗宪（1512—1565）任余姚知县。胡宗宪，字汝贞，今安徽省宣城市绩溪县人，明嘉靖十七年（1538）进士，官至兵部尚书兼都察院右都御史，为明代名臣。胡宗宪到任余姚后，即捐俸银赎买胜归山归官，开石毁山得以禁止。十年之后，胡宗宪调任浙江总督。当时浙江沿江一带寇患严重，胡宗宪为抗击倭寇，转战浙江沿海各地，多次途经余姚，并屯兵于胜归山麓。后人为纪念胡宗宪任职余姚时的业绩及抗击倭寇之功，于嘉靖四十年（1561）在胜归山南坡凿雕胡宗宪官服像，此山岩也由此改称胡公岩。民国时期，又以胡公造像为中心，进行增刻，从而形成以半山腰东西长约40米摩崖造像为主体的摩崖石刻造像群。

　　胡公岩摩崖群主要由造像和题刻两部分组成，自东向西大致可分为如来组雕摩崖、罗汉群雕摩崖、胡公组雕摩崖、弥勒亭摩崖、济公亭摩崖，以及半山腰的观音阁摩崖六大组摩崖作品。人物造像以佛教人物为主，每尊均在2米见方，雕刻生动形象，造型各异、内容丰富，题刻多为行楷体，阴刻，字体遒劲有力。

　　胡公岩摩崖群年代跨越明代、清代和民国等时期，浓缩反映了浙东地区明代以来石刻艺术的面貌。其保存完好，是宁波规模最大、浙江省内少有的摩崖石刻造像群。2005年，被浙江省人民政府公布为省级文保单位，是宁波境内至今文物级别最高的三处摩崖石刻之一。

（1）观音殿东侧摩崖

进入胡公岩大门后，迎面是观音殿，其建筑坐北朝南，观音殿东侧有一段近乎垂直的裸露岩面，与观音殿东山墙相对，岩面异常平整，如刀削斧劈一般。岩面上分三层刻满摩崖题刻（图4-1-1），既有历史上遗留的摩崖题刻，也有20世纪90年代后新刻的摩崖题刻。

新刻的摩崖题刻，四周都凿刻有较深的线条，并且进行过打磨，看似石碑嵌在岩面中。摩崖文字均为阴刻，字口较浅，每字仅3—4厘米见方。其内容为捐款信众姓名及捐款金额，楷书所写，书法水平较低。

历史遗留的摩崖题刻可以分为南侧和北侧两大块，均为凹刻，刊刻前先向内凿出一个平面后再进行刊刻，字体清晰，保存较好。除一块为单列，余皆刻成两列。内容各不相同，以为人处世的格言警句为主。每处题刻间，均相隔一定距离。以楷书由上至下纵向书写，每字约8厘米见方，均无刊刻纪年及书写者姓名，但从书法来看，应为同一人所书，都为标准的楷书，方正俊逸，有馆阁体气息，结合该地区其他岩面文字，猜测为民国时期所刻。

南侧岩面上有两块题刻。右边一块宽24厘米，高72厘米，刻有"大着肚皮容物，立定脚跟做人"。文字分为两列，每列一句。左边一块宽24厘米，高78厘米，刻有"欲除烦恼须无我，各有因缘莫羡人"。文字分为两列，每列一句。两块摩崖并排而刻，间隔8厘米，底边平齐。

离南侧岩面摩崖不足十米，便是北侧岩面摩崖题刻。其比南侧摩崖略高，位于新刻摩崖中间，在一块宽约150厘米、高100厘米的岩面上，并列分布着四块题刻，间距各有不同，其中右侧三块上端平齐，最左侧一块底面与岩面裂隙齐平。四块中右起第一块文字分两列，第一列刻"圣人无心"四字，第二列刻"万姓之心在心"。第二块刻"博家为之仁"五字，计一列。第三块刻"国之心必基于大义于大德"十一字，分两列，前列8字，后列3字。第四块刻两列，前列刻"势利之交，难以经久"八字，后列居中刻款"诸葛亮语"四字，两列文字大小相同。

(2)如来组雕摩崖

观音殿后,山体内凹,原依山建有佛殿,因多处漏雨,计划拆除后重建。但拆除后,重建工程被文保部门叫停,现在只搭了临时钢棚。

山体最深处崖壁上刻有一尊如来佛立像,以圆雕刊刻,高约 3 米。除右手指局部有残外,保存较为完好。佛像立于石刻莲花座上,披风随风飘起,左手屈臂上举在胸前,手指自然舒展,手掌向外,作无畏印,表示佛为救济众生的大慈心愿无所畏惧。右手平摊自然下垂,手掌向外,作与愿印,表示佛能满足众生愿望。佛像四周深凿后形成佛龛,头部后呈内凹的半圆形。佛龛两侧有方形柱孔,应是早年建筑遗迹。(图 4-1-2)

佛龛上部先凿出一长方形后,其内自右向左刻有"佛光普照"四字,行书,刊刻时沿线条边线垂直深刻,底面呈内凹的圆弧状。前有年款"民国乙亥年",即 1935 年。后刻有"胡世铟敬书"。

如来佛左下角,刻有伏虎罗汉像,以圆雕刊刻。老虎侧立刻于岩壁之上,虎头扭向右侧,完全突出于岩壁之外。虎眼大瞪,闭嘴露齿,显得圆润可爱。虎尾上翘,一罗汉骑虎背上,双目大睁,左手紧抓老虎后颈,右手上举,持一圆环,作擒虎之状。(图 4-1-3)

伏虎罗汉所持圆环右上角特意留了一块岩面,经凿平后,自右向左刻有隶书"伏虎尊者"四字,其刻法与一旁"佛光普照"颇为相似,线条内也呈内凹的圆弧状。其右侧似有小字,但无法分辨。

如来佛右下岩壁上经打磨成三块横石后,刻有捐款人姓名及金额,为近些年所刻。

(3)罗汉群雕摩崖

罗汉群雕摩崖按其深凿后形成的龛所处位置,又可以分为四组摩崖造像。

伏虎罗汉旁山体上刻着一尊听经罗汉,以圆雕刊刻。罗汉盘坐于岩石之上,身披薄衣,衣服褶皱清晰可见,衣料质感表现得淋漓尽致。罗汉左手托脸,搁在一摞书籍之上,右手自然下垂到脚上,双目微闭,生动传神。此造像除罗汉鼻子、手指有残外,保存较为完好。(图 4-1-4)

西侧山体略为转弯，紧临听经罗汉的是无量寿佛，也是以圆雕刊刻，面向东南方向，侧面坐于树荫之下，朝向如来菩萨，手握串珠，若有所思。其身披僧服，前胸袒露，胸前骨骼凹凸起伏，刻画细致入微。此造像仅鼻子、手指、串珠略有残缺，后经修补，整体保存较为完好。（图 4-1-5）

无量寿佛头部上方因岩石的自然裂隙而成三角形佛龛顶，上部岩壁经凿平后，自右向左刻有"无量寿佛"四字行草书，其为沿线条两侧边线倾斜向内刻，在线条内中部交会，刀痕呈"V"字形，书法飘逸。因自然风化和污垢，此题刻是否有落款难以分辨。

紧临无量寿佛右侧的一块石头上圆下方，岩石有着明显断痕，表面呈斜坡状，猜测此岩石原来也是一尊造像，后毁失，最初雕刻什么已无从知悉。其下山石经凿平后，理应刻有文字，但因长年流水侵袭，表面已积起厚厚一层黑色污垢，文字难以辨认。

无量寿佛再往前，山体也转向朝正南方向，其上雕刻着一组辩经罗汉，也以圆雕刊刻。与无量寿佛间隔的山体被雕刻成一棵大树，树下两个罗汉盘腿侧身坐于莲花座上，相对而论。左侧一个罗汉双手持经卷，好似在提问。右侧一个罗汉身披袈裟，手持如意，作讲话状。此罗汉较为特别的是，其头发以及嘴边、脸颊的胡子都呈卷曲状，耳朵上还戴有耳环，此造型应是按佛教发源地印度高僧形象为蓝本雕刻。

辩经罗汉的上方，山体被凿为一个平面后，浅刻着一个小佛龛，龛内刻有一人，头戴帽子，身穿传统宽袍大衣，双手相交放在胸前。从人物穿戴来看，似为明朝时期人物。胡公岩摩崖刊刻之始为纪念县令胡宗宪，或此摩崖所刻即是胡县令。因其整体刻得较浅，人物远不及下部罗汉有立体感，刊刻得也较为粗浅，加之其威严谨坐，人物显得较为呆板，刊刻手法和风格明显不同于下部的罗汉造像，与罗汉造像应属不同时期所刻。（图 4-1-6）

（4）胡公组雕摩崖

无量寿佛的西侧，山体又向内凹，前面形成一个平台。内凹最深处山体被凿平后，刻着一组胡公组雕摩崖，由胡公像、像上摩崖题名以及像左右各一块摩崖题刻所组成。

山体居中位雕刻着一尊胡公坐像,下部雕成宽120厘米、高80厘米的案桌。案桌两侧高翘,上铺案布,布垂出案前约10厘米,上刻"胜""归"两字,每字外有线刻圆框。台布下又刻出两根飘带,自然下垂。案台后挖出一个高125厘米、深约33厘米的龛,圆雕深刻出胡公坐像。其头戴官帽,一手置于案桌之上,一手轻扶胡须,尊坐其中,目视前方。雕刻形象生动,比例恰当,为胡公岩摩崖石刻中雕刻最为细致的一处。从刊刻技法和所刻内容,猜测是明嘉靖四十年(1561)所刻的胡公像,是胡公岩摩崖造像中年代最早的一处摩崖石刻。(图4-1-7)

胡公像上岩石被凿成平面后,又以线刻刻出一横额,宽约130厘米,高约55厘米。其内自右向左深刻"胡公殿"三个楷体字,前后没有落款。书法内敛不张扬,笔笔工整,是胡公岩摩崖书法较好的一处,因其深刻,保存也较为完好。

胡公像左右各有一块摩崖题刻。左侧一块为行书捐款碑,为先在岩壁上向内凿刻出一个较浅的长方形平面,碑额自右向左刻"慷慨解囊"四字,其下分三排刊刻,第一排纵刻两个名字:"郑洪福、朱□□",其下横刻"各助拾万元"。第二排纵刻五个名字:"任善祥、徐冠群、徐良伯、徐士英、陆一斋",其下横刻"各助伍万元"。第三排纵刻三个名字及金额:"张寿民贰万元、徐德根贰万元、童延维壹万元。"通篇均为楷书书写,略带行意,与一旁"胡公殿"三字相仿,虽无落款,但从刊刻手法和文字排列方式来看,应属于旧刻。所涉名字应都是当地人。

右侧一块摩崖为先在岩壁上向内凿刻出一个较浅的圭首碑形平面后,再进行刻字,连款共刻6列,行草书,宽60厘米。其全文如下。(图4-1-8)

> 胡公宗宪,字汝钦,绩溪人,嘉靖进士,知益都后补余姚。时胜归山残于采石,公捐值,石归诸官。继为总督,平倭寇,复莅余姚受降,县人为勒功山上。今邑人郑洪福君等补刊石像以传百世。中华民国三十五年仲秋,黄胄敬书。

书此摩崖的黄胄也并非大画家黄胄,很可能只是余姚当地人士。

胡公像西侧的台阶下,有两块刊刻信众捐资筑路的记事碑文,分别刻于1991年和2009年。

(5)弥勒亭摩崖

自佛殿起,沿着摩崖石刻,至胡公像止,至这一层平台的尽头,其被山体所挡。山上凿有台阶,可以绕到佛殿正上方的观音阁。上几步台阶,台阶的一侧,沿台阶上下分布着两组摩崖造像,其上都盖有亭子保护。

下侧一组造像主体是一尊弥勒佛坐像,面朝南方,以圆雕刊刻,宽约370厘米。弥勒佛大肚袒露,笑容可掬。整体造像略呈扁圆,双手偏小,比例欠协调,但保存较为完好。(图4-1-9)

弥勒佛像之上凿出一平面后,自右向左刻有行书"皆大欢喜"四字,书法流畅。刊刻时沿线条边线深刻,笔画内呈内凹的弧形。其右侧有款:"民国甲戌冬",即民国二十三年(1934)冬。左侧也有款:"邑人俞赞敬书。"俞赞应是余姚当时文人,民国二十三年曾主持纂修《姚江古将坛俞氏宗谱》。

弥勒佛右前侧的一块山石上部已崩塌,下部残留有楷书"死于安乐"四字。可见也是凿出一平面后再刻,其刊刻手法、字体、大小等与观音殿旁摩崖极为相似,应为同一时期所刻。

弥勒佛东侧,至台阶间的岩壁上刻着两块摩崖题刻。两块摩崖都是先向内凿出较浅的长方形后,再进行刊刻。都为纵向刊刻,用楷书书写,其字体规整,似为同一人所刻。

左侧一块题刻连诗名共刻9列,第二句刻一列。所刻为白居易诗《慈乌夜啼》,首列刻诗名"慈乌夜啼"及"白居易"三字。诗文为:"慈乌失其母,哑哑吐哀音。昼夜不飞去,经年守故林。夜夜夜半啼,闻者为沾襟。声中如告诉,未尽反哺心。百鸟岂无母,尔独哀怨深。应是母慈重,使尔悲不任。昔有吴起者,母殁丧不临。嗟哉斯徒辈,其心不如禽。慈乌复慈乌,鸟中之曾参。"

右边一块题刻位于其右上方,共4列,每句刻一列,全文为:"天道循环最为真,谁人常富更常贫。今朝受饿吞饥者,半是当年悭吝人。"

弥勒亭围墙外侧悬崖边的山体经采石后留下一块断面,经人工深凿后,形成六块并列的长条形平面,均为纵向刊刻,自右而左:第一块刻"先总理说佛……";第二块刻"天下事坏于懒";第三块至第五块都刻成两列,其文字为"无心者明,无我者公";第四块刻"酒色为伤生败德之事,嫖赌为事业失败之因";第五块刻"人役生命最可养心,最可……一般皮肉,一般痛苦,物但不能言耳";第六块,即最靠左侧一块平面所刻文字较大,且为行书,与前五块不同,当是单独一块,惜岩石残损,仅存"最乐"两字。该处六块摩崖刻法与观音殿东侧摩崖相仿,且首列有"先总理"三字。"先总理"是1925年孙中山故去后对其的尊称,故猜测这几块摩崖也是民国时期所刻。

(6)济公亭摩崖

沿台阶上行几步,即到达弥勒佛摩崖所在岩石的上层平台。(图4-1-10)其西侧崖面上,以深刻圆雕手法刻着一尊济公坐像。济公头戴帽子,满脸笑容,头斜向一边。前露一脚,伸向前方,一手搭于脚上,一手持蒲扇,作掏耳状。这一造像形象生动,极富动感。(图4-1-11)

济公的左侧岩壁凿成一个长方形平面后,刻着一块摩崖题刻,其上自右向左刻着隶书"我佛慈悲"四个大字。文字略有残损,右侧有款"民国念五年",即民国二十五年(1936),左侧刻着"弟子毛迪甫敬立"。

毛迪甫据考为余姚永思堂毛氏第二十七世,名挺然,字秀甫,号迪甫。生于清光绪十八年(1892),从落款可知此为其45岁时所刻。

济公像右侧岩壁上另刻有一龛,一人盘坐其上,双手交叉于胸前,两袖自然下垂,脸部有残损。雕像宽90厘米,高130厘米。刻得较浅,仅几厘米深。从其穿着和帽子来看,具有明代风格。由此猜测,所刻也是一尊胡宗宪像。

自济公亭登山,台阶里侧的山体岩壁上布满了近几十年刊刻的捐款名单,有些为手写体,有些为电脑体,甚是影响环境风貌。其中新刻捐款名单最东侧,近观音阁的岩石最高处,自右向左刻着"东林道范"四个楷书大字。其前后没有落款,刊刻时沿笔画边线向内所刻,刀锋相交于线条内,因其角度较大,使线条底面呈现内凹弧形。与胡公岩几处摩崖题刻比较,猜测这一摩崖也是刊刻于民国年间。

(7)观音阁摩崖

继续沿台阶上山,便绕到佛殿的上方观音阁,其阁后墙就是岩壁,东西向狭长分布着多处摩崖(图4-1-7),阁便依山而建,将整组摩崖包裹了起来。

阁内主体造像是一尊观音立像，为圆雕刊刻，脸部满润，凤眼柳眉，面容慈祥，低头俯视，几乎完全突出于岩壁，立于石刻莲蓬之上。其后背刻出近20厘米深的三拱顶佛龛，莲蓬左右两侧山岩上都刻有荷叶、荷花及卷水纹，莲蓬前又刻出祭台基础和荷花拜石，所刻图案与观音立像连为一体，可见当时开凿此处摩崖进行过精心的设计，也足见其工程量之大。（图4-1-12）

观音像佛龛上，岩面凿平后，刻出长方形线框，其内刻"胡公岩"三个行体榜书大字，刊刻时沿笔画轮廓向内几乎是垂直深刻，笔画内底面几乎不凿刻，使其底面呈凸起的圆弧形。其右侧刻"大明嘉靖乙卯年孟春吉旦"，左侧刻"进士知余姚县巴郡李伯生"。（图4-1-13）李伯生，字子元，今重庆人。明嘉靖三十二年（1553）进士。曾任余姚县令不到一年，任时为防倭寇侵扰，发动民众挖掘新河（大古塘江），修缮余姚城城墙，做了不少事。其善写书法，有时名。据史料记载，李伯生任余姚县令时间在嘉靖三十五年（1556），[1]而此摩崖为李伯生任余姚县令时所题，嘉靖乙卯年，即嘉靖三十四年（1555）。由此可知，李伯生至少在嘉靖三十四年已经任余姚县令，这也可纠正史料记载之误。

观音像左右两侧岩壁上，各深刻成龛，内以圆雕技法各刻一尊侍女像，二者较为类似。侍女身穿宽袍，双手合十于胸前，衣带交织于手下，丹凤眼、柳叶眉，头上髻两个发圈。虽称不上细致，但也能体现出少女的可爱之姿。（图4-1-14、图4-1-15）

观音像右侧，岩面深凿后，形成宽60厘米、高30厘米的长方形平面，内刻有一首《观音赞》，前列刻赞名。前几句尚可识："观音菩萨妙难酬，清净庄严累劫修。浩浩红莲安足下，巍巍金佛……"惜石质粗劣，刻得较浅，其后还有第六列和第七列，难以辨认。（图4-1-16）

（8）"圣泉"两字摩崖

自胡公殿大门外右侧登山，山路沿山腰曲折向前，绕过一个山岙，便能看到一处开山采石后形成的狭长水池，宽约3米，水深不可见底。池夹于两山之间，两侧山体如刀削般平整。在水池的最深处山崖上，纵向刻有楷体"圣泉"两字

---

[1]萧良幹修，李能成点校：《万历〈绍兴府志〉点校本》，宁波出版社2012年版，第542页。

榜书(图 4-1-17)。其右侧刻有"民国十八年九月",左侧因树叶遮挡,隐约可见"苗启平题"四字。据时任余姚县长苗启平同年同月撰写的《圣泉铭并序》碑所载,己巳夏,即民国十八年(1929),苗启平来游胜归山,并汲泉煮茶,饮之味清且甘,便问泉之名,方知此泉无名,山人请其赐名,苗启平便取其名为圣泉。显然,这一狭长水池正是圣泉,这一摩崖题刻正是苗县长饮茶后所题,刊刻于此。

自圣泉旁登山,不多时,又可见到一处因开山采石形成的石宕和水池。据相关文献记载,池边留有古人所题"奇观"两字。笔者 2021 年 10 月访摩崖至此,除在池边见到几处"注意危险""注意安全"等提示性新刻摩崖,未曾找到其他摩崖题刻。

第二节 小普陀题名摩崖及造像

宁波以东 15 公里的东钱湖,湖域面积是西湖的三倍多。湖区风光怡人,被誉为"西子风韵、太湖气魄"。

东钱湖中原有一孤岛,被称为霞屿山,仅沿湖的村民偶尔上岛种植庄稼。1976 年治理东钱湖时,为了实现湖区分隔浚治的目的,决定在湖中筑造一长堤。长堤东起沙家山,经霞屿山,直至陶公山,全长约 1700 米,筑堤所用的土石方则就近在霞屿山上开采。随着土石方的挖去,在岛上意外发现了人工开凿的山洞,经考证为南宋时期开凿的补陀洞天,随即进行保护。

补陀洞天呈东西走向,中段略有弯曲,全长约 40 米,宽约 2.2 米,高约 2.3 米。洞内为便于排水,呈中间高、两侧低的洞形,两侧均设有下水洞,直通湖边,设计精巧科学。

山洞东侧入口处上方有一块"补陀洞天"四字题名摩崖。此摩崖刊刻前先深凿出一块平面,宽 175 厘米,高 62 厘米,再自右向左横刻有隶书"补陀洞天"四字,无上下款。此处摩崖以线刻勾勒笔画之法刊刻,笔画内底呈现凸起的圆弧状。其刊刻前经过处理,笔画较粗,又刊刻得较为细致,至今保存极好,文字清晰。(图 4-2-1)

洞内中段向南侧另凿出一个山洞,宽 2.7 米,深约 3 米,内凹的山洞形似拱顶佛龛,(图 4-2-2)佛龛内侧中间凿刻出一尊观音坐像,高约 73 厘米。观音身着披帛,颈挂璎珞,双目下视,双手手心向上,交于膝前,面部丰润,妙相庄严。其基座约 75 厘米见方,其上刻草蒲,纤细的草纹多而不乱,形象生动。(图 4-2-

3) 观音像的左右各利用山石雕刻出佛台, 高约 90 厘米, 自然随形, 想必早年台上置有侍者。佛龛左上侧洞壁凿刻出几片云朵向上升腾, 一条蛟龙正自上而下穿云而出。龙尾上翘, 龙身弯曲, 龙脚依势开张, 龙首回望, 朝向龙珠, 姿态生动, 栩栩如生。(图 4-2-4) 右壁上则刻着一尊韦驮像, 总高约 70 厘米, 韦驮高约 40 厘米, 脚踏祥云缓缓而来。其身披盔甲, 双手合十, 降魔杖横放于臂, 威严肃穆, 衣袖飘带随风扬起, 雕刻动静相宜, 精彩至极。(图 4-2-5)

整组雕刻以高浮雕和圆雕相结合的手法, 形象地雕刻了观音、云龙、韦驮、佛台的形象, 虽然个体不大, 但雕琢细腻, 形象逼真, 动感十足, 充分体现了南宋时期雕刻艺人的高超水平。

值得注意的是, 在云龙、韦驮所在的洞窟洞壁上, 并不是留下简单的开凿痕, 而是将厚约 30 厘米洞壁进行设计和雕凿, 使洞壁岩石或高低起伏, 或玲珑剔透, 山石呈现自然之状, 与南宋时期冀国夫人叶太君墓道石像生底座、南宋阿育王寺舍利殿前石柱脚等装饰雕刻手法有着异曲同工之妙, 显然这是经过特意雕刻而成, 足可见当时雕刻之用心。

补陀洞天是何人何时所开凿呢? 明代李堂游补陀洞天后有诗句曰: "相公囊括宋山河, 凿石穿云作补陀。若见崖山还好景, 慈元宫殿碧嵯峨。"此诗即点出了补陀洞天的开凿年代为宋代, 又说到了开凿人为"相公"。

据史料记载, 东钱湖史氏一族是宁波地区的望族, 其原籍就在东钱湖东南岸的下水村。在南宋时期, 以史浩为代表的史氏一门为官者极多, 有"一门三宰相、四世两封王"之说。史氏一族中拜相的分别有史浩 (1106—1194)、史浩第三子史弥远, 以及史浩堂兄史渐的孙子史嵩之。开凿者流传最广的是史浩说。而据《东钱湖志》记载, 此洞为史嵩之和其三弟吏部尚书史岩之所开凿。

相传史嵩之、史岩之的母亲吃斋念佛, 笃信佛教。每年观音大士圣诞之日, 总要去普陀山礼佛。后来他们的母亲双目失明, 但仍执意每年要去普陀山朝拜。宁波到普陀山距离虽不远, 但中间有大洋相隔, 海上风波难料, 何况母亲已年老多病, 双目失明, 此途必然辛苦至极。儿子为了成全母亲的心愿, 又能减轻母亲的痛苦, 于是决定在东钱湖中的霞屿山建佛寺, 并开凿山洞, 供奉观音。每当观音圣诞吉日, 他们便陪母亲登船, 船在湖上迂回航行数天, 以谎称航行在海上。船上也能感受到风浪之声, 但显然没有海中风浪不可预测。待数天后, 便在霞屿山靠船，弃船登岸，如同登上佛国普陀山，霞屿山俗称为小普陀也正是由此而来。史嵩之、史岩之此举不仅使母亲少受风浪之苦，也可了却其母亲礼佛的心愿。

补陀洞天是宁波地区已发现最早的摩崖造像，而且与史氏一族有着重要联系，特别是洞口隶书"补陀洞天"四字，极有可能是史氏兄弟的亲笔，具有极其重要的文物价值。补陀洞天石窟早在1986年5月已被公布为县级文保单位，由于种种原因，其文物级别这么多年一直不曾提升，着实让人惋惜。

第三节　达蓬山摩崖造像

　　慈溪市达蓬山佛迹洞后约200米的山腰上有一天然崖壁，宽约百米，高约5米。崖壁面东，近乎垂直，下部略向内倾。崖壁以深凿的佛龛为中心，左右对称分布着两组高浮雕摩崖造像，刻有人物、动物、桥梁、船只等形象，刻画生动，姿态万千，形神兼备，因其址原有秦渡庵，因此也被称为秦渡庵石刻（图4-3-1）。

　　崖壁右侧内凹处，深凿一个52厘米见方、进深48厘米的佛龛。佛龛两侧各线刻出两条垂联，上为覆荷状。垂联上原有字，但因石面风化严重，仅可见"南无圣林塔"和"康熙庚子春"等字样。佛龛上以高浮雕刻龙门，两侧分刻出一条跃出水面的鲤鱼，只见波浪翻滚，托起鱼身，鱼头相望，把"鲤鱼跳龙门"的形象刻画得惟妙惟肖。其上深刻出宽70厘米、高25厘米的方框，底面平整，框内自右而左刻有"灵台自若"四字（图4-3-2），形同匾额。宁波境内摩崖多以深刻为多，而此四字高突，笔画圆润，这种刻法在宁波摩崖中较为稀见。

　　佛龛左侧一组岩画中，其下刻一座高拱圆孔桥，桥脚台阶历历在目，一匹马儿低头跨步向前，已行至桥顶，而其主人肩挑两桶重物，正吃力地跟在后面，也已行至桥边。整组雕刻表现了一组行走在乡间的人马赶集图。马儿上部是另一组画。画面中是一堆山石，一人躺在一块平石上，两脚跷起二郎腿，一手托头，一手顺势抱腰，若有所思。其上则以寥寥数笔刻画出一片水面，水上漂浮着一艘两头尖尖的小船，船上舱篷清晰可见，船头一人正头靠船舱，两脚交叉，悠然自得。其左上有一个老翁，双手捧仙桃，倒骑在一头形似毛驴的动物之上，一脸微笑（图4-3-3）。

佛龛右侧以人牵犟驴过桥图为主景，岩面左下有一座平板双孔石桥。桥下流水湍急，一人已行至桥上，头戴小帽，帽后飘带随风吹起，头与毛驴相对，身体向后，双手紧拉缰绳。再看毛驴，一脸不情愿，驴身向后，双脚微抬。显然是极害怕过桥，主人正硬拉着它过桥，整个画面浑然一体，生动写实。其右上有一只展翅飞舞的凤凰和一头回望的小鹿，同时望向天上的太阳。也有专家指出，刻画的并不是凤凰和鹿，而是青龙、白虎、朱雀、玄武四灵（图4-3-4）。

据史料记载，清康熙五十九年（1720）春，僧人惠初游览至此时，开挖了佛龛，并刊刻了"灵台自若"四字。而另两组摩崖造像开挖的时间则更早，今人从其刻画的内容和风格分析，认为此摩崖造像开挖于宋元时期。此地原名香山，据地方文献记载，公元前209年，秦始皇为求长生不老药，曾远游到此，派遣徐福率童男童女从达蓬山下的凤浦岙村东渡出海，前往蓬莱仙境寻找不老仙药。从此，香山改名为达蓬山，意为从此地出发，可达蓬莱仙境。离此摩崖造像百米又有秦渡庵遗址，因此，有专家认为摩崖造像所表现的内容是徐福渡海的故事。笔者认为，如果该摩崖造像与徐福渡海求仙有关，那将为达蓬山是徐福出海地增添新的文化内涵。然而事实不能由我们的美好愿望去改变，从摩崖造像的内容分析，无论是人牵犟驴过桥，还是肩挑重物与马一同赶路，在山石中和船上休息，所表现的都是乡间日常生产、生活中的场景。左侧摩崖造像中手捧仙桃倒骑毛驴的老翁，虽不能肯定其是八仙中的张果老，但送仙桃暗寓长寿，传递给我们的信息是祝福长寿之意。而右侧上部摩崖造像无论是理解成凤凰、鹿，还是四灵，都是传统文化中的吉祥物，也是对美好生活的祝愿。笔者认为，该处岩画刻画的内容正是达蓬山一带民众日常生活中的一个瞬间。

值得注意的是，此摩崖造像的右侧有三块大岩石，中间一块浑圆，足有3米多高，其上部可以清晰地看出有人工雕刻的痕迹，卷毛纹和一圈花饰清晰可见。笔者猜测，这块岩石曾经是利用天然岩石雕刻的一头狮子，也应属于达蓬山摩崖造像的重要组成部分。从其花饰来看，其年代不会晚于一旁的摩崖造像。只是因为自然及人为原因，狮头已缺失，狮身已严重风化，仅留狮子颈部还保存完好（图4-3-5）。

第四节　武陵山摩崖造像

海曙区横街镇武陵山"岭墩",是山边一处高起的小山坡,一旁的望童线原是通往大雷、爱中等地的一条古道,是四明山"里山"人出门必经之路。坡上近山处有一片崖壁,崖下有一口泉,称为龙泉。龙泉边曾是过往行人的一个重要休息点。武陵山摩崖造像便刻于龙泉旁的崖壁上。

1998年左右,当地居民翁依叶和当地信众自行捐募,为这处摩崖造像加盖了可以遮风挡雨的屋子,因附近有一座红星桥,故称其为"红星寺"。

虽称之为寺,其实是一间约15平方米的小屋。整个建筑依崖而建,房间内壁是一堵呈斜向内凹状的天然崖壁,西侧围墙外崖壁下就是龙泉。摩崖造像就刻在室内的岩壁上,其上有一条横向印记,应是旧时龛顶位置所在。崖壁上用半浮雕手法雕刻着一组三尊佛造像,居中为结跏趺坐的释迦佛,佛像的身材比例极不协调,头部显大,呈"国字脸",肉髻做法粗糙,后人还为其"染"了一层蓝色。佛像有所残损,鼻子曾在20世纪70年代被砸,近年又加以补塑,佛像胸口也有石块掉落。佛像两侧各有一尊约一尺高的小立像。左手边为一尊武将立像,头戴兜鍪,双手交叠,双臂架着一件"杵",形似韦陀。右手边为一尊文臣立像,戴着七梁冠,同样双手交叠,与东钱湖南宋石刻里的文官有异曲同工之妙(图4-4-1)。

造像间均匀分布着四块摩崖题记,每块题记都有线刻外框,上下饰以荷叶纹,其中上部荷叶纹已简化为两头起翘的倒三角。释迦佛像肩部与两个小立像间题记较大,文字部分宽6.5厘米,高7.2厘米。因石面粗糙,佛像左肩上的文字共3列，可辨者中列仅一"信"字，最后一列共4字，为"姚寿、孙□"。右肩文字4列，仅前两列文字可辨，第一列为"正德甲戌年"五字，第二列为"季冬月吉旦立"。正德甲戌，即明正德九年（1514）。"季冬"是冬季最后一个月，即农历十二月。由此可以确认，该造像为正德九年农历十二月所刻。两个小立像肩外侧都有题刻，尺寸略小，宽2.5厘米，高3厘米。两块题记都居中刻有一个"佛"字（图4-4-2）。

这组造像正位于旧时山道上的歇脚点，由此推测，该组造像应是民间自发出资雕刻，以护佑来往行旅平安，是宁波古道文化的重要组成部分。虽然雕刻得较为粗糙，随意程度较高，却是宁波少见有明确纪年的明代造像，因此，仍具有一定的研究价值。

红星寺只有每月初一、十五等特定日子才有信众前来，寺门平时经常处于关闭状态，以至于第三次全国文物普查中，普查队也没有发现这处摩崖造像。2020年9月，一次偶然机会，应海曙先生听说这里山上有"千年石佛"，实地探访后发现，这个地方不仅有石佛，崖壁上还有文字，认为只有读出这些文字，才可解开石佛之谜。但因石面斑驳，看不清文字，便邀请笔者同往考察。经清理后，发现刻有明正德九年（1514）的纪年，才将这处"千年石佛"的年代予以确定，并借助媒体报道，使此摩崖造像首次引起社会及市、区两级文保部门的关注和重视。

笔者在此考察时，翁依叶母女、应海曙先生陪同参观龙泉，听闻讲述其历史，笔者方才得知这里因泉而兴。此地是古道上的重要节点，才会有摩崖造像刊刻于此。翁氏母女于是建议在石上刊刻"龙泉"两字摩崖，使其被更多人所了解。因翁氏母女与书家不熟，笔者遂请鄞州区女书法家协会主席陈元义务题写"龙泉"两字。次年春，翁氏母女便将此摩崖刊刻完工，为此节点增色不少。

第五节　云南山摩崖造像

东钱湖韩岭村后云南山上有一条古道，旧时经古道可通往塘溪、咸祥等地。古道快至山顶时，右侧出现一处岩壁，呈不规则状，其中一侧表面较为平整的岩面上，刻着一尊半浮雕佛像，身披袈裟，盘膝而坐，被这一带百姓奉为岭南山神，俗称岭南菩萨。佛像四周深挖后形成一个55厘米见方、深约10厘米的佛龛（图4-5-1）。

2002年，村民集资，以岩壁为后墙和左墙，建起岭南殿，供过路百姓在此祈拜和休憩。此举保护了佛像不受风雨侵袭。第三次全国文物普查时发现此摩崖造像，并作为重要新发现邀请媒体进行报道。令人始料不及的是，当地村民得知此摩崖造像珍贵后，便集资在佛像上涂饰金漆。普查尚未结束，此摩崖造像已遭破坏，佛像已从头到脚全被金漆覆盖，脸被涂得颇似卡通人物，已无法看清其雕刻细节，无法准确鉴定其具体年代。

该摩崖不见史书记载，因其位于古道之旁，又与云南山云南寺近在咫尺，猜测或为寺中僧人刊刻，以护佑来往旅人。该摩崖与岭南山古道一起，于2013年3月被公布为市级文保点。

第六节　白杜摩崖造像

　　白杜摩崖造像位于奉化区西坞街道白杜村极乐寺东南(图4-6-1),开凿于临溪的岩壁上,外侧有近正方形佛龛,宽90厘米,高85厘米,深50厘米,其内雕有一尊圆雕造像。造像表面凹凸不平,仅能大致看清轮廓。佛像盘腿端坐,双手相交合于胸前,无头,宽65厘米,残高40厘米。颈部留有一个圆孔,直径9厘米。据采访得知,此石窟俗称山隍墟孔,即认为所刻为山神菩萨。虽头部早已残失,但其余部分几十年来一直保存较好,未经历过人为破坏。

　　佛龛凿刻较深,龛内较为干净,几乎没有受苔藓等植被侵袭的现象。由此认为,佛像表面粗糙不平,其主要原因并不是风化严重,而是石质本身粗劣,裂隙较多,并不适宜雕刻,更无法雕刻出凹凸细节较多的头部。因此,佛龛内只雕刻了身体,头部则原是用木头雕刻后,安装在颈部的圆孔中。木头年久已腐朽,因此头部缺失,仅可看到佛像的身体部分。

　　白杜村历史悠久,秦朝时,曾是古鄞县县城。距此佛像不远的极乐寺原称净土庵,始建于宋建炎元年(1126)。而此佛像造型写实,比例协调,气息古朴,虽无纪年,但可以肯定其年代颇早,极有可能与极乐寺有着一样久远的历史。离佛像10米远的下游原有一座古桥,桥两侧泥路上还能看到早年古道的痕迹,可惜前些年古桥被洪水冲毁,而此佛像就刻于溪流之旁,由此猜测佛像所在的这条溪流,在丰水季易发洪水,刊刻此佛像的目的是镇水。

第七节　钻山摩崖造像

钻山位于宁海县梅林街道东岙村东北侧,原名耆山,相传宋末元初隐士友鹿翁曾居于此山。宁海吴水勇在《小草怀昔》中载有发现钻山摩崖造像的经过。宁海曹炜老师依此信息,对此摩崖进行了详细的考察,现据此介绍如下。

钻山山顶为一块凸起的巨大山岩,山岩最下部自然形成一个椭圆形山洞,洞最宽处约250厘米,高320厘米,深120厘米。此山岩呈黑灰色,而洞内壁有一块岩石尤为特殊,其石米白色,呈卵形,宽105厘米,高210厘米,上宽下窄,岩石上共刻9个圆雕人物。每个人物脸部圆润,长耳下垂,五官清晰,高约40厘米,分上、中、下三组排列(图4-7-1)。上排三尊造像盘腿而坐,一字排开,中间一尊双手缺失,左右两尊双手均为一手平放于胸前,一手向前平举,但向前平举的一只手均已残缺。右侧一尊头部也已缺失。中排中间一尊主佛在9个人物中最大,高52厘米,宽31厘米,头戴僧伽帽,盘腿而坐,两手相交放在腿上。(图4-7-2)其两侧各有一个侧立童子。左侧一童子手捧东西,献于主佛,右侧一童子虽头部已残缺,但仍可以看出其低头侧立,双手合掌于胸前,做参拜状。下排三尊造像,呈"U"字形分布,中间一尊袒胸露腹,笑口大开。两侧为两尊坐像,左侧一尊左下部已残。从造像来看,上排所刻三尊佛像分别为过去佛、现在佛和未来佛。中排所刻为观音像及童子,下排中间所刻为弥勒佛,两侧或为文殊菩萨和普贤菩萨。

其中,中排右侧童子头上有摩崖题刻,文字部分宽25厘米,高21厘米。题刻自右向左纵向刊刻,楷体所书,文字较小,又因石面风化严重,残存8列,可辨出的文字有（图4-7-3）：

嘉靖乙酉年吉旦
信士□天文，戴□氏
顾□□捐资拾两□□□
佛一尊
信士魏明辉捐资□两
□世尊观音
佛二尊
福□□□

9个人物造像的右侧，另刻有一尊立像，宽25厘米，高1米。立像头戴盔帽，身披铠甲，双手放在腰前，手臂旁刻出飘带，向上绕过头顶后，隐于另一侧臂间。飘带随风舞动，刻画生动，猜测所刻为韦驮菩萨（图4-7-4）。

"嘉靖乙酉年"即明嘉靖四年（1525），由此可见，钻山摩崖造像是由信众出资捐刻于明代。在较小的面积刊刻9尊佛像，这种情况并非孤例，鄞州区原段塘渡渡口凉亭中也有类似石刻发现。可见，这种刻法在当时民间有一定流行。这一摩崖造像成为完好保存民间这种习俗的难得实例。从造像石壁上残存的孔洞以及摩崖周边的垒石残墙可知，这里曾经有过建筑，但现在已荒废多年。

第五章 宁波现存岩画

第一节　大百丈岩画

　　大百丈岩画位于象山县鹤浦镇大百丈村雉鸡里自然村后坑门里山。2009年，该岩画在第三次全国文物普查时被发现，笔者当时供职于宁波市文保所，曾随市文物专家前往考察。岩画所在山建成游步道后，笔者也曾故地重游。

　　雉鸡里自然村后坑门里山之南麓，其山凹处有一股溪流被称为坑门里溪，山腰已建成一座小水塘。自村西新修石板路上山，过水塘塘坝，便可看见东侧半山上有一块裸露的岩石，面向正西，面积有20多平方米。山坡约呈30度倾斜。岩石表面并不平整，经岩画保护工程后，岩画上侧来水经导流后，不再从岩上流过，但原自然条件下，水流在岩面上长年冲刷，自然形成了两条呈"人"字形的流水痕迹（图5-1-1）。岩画便集中刻在两条水流中间隆起的三角形区域内，由多个不同的画面所组成。

　　最上部一块岩画线刻有佛龛造型，下部近似正方形，上部呈梯形。其内线刻有一个人物，半个头部已伸到了梯形区域内，双手抱于胸前，腰身纤细，下部呈扇形张开，像是穿着一条裙子，最下部露出双脚，呈"L"形，相背而立。此幅岩画因位于岩画的最高处，有专家认为所刻为神像。在神像的左侧也刻画有一幅神像岩画，其下部近似正方形，而上部为三角形，其内神像造型与梯形佛龛内的造型相似，只是最下部双脚的造像没前一幅细致，只是刻了一个长方块替代一下（图5-1-2）。

　　神像右下侧刻有一组鱼。左侧为两条鱼，并排而列，右下侧刻有一条鱼。三条鱼都鱼口朝上，鱼尾在下，刻法相仿。鱼身造型如同菱形，上部略为拉长，刻画有多条横线纹，下部空白无划痕。鱼尾刻画成三角形，与鱼身紧密相接。

两条鱼下用一条横线和左右两处短竖刻画出案桌，一条鱼下也刻画出案桌，显然，这组岩画生动地刻画了放在供桌上的鱼的形象（图5-1-3）。

在这组鱼画的下方，有一条线刻的船，两头翘起，形如一个平放的香蕉，其中左侧翘起，为此，可以认为左侧为其船尾（图5-1-4）。此船的右侧，在水痕处，又线刻有一条船，造型相仿，此船略小，但可以分辨出此船的船尾部线刻有船舱（图5-1-5）。

其下方可以看到一只马（一说为驴）的造型，马蹄疾奔，马尾高扬，马上的一个人头戴斗笠帽，形象颇为生动（图5-1-6）。

大百丈岩画内容丰富多样，所刻线条简洁、流畅，造型有一定抽象性，可辨认的有神像、鱼、船、马等图案，具有浓重的海洋文化气息，为象山古代石刻艺术研究和渔文化提供了重要的实物资料。岩画在我国多出现在西北地区，南方地区多以红色涂料绘制。象山发现的大面积岩画，在宁波乃至浙江都比较少见，因此，该岩画发现后就被评为"宁波市第三次全国文物普查十大新发现"之一。

大百丈岩画自发现后，便多次邀请文物等相关专家实地考察，希望解开岩画年代之谜。但因其岩面并不平整，长期暴露在外，难免有些线条已模糊难辨，其所表现的内容还需进一步研究、分析。有关专家考察后，从这两条船造型认为是浙东地方常见的元宝船，据其特征和其他因素综合评判，初步推断此处摩崖为宋元时期作品。该岩画在2011年1月被浙江省人民政府公布为省级文物保护单位。但现在进入大百丈村和通往岩画的古道等多处引导牌上，都误写成"先秦时期岩画"。

2018年开始，对岩画加装了保护棚，增加上部山体的植被，有利于水土保持，增设钢丝保护网、观景平台、木栈道等（图5-1-7）。这一保护工程既保护了该处岩画，也利于展示参观，理应成为宁波摩崖石刻保护的典范。但2021年笔者再去看岩画时，发现岩画所在的岩面呈现淡灰色，与"三普"发现时的土黄色岩面完全不同，是在保护工程中，对岩画涂抹过什么保护剂？在保护传拓过程中，清理不当？还是加盖保护罩后，加速了岩石的风化？其原因不得而知。对比大百丈岩画保护前后的照片，发现原来所刻画的线条看起来古朴苍劲，现在刻画的线条看起来纤细尖锐，有些线条似小刀在泥上划出一样。岩画保护前后变化明显，原有的美感大打折扣，让人惋惜。

第二节 百花洞岩画

2016年的正月初二,好友程健捷开车专程陪笔者去象山县石浦镇考察百花洞岩画,多次询问当地居民,才在两幢大楼后找到这处百花洞岩画。岩画位于石浦镇金屏社区火炉头路北侧炮台山南坡的百花洞东侧,故名。炮台山上裸露的山岩呈阶梯状分布,其中,在约10米高处的山上,有一块约60度倾斜向上的岩壁,高约1.5米(图5-2-1)。整块岩壁上用线刻刻画着两艘帆船。两船船头均朝东,船尾部都有舵,从船形制来看极为相似。右船画面偏大,左船略小,紧跟其后,两船一大一小,一前一后,生动地刻画了一近一远的效果。

大船长1.47米,高1.32米,两头翘起,船头呈尖状,船舷还画有一只圆眼睛。船尾有尖状物向外突出,下有三角形大船舵。船身上画有几条弧形的弦。船中间立有一根桅杆,船帆已全部张开,还刻着绳子拉着船帆,刻画较为生动。可惜此岩面的上下岩壁都有缺失,有损画面,后用水泥修补,并依原画进行仿刻,使之成为一幅完整的画面。小船长0.68米,高0.56米。船体刻画与大船一样,只是船上立有两根桅杆,但没有挂起船帆(图5-2-2)。

该岩画线条简洁、流畅,比例准确,画面写实。从船形和岩壁的风化程度判断,文物专家认定此摩崖刻于宋代。此类岩画在江南地区甚为罕见,而且刻画的内容是两艘海船,象山石浦又是重要海港,因此,这一岩画为研究象山石浦,乃至宁波古代石刻艺术和海洋文化都提供了重要的实物依据。百花洞岩画在2010年被公布为县级文保点。

第三节　长岩岭岩画

长岩岭岩画位于宁海县前童镇柘湖杨村东山长岩岭。东山位于柘湖杨村东南方，与村庄隔白溪相望。山谷内有一座始建于明洪武年间（1368—1398）的东山庙，山位于庙之后，故东山俗称庙后山。东山与群山相连，绵延不绝。东山庙现也称东山寺，寺后有一条山道便是长岩岭，旧时是村民入山砍柴的重要山道。此前，仅有当地少数老人知道山上有岩画。2021年夏初，前童人童相兵老师偶然听闻山上有岩画，遂与曹炜老师在下杨村杨方仁老书记的陪同下上山寻找岩画，并在岩石上看到刻划痕迹和部分文字，但因为天气炎热，无法细辨内容，相约天凉时再来细读。

国庆长假伊始，笔者与童相兵、曹炜、任亚亚老师一起，到东山长岩岭，一连三天，对这一带岩画可疑点进行了细致的寻找和清洗，基本理清了岩画的内容和范围。庆幸的是，正是此次调查，了解到东山寺原计划10月7日起将在庙后兴建大型佛像，并将在沿途岩石上开凿台阶，而其选址正是布满岩画的岩石上。为此，我们几人找到寺中住持，对其进行了劝阻。东山寺住持等人得知山上的岩画具有文物价值后，也认为要保护下来。10月6日早上，又将这一发现向宁海县文物保护管理所汇报。周益所长当即就赶到了现场，对岩画进行了初步勘察，同时，也再次劝阻东山寺的修建计划。寺院方面也表示停止相关工程。次日，甬派客户端、《宁波日报》等各类媒体相继报道了宁海首次发现岩画这一消息，长岩岭岩画随之被公众所知悉，并在即将被破坏的前夕得到了保护。

岩画所在山岩位于东山寺后，沿山道往东约30米，便可看到一片葱绿中有一片裸露的山岩，约呈 45 度斜面一直延伸至半山腰，宽约 10 米，总长约 40 米。这片山岩岩面大致呈葫芦形，中间最窄处宽约 2 米。在这片岩面上至今发现刻有岩画 7 组，其中 6 组岩画分布于上面一个椭圆形岩面，另一组岩画刻于下面一个椭圆形岩面的上半部（图 5-3-1）。

自上而下，第一组岩画位于上面一个椭圆形岩面最高的平坦处，刻有一个约 30 厘米见方、形似棋盘的图案，其右上 4 厘米外刻有一个 10 厘米见方的"中"字。

第二组岩画在第一组岩画的下部，其刻画着一个人像，面部眉毛、眼睛、鼻子、嘴巴、耳朵清晰，其头上戴有两根羽毛，弯曲分向两边，穿着一件对襟衫，七排一字纽整齐排列。其右手向一侧平展，圆润的手掌外清晰地刻画着五根手指，左手折向内，提着一件呈三角形的器物。右脚弯曲呈马步，所穿靴子尖头高翘。其左脚因岩面自然下陷，不曾刻画。整个人物宽 120 厘米，高 190 厘米，画面生动，刻画形象。其右上角自上而下刻有"天下无狄"四字，每字约 15 厘米见方，其下部还有文字，但已模糊不清。狄是古代对北方少数民族的统称。（图 5-3-2）

第三组岩画在人像右下角约 2 米处，有两列纵刻"长岩岭"三字的文字内容相同，右侧一列文字尚清晰，左侧一列略低，"岭"字已模糊（图 5-3-3）。

第四组岩画在"长岩岭"三字下侧，其上部刻画着一个棋盘，其图案与最高处棋盘图案一样，23 厘米见方。其下纵向刻有"东山"两字，宽 16 厘米，高 24 厘米。而其左侧隐约也可见刻有"东山"两字，且也低于一旁"东山"两字（图 5-3-4）。

第五组岩画在"长岩岭"的左下侧，其右侧刻着一把大刀，形状颇似关公大刀，刀身长 130 厘米，下部最窄处 26 厘米，刀身逐渐向上变宽，并向右侧刀背圆弧过渡，左侧形成刀刃，宽 5 厘米，右侧刀背形成两尖的锯齿状刀尖。刀护手分刻两层，上大下小。柄在下，宽 15 厘米，长 120 厘米。整把大刀刻画细致，形象逼真，气势非凡。（图 5-3-5）

大刀头部的左侧，上部似乎也是一张"棋盘"，前文所述的两块"棋盘"图案都是由三个正方形内外相套组成，自最内侧正方形四边向外发散呈"米"字形刻线条。而这一块"棋盘"是由 5 个刻有"米"字形线条的小正方形所组成，整个棋盘呈倒"凸"形，上部四个拼接成一个大正方形，另一个正方形紧贴其下。"棋盘"大正方形两侧边线一直向下延伸。其长度和宽度与大刀头部尺寸相仿，且刻画在刀头部一旁，由此猜测，其所刻或许是棋盘，或许并非棋盘，而是大刀头部的刀鞘。在大刀这组岩画的左侧不远，另刻有一个一掌大小的楷书"中"字，难解其意。

第六组岩画位于大刀柄下部，由两排纵向文字组成，右侧一列刻有"东山长岩岭"五字，左侧平齐刻有"东山"二字，疑下部还有"长岩岭"三字，惜因年久风化，已无法分辨（图5-3-6）。

第七组岩画位于下面一个椭圆形岩面的偏上左侧，纵刻"其子"两字，惜四周岩石风化磨损严重，已看不清其他文字。据当地老人介绍，这一带曾刻有一首诗，但不曾找到，或许此两字即是诗刻的残迹。

另在东山庙前的新建弥勒佛前台阶右下侧，其刻画有一块33厘米见方的棋盘，其图案与大刀旁的棋盘一样。因其与长岩岭岩画距离较近，图案和刻法与上文所述棋盘风格相似，故也将其视为长岩岭岩画组成部分（图5-3-7）。

长岩岭岩画没有确切纪年，所刻文字除"其子"两字外，另三组岩画都是属于标识性的地名摩崖题刻。所刻大刀图案，与真刀大小相似，形象逼真，写实性强。在古代所称的"十八般兵器"中，大刀占有重要的地位，可以分为长柄刀和短柄刀。据相关史料记载，早期的刀多为短柄刀。长柄刀在晋代开始出现，在宋代之后日趋普遍。据北宋《武经总要》记载，大刀有掉刀、屈刀、掩月刀、戟刀、眉尖刀、凤嘴刀、笔刀、手刀之分，也被称为"刀八色"。其中，掩月刀、屈刀、凤嘴刀、笔刀其形状较为接近岩画。但宋代军队中长柄大刀的使用并不普遍。元代军队善用弓箭，军刀并不多，且一般为直背尖刀。明代后，长柄大刀成为军队中的常用武器。明代的长柄刀中，有一种勾钩镰刀，刀背中部有一突出侧钩，有刃，可供钩割之用，与岩画大刀也颇有几分相似。而所刻画的人像穿着对襟衫，脚穿长靴。岩画中不仅刻有图案，还刻有不少文字。加之一旁的东山庙始建于明洪武年间。综合分析猜测，长岩岭岩画可能刻于明代。

长岩岭岩画刻有一个人物，其头戴羽冠，虽然古越国人有戴羽冠的习俗，但此摩崖刊刻年代晚，这一装束就变得颇为奇特，因而岩画所刻画的人物应是具有一定的特殊性。这一带岩画中刻有四块"棋盘"图案，值得注意的是，在两块"棋盘"图案旁，都刻有一个"中"字。由此猜测，其刊刻目的或许与堪舆有关。

第四节　邹山岩画

邹山，俗称后门山，位于宁海县赵家山村西北侧。自村北山道登山，沿途多突兀的怪石，行至半山腰，可见有一块巨石（图5-4-1）。其顶面与山道相连，岩画便刻在这块顶面上。2022年11月，好友曹炜根据葛劲松老师提供的线索找到了此岩画，并约笔者和任亚亚老师一起对此岩画进行深入的调查。

岩石顶面大致呈外侧略高、近山道处略低的平整岩面，宽约5米，长约6米。在岩面右下侧，山石又突起，临山道一侧形成宽约3米、高约1米，与山道呈约60度倾斜角的斜面。其左侧还有一块平整的小斜面。岩画便刊刻在岩石顶部岩面和两块斜面上。

岩石顶部岩面的下部以形似罗盘图案为主图（图5-4-2），罗盘中间两条粗线垂直相交，上、下、右三端各刻有一个等腰直角三角形，左端刻有一个正方形。罗盘上部较为明显的有自右向左横刻的"车马大夫"四字（图5-4-3），此四字右上侧斜刻有两把双刃大刀，大刀右侧约50厘米处，纵向斜刻有"崇祯伍年"四字（图5-4-4）。在整块岩面上，还不规则地分布着一些文字和图案，文字除"申马大"三字、"车大"两字外，多为单个字，且文字多为斜刻。图案则以线刻直柄弯头柴刀为主，特别是罗盘右上角的一把柴刀，其弯头朝下，上部有一横框，图案形似小写"t"字，生动刻画了柴刀插在刀鞘的情景。在邹山岩画中，柴刀图案至少有12把之多，另刻有一把锄头，其头部呈半圆形，刃口呈"W"字形。

邹山岩画中罗盘图案的四端方位，经与指南针相校完全吻合，上端指向正南方。岩画中刊刻的文字无法通读，且每个字都有倾斜，分布也看似无序。特别是在岩画中多处"大""夫"两字文字下,都不约而同地增刻了一圆点。加之岩画所在岩石顶部视野极佳,山下景色一览无余。而所刻图案有常见的弯头柴刀、锄头、双刃大刀。由此,葛俊俏老师认为邹山岩画所刊刻的岩石顶部是一处祭台。笔者也完全认可他的观点,邹山岩画应与祭祀、占卜、求雨等民俗活动有着一定的关联。此处摩崖虽然图案与文字共存,但文字在此已作为符号存在,且从其摩崖功能性而言,邹山摩崖的刊刻都因罗盘图案而产生,因此,笔者将其列为岩画之列。

邹山岩画中发现有三处纪年文字:其一,岩面右下角纵刻有"油茶一九五六年种"。油茶是一种经济作物,其种子可以榨油食用。新中国成立前,我国油茶生产处于半荒废状态。新中国成立后,为了加快油茶生产发展,1953年,当时的政务院下发了《关于发动农民增加油料作物生产》的通知,各地发动群众进行油茶复垦和扩种工作。1953年至1958年,宁波市累计营造油茶林12.75万亩。[1]据了解,此山确曾种过油茶,但现在已砍伐,改种其他树种,而此摩崖,正是那段历史的见证者。其二,岩面左上角自左向右横刻有"民国三十三年"。其字号较小,线条较细,刊刻较浅,应是某人来此游览后所刻。其三,岩面的右上角纵向斜刻有"崇祯伍年"四字。其文字含锋起笔收笔,线条厚重粗实,刊刻深入岩石,气息古朴浑厚,与岩画上"车马大夫"等处文字刻法相同。由此认为,此处岩画虽然存在多次叠刻,但其主体为明崇祯五年(1632)所刻。且此处岩画与长岩岭岩画也有着异曲同工之妙,佐证了笔者此前猜测长岩岭岩画刊刻于明代的判断。

邹山岩画规模宏大,保存基本完好,是宁波境内少有的一处祭祀类民俗活动相关摩崖,且有明代纪年,因此,具有重要的文物和研究价值。

---

[1]《宁波林业志》编纂委员会编:《宁波林业志》,宁波出版社,2016年,第201页。

第五节　女儿岩岩画

女儿岩岩画具体内容见第三章第一节。

第六章

已毁失的宁波摩崖石刻

摩崖石刻属于金石范畴，在历代地方志中均有提及，在其他史料中也会有所记录，但因为自然风化、开山采石、建设工程、植被淹没等原因，很多已经毁失或无从查考，让人惋惜和遗憾。为使读者对宁波摩崖石刻有一个更为全面和深入的了解，此章将依据史志中关于摩崖的记载，追寻和还原已毁失的摩崖石刻，保存历史记忆。对无从查考的摩崖石刻则暂留相关史料，以待今后有缘人查考。

第一节　海曙区已毁失摩崖

1. 弄堂岩摩崖

弄堂岩摩崖题刻位于海曙区横街镇庄家溪村东侧美女山古道边。该古道是横街林村经庄家溪村通往四明山的主要山道，途经姜女山一段时，古道两旁两山对峙，岩壁如同刀劈，天然形成一条狭长的通道，就像城中的弄堂，故有此名。据民国《鄞县通志》记载，弄堂岩摩崖为南宋宝祐四年（1256）汪浩所书。[1] 因建溪下水库，该区域现已没于水位线之下，情况不明。

笔者查阅文保部门相关档案，据1984年的第二次全国文物普查记录所知，摩崖位于其东侧岩壁上。汪浩所书的摩崖未见记录，但从当时所拍摄的老照片可见（图6-1-1），岩壁上另有两块摩崖，并排而列，位置较高。

右侧一块摩崖据照片边题注，其宽约35厘米，高约90厘米，为行书所书写。自上而下，自右而左所刻，共有4列。第一句以"倚天"两字起首，其后文字因拍摄角度不佳，无法看清。左侧一块摩崖为榜书，自右向左刻有"栖霞壁"三字，以隶书所题，应是题名摩崖。

---

[1] 陈训正等：民国《鄞县通志·文献志》第七册，民国二十二年（1933）版，第2166页。

天一阁博物院藏有一张摩崖拓片，虽然拓技不佳，但文字大多可辨："削华龕□，梯引吟啸。疥群□诗，贻千古笈。时宋宝祐丙辰仲春，云岫野人汪浩题石。"铭文和落款各刻3列。宋宝祐丙辰即南宋宝祐四年（1256）。此摩崖落款为汪浩，与《鄞县通志》记载相符，因此，很有可能这张拓片就出自弄堂岩摩崖。但因该区域被水库所淹，无法确认是否真的出自那里，也无法确定弄堂岩摩崖到底有几块，只能留待后人有缘去考证。

2. 周公宅摩崖

这一摩崖未见史籍记载，笔者在1984年第二次全国文物普查期间卢小东先生所拍摄的老照片中发现这一摩崖照片（图6-1-2），据照片旁注所知，位置在周公宅东北面。周公宅原为海曙区横街镇所属村庄，在兴建周公宅水库时，没于水库之下，猜测此摩崖也已在水库之下。

摩崖由上至下，由右向左刊刻，共刻4列，满列13字，全文为："光绪庚子年十一月，温州守鹿□兰□因捕匪至四明山周公宅，同□者善化邹镕□徐辟华，山路崎岖，磨崖纪之，使有来者视此。"以楷书所写。

光绪庚子年，即光绪二十六年（1900）。这一年，温州这座海边小城因神拳会事件而被写进了历史。当年七月，温州平阳的神拳会打出"除灭洋教"的口号，声称自己是北方义和团的一支，捣毁了温州多地的教堂，史称"庚子教案"。清廷急调林祖述任知府，马上进行了镇压，次月，为守的匪首便被捕，但其残余仍存。[1]此摩崖所记为温州守远道而来宁波四明山捕匪，或与此事有关。

---

[1]叶大兵：《温州史话》，浙江人民出版社1982年版，第73—79页。

第二节　江北区已毁失摩崖

阚山摩崖石刻

阚山摩崖石刻原在阚山西麓，文保部门在1992年9月已公布其为市级文保点。因阚山西麓现位于慈湖中学内，因进入校园不易及其他原因，笔者在江北区文保所从事文保工作三年多，也不曾有缘得见此摩崖。

为确认阚山摩崖现状，2022年1月，慈城文史专家钱文华老师专程陪笔者到慈湖中学内寻找此摩崖。据钱老师回忆称，此摩崖大致位于现在学校国旗台之后的山崖上，高约4米，刻有摩崖的岩壁略向上仰。国旗台位于校内唐碑亭东侧，紧靠阚山，台后砌有一道围墙，围墙与山崖之间宽不足1米，仅国旗台右侧小门内可进入，但已被铁丝网所封闭，山间崖壁似乎并无摩崖，且学校在对该区域整修前，也曾对山体进行过整治。阚山摩崖或许就在围墙外的山崖间，笔者无缘寻见，但更大可能已毁于山体的整治中，故先暂将其列在已毁失摩崖名录中。

据现存照片和相关资料，阚山摩崖为自右向左横向刊刻"文武忠孝"四个楷体大字（图6-2-1）。每字宽约20厘米，高约30厘米，前后没有落款。摩崖刊刻时先沿笔画边线进行刊刻，再铲平笔画内底面。此摩崖书写者和年代文保部门定为"待考"。大概有些人认为"待考"两字难以彰显其历史，于是对其赋予了新的文化色彩。有人提出此摩崖为阚泽所书。阚泽（约170—243），字德润。年轻时访师求教，博览群书，有过目不忘之能力。东汉建安五年（200）被举为"孝廉"。孙权称帝后，任尚书令，后拜为太子太傅。其不仅有才学，也深谙武略。曾去曹操处献诈降书，此计被曹操识破后，他面不改色，从容应对，最终在一番巧言后，让曹操信以为真，使吴蜀联军最终在赤壁大败曹军。相传，其曾到过慈城，因喜欢这里背山面湖的美景，便在慈湖北的山下筑宅而居。晚年信佛，东吴赤乌二年（239）便舍宅于寺，在此基础上建起了普济寺，其址也就是今天的慈湖中学。后人为了纪念他，将其宅前的慈湖名为阚湖，称其宅后的山为阚峰山。刊刻此摩崖的岩壁属阚峰山的一部分，因此认为，此摩崖是三国东吴时期阚泽所书。笔者认为，此摩崖内容也不排除和阚泽相关的可能性，但此摩崖与三国东吴时期书法风格不符，要认定此摩崖刊刻于三国东吴时期，尚为时过早，还需更有力的证据来佐证。

另据《宁波市江北区志》所称，"疑为唐代书法家虞世南手迹"。[1]虞世南（558—638），越州余姚县（今慈溪市观海卫）人，隋唐时期曾任秘书监等职。其书法师法二王传统，端庄秀美，外柔内刚，毫无雕饰之气，是初唐四大家之一。其书法有《孔子庙堂碑》等存世，该碑文中也有"文""武""孝"三字及"中"和心字底，但阚山摩崖与之相比较，其书法水平相差较多，志书猜测其与虞世南有关，实欠严谨。摩崖中"文武忠孝"四字位置上下错落，字号大小不一，线条圆润，笔势开张，特别是"孝"字，文字倾斜，笔画收放随意，应属民间书法。

阚峰摩崖下历史上为普济寺旧址，而此书法中笔锋内收，散发出闲静之气，不排除是原寺中僧人所书的可能性。而从其刊刻技法和书迹来看，此摩崖刊刻年代最早不会早于明代，其文物价值也远没有现在所吹嘘的重要。

---

[1]宁波市江北区地方志编纂委员会编：《宁波市江北区志》，浙江人民出版社2015年版，第1430页。

第三节　北仑区已毁失摩崖

金鸡山"江海朝宗"四字摩崖

据《新修镇海县志》记载："'江海朝宗'四字，都督俞大猷勒于金鸡山石壁。"[1]金鸡山历史上属镇海境内，北仑建区后，现属北仑区小港街道，其隔甬江与招宝山对峙，历来是海防战略要点。在中法战争镇海之役中，金鸡山一度是浙江提督欧阳利见的指挥中心，至今山顶还保存有其亲书的"督师御敌处"石碑。

俞大猷（1503—1579），字志辅，福建泉州人，明代抗倭名将。其曾来金鸡山，题写"江海朝宗"四字也在常理之中，只可惜该摩崖至今不曾找到。在近几十年内，随着周边城市化进程，特别是架设招宝山大桥，金鸡山山体变化较大，此处摩崖有可能已经被毁，也有可能仍隐藏在山体的某一处，等待我们去发现。

---

[1]俞樾：光绪《新修镇海县志》卷三十三，清光绪五年（1879）刻本，第18页。

第四节　镇海区已毁失摩崖

招宝山摩崖

镇海区招宝山西北角近山脚处原有仙人洞，又称潮音洞。明代普陀山补陀寺迁来此山后，又改名为观音洞。据《招宝山志》记载，山上有观音洞，其内有两处摩崖，分别为"六国来王处，平倭第一关"十字和明万历壬辰年屠隆等同游后所刻的二十四字。[1]

据《新修镇海县志》记载，"六国来王处，平倭第一关"刻于石洞之左壁。此摩崖何人所书也曾有过争议，"陈景沛案曰：《嘉靖志》：仙人洞内十字明言卢、谭二公己未年所勒。王志注相传为王安石书。岂四百余年前荆公预有是书，至嘉靖时平倭乃勒之耶。"[2]此事在清嘉庆丙子年，即嘉庆二十一年（1816）夏，邑人胡沣舟来游此洞时，曾登梯而上，对摩崖进行清洗和辨认后，在左侧五字后得"北山卢镗书"五小字，右侧五字后得"卢镗书"三小字。由此，这一摩崖题刻由谁所题便再无争议。题字的卢镗（1505—1577），字子鸣，浙江丽水人。明朝抗倭名将。曾来守浙东，为浙江协守副总兵，嘉靖三十六年（1557），因诱诛通倭的主要人物汪直，而以功进都督同知。《招宝山志》记载为明嘉靖己未都督卢镗、镇海道谭纶迁补陀寺于此，题下此十字。可见，这一摩崖原刻于明嘉靖己未即

---

[1]陈景沛：《招宝山志》下卷，民国二十六年（1937）铅印本，第49页。
[2]俞樾：《新修镇海县志》卷三十三，清光绪五年（1879）刻本，第19页。

嘉靖三十八年（1559）。

明万历壬辰年屠隆等同游后所刻的二十四字，据《新修镇海县志》记载为："观音洞石壁书：万历壬辰，山阴朱赓，勾余邵升，明州沈一贯、屠隆同游，镌二十四字：潮来山吼，云起天低。六合内外，浩无端倪。壮哉鳌柱，永镇华夷。"[1]万历壬辰即万历二十年（1592），同游的四位在明朝都颇有名气。朱赓（1535—1609），字少钦，绍兴人，官至明朝内阁首辅大臣。沈一贯（1531—1615），字肩吾，宁波人，诗人，官至明朝内阁首辅大臣。屠隆（1543—1605），字长卿，宁波人，文学家、戏曲家，官至明朝礼部郎中。

另据清《新修镇海县志》记载，洞壁还有"雪涛"两字："'雪涛'二大字勒于仙人洞石壁。案二字陈志稿失载，字勒洞壁，去左右十大字仅丈许，邑人沈开祥剔其旁得北山二字，断为卢镗书。观字势飞动，与左右壁不类，颇近吾乡华工部颜手笔，工部有北山集，遂两疑之，记于此，以俟博考君子。"[2]从陈一鸣先生收藏的旧影来看，招宝山上确有"雪涛"两字摩崖，以楷书纵向书写，其下为"观音洞"三字，自右向左所书。由此可见，"雪涛"两字摩崖原是刻在观音洞洞口之上（图6-4-1）。

可惜的是，1974年镇海港建设期间炸山填海时，观音洞大部分被毁，虽尚有遗迹可寻，但其摩崖均已被毁。1989年，景区利用备战时部队开挖的储水洞，挂牌"仙人洞"匾额，以假乱真，但此洞已非彼洞。

《新修镇海县志》记载，招宝山上原还有楼扶题《沁园春》词，由此认为这也是一处摩崖。其全文为："开辟以来，例有此山，独当怒涛。正秋空万里，寒催雁信；尘寰一簇，轻算鸿毛。小可诗情，寻常酒量，到此应须分外豪。难为水，算平生未有，此番登高。飘飘身踏金鳌，笑终日风波无限劳。看樯乌缥缈，帆归远浦；尘鱼杂沓，网带余潮。待约诗人，相将月夜，取次携杯持海螯。乘桴意，问谁人领解，空立亭皋。"[3]此词为楼扶（1215—1265）所题，其字叔茂，号梅麓，宁波人，楼钥之孙。南宋端平间（1234—1236）为沿江制置司干官，淳祐间（1241—1252）知泰州军事。可见，招宝山上《沁园春》词摩崖是一块宋代摩崖。但此摩

---

[1]俞樾：《新修镇海县志》卷三十三，清光绪五年（1879）刻本，第28—29页。
[2]俞樾：《新修镇海县志》卷三十三，清光绪五年（1879）刻本，第20页。
[3]俞樾：《新修镇海县志》卷三十三，清光绪五年（1879）刻本，第37页。

崖笔者未曾找见。这一摩崖唯有万里云在《游浙东散记》一文中提及，称其在招宝山上见到过此摩崖。但奇怪的是，文中同时提到，他还看到观音洞，以及至今洞壁上还可见的"平倭第一关"题词。[1]但上文已述，"平倭第一关"摩崖在观音洞，并在20世纪70年代已毁。由此，笔者认为，万里云其文并不可信，不排除其未到实地，不加考证随意引用史料的可能性。众所周知，招宝山因建镇海码头，其北侧约三分之一山体已被炸平，《沁园春》词摩崖即使曾经有过，也很有可能由此而毁失。《镇海土地志》提及此摩崖时，认为"今佚"。笔者也认同此观点。

---

[1]万里云:《天涯海角行:万里云游记》，海峡文艺出版社2006年版，第45页。

第五节　奉化区已毁失摩崖

（1）徐凫岩"鞠侯岩"三字摩崖

溪口镇雪窦山徐凫岩壁立千仞，有飞瀑挂于其上，如银河倒泻，至瀑底时，水流已如飞雪，故称为"徐凫溅雪"，为雪窦山一景。据方志记载："鞠侯岩，三大字在徐凫岩上，见宝庆志十四。衡案唐谢道尘已云有猿山寨，谓之鞠侯，疑此是唐刻，故宝庆志已载之。"[1]宋宝庆《四明志》载："徐凫岩……上为鞠侯岩，有三大字刊于上。"[2]

自徐凫岩山顶有楼梯可以直下瀑底，笔者曾特意去徐凫岩寻找摩崖，但找遍瀑布旁山岩，也没有发现摩崖刊刻痕迹。但在寻访过程中也有新的发现和感悟，在离瀑布前不远处有一座民国时期所建的石拱桥，桥下的溪流中有一块巨石，从侧面看酷似一个猴头，脸朝石桥方向。猿猴别称鞠侯，由此，笔者认为，方志中所称因有猿山寨，而名鞠侯，此说不确。鞠侯岩应指这块巨岩，黄宗羲所作《鞠侯》诗有"曾到徐凫境，岩形像鞠侯"[3]。可见，其观点与笔者相同。只可惜此岩周边山岩没有发现摩崖痕迹，如果正如方志所载，曾刊刻过"鞠侯岩"三字摩崖，则也有可能就刊刻在这一巨岩上，但因为溪岸落差较大，笔者无法下到岩边近距离观察，粗看此岩上也没有刊刻痕迹。

---

[1]赵霈涛：《剡源乡志》卷二十二，清光绪二十八年（1902）活字本，第1页。
[2]俞福海主编：《宁波市志外编》，中华书局1998年版，第89页。
[3]徐兆昺：《四明谈助》上册，宁波出版社2003年版，第14页。

（2）丹小山"丹霞"两字摩崖（图 6-5-1）

"丹霞"两字摩崖记载最早见于元延祐《四明志》："丹小山在州西五十里四明山之南，属剡源乡之三石村，有巨石，故名三石。山上有二洞，洞上有'丹霞'二字，如朱书。"[1]三石村属奉化区溪口镇，位于剡溪之旁，是剡溪九曲中的第五曲。丹小山位于三石村后。"丹霞"摩崖在方志中多有记载，如明代《宁波府简要志》："丹小山，上有三巨石，下有洞，刻'丹霞'二字，如朱书。"[2]在个人文章中也有提到，如三石村人、南宋文学家、陈著之子陈沆《剡源九曲图记》："又东而为三石，有巨石三矗溪浒，三峰插云。石室可坐数十人，上有'丹霞'二字俨若朱书，内则有石洞。"[3]元末明初，台州临海诗人陈基曾作诗："五曲粼粼三石溪，云深结屋可幽栖。羽人轻举今何在？空有丹霞古字题。"[4]显然，"丹霞"两字摩崖在历史上是确实存在过的。而且，三石村历史悠久，早在南唐末年，曾任奉化尉的陈堂一族就迁居三石村，为三石村始祖。且此摩崖在元代的方志中已经有记载，因此，此摩崖刊刻年代必定较早，但现在还能找到吗？

丹小山今称洞山，在三石村北侧，自石砌山道上山，至半山，左侧的山谷正如志书所载，确有三块巨石，重叠形如"磊"字，三石村之名便由此而来。如将三块巨石相垒所自然形成的空洞作为第一个山洞，再上山，便可在路右侧看到第二个山洞。一块巨石自山间挑出，下部中空，高约 2 米，其内已被某墓占为己有。此洞之上便是第三个山洞，也是由一块巨石横于山间所形成，其高度与第二洞相仿，但其更为宽大。

山道曲折而上，在经过一小片山间平地后，便被大山所挡，拾级而上，依山建有面阔三间的小屋。其面朝东南，屋后便可见一巨石，其下石面倾斜，形成山洞，洞内北低南高，此洞便是村民所称的丹霞洞。但寻遍丹霞洞及沿途的三个山洞，都不曾找到"丹霞"两字。

巧的是，距丹霞洞约百米，与之平行处的山石颇为奇特，山体上部圆鼓，下

---

[1]袁桷撰：延祐《四明志》卷七，元延祐七年（1320）刻本，第 11 页。
[2]黄润玉纂：《宁波府简要志》，四明丛书本，第 8 页。
[3]《溪口镇志》编纂委员会：《溪口镇志》，宁波出版社 2017 年版，第 688 页。
[4]沈善洪主编：《黄宗羲全集》第 2 册，浙江古籍出版社 2005 年版，第 316 页。

部内凹,其石色与周边及丹霞洞山石不同,石呈白色,局部有黄色流纹。由此猜测,每当特定之时,阳光照在此石上,其石或会呈现红色,丹霞之名应与此类岩石有关,或许"丹霞"二字刻在此山岩上。岩下新建有三间小屋,供奉送子娘娘等神像。小屋依山而建,以山为后墙,并无石洞,寻遍屋内屋外,仍没有找到任何摩崖石刻的蛛丝马迹。"丹霞"两字摩崖又给我们留下了难解之谜。

(3)奉化其他区域摩崖

据《剡源乡志》所载,跸驻有两处摩崖。其一为:"仙灵二字,字大三尺,行书,在跸驻仙灵桥下,'仙灵',款识二行,行书'余不负此景,刻二字以志心赏,宋绍祖'。"[1]跸驻属溪口镇,位于九曲剡溪中的第二曲,有上跸驻和下跸驻之分。仙灵桥在下跸驻村村口,横跨剡溪。按方志所述,"仙灵"两字摩崖刻在桥下的岩石上,但近年对溪流进行整治,现状大变,两岸河坎重新砌筑后整齐划一,溪流水位经拦阻后,保持在高水位,溪石全部没于水下,原仙灵桥也改建为水泥桥,此摩崖不知所踪。

其二为:"四字,字大三尺,行书,在跸驻,云生半壁,款识二行,行书'韵士表棣宋先生匹属,道光己酉毛玉佩书'。"[2]此四字原在剡溪北岸山岩上,1934年造奉新公路时被毁。

据延祐《四明志》载:"毛巅岭,州西六十里,四明山之南,接大小晦,崎岖涧谷,行者艰阻。绍兴初,有毛居士者凿崖以便民旅之往来。竺君大本题其崖曰:'凿破岩崖砥样平,要令民旅得通行。为君题作毛巅岭,留取毛巅千古名。'"[3]另据《剡源乡志》载,奉化俞村毛巅岭书字岩有明万历九年戴洵所书诗刻。[4]从史料中看,毛巅岭应是一条古道,且古道边上曾有两处摩崖。方志中提到的大晦、小晦是奉化溪口俞村附近的两处山岭,1978年兴建亭下水库后,这一带景观发生了很大变化,俞村和小晦都被水库所淹,大晦仅存山头。昔日"行者艰阻"的山区,已经修建了四通八达的公路。毛巅岭古道已难以找寻,摩崖或已被水

---

[1]赵霈涛:《剡源乡志》卷二十二,清光绪二十八年(1902)活字本,第7—8页。
[2]赵霈涛:《剡源乡志》卷二十二,清光绪二十八年(1902)活字本,第8页。
[3]俞福海主编:《宁波市志外编》,中华书局1998年版,第172页。
[4]赵霈涛:《剡源乡志》卷二十二,清光绪二十八年(1902)活字本,第5页。

库所淹。

延祐《四明志》又载:"奉化州,横山,在州西四十里。腰山为路二十五里。有石文若篆,谓之天篆,旁有鲤台,刘阆风有摩崖诗。"[1]刘阆风好游走,宁海多地发现他的足迹和所留下的摩崖。横山位于奉化大堰镇,与刘阆风家乡宁海西店隔山相望,旧有古道相通,不排除刘阆风游玩至横山时在此题诗刻石的可能性。关于此摩崖的位置,《奉化县志》记载更为详细:"西岩村自此以下重山夹峙,曲流二十余里,通谓之横山。横山尽处水深石峭曰题诗岩潭,即元阆风刘题诗刻石处也。流水又东经虎啸王埠头,旧名栲岙,故其溪即谓之栲溪。"[2]横山位于奉化大堰镇下游,只可惜横山一带建起了横水水库,此摩崖已经淹没于水库之下。

萧王庙里应村东曰岭古道边的曰岭夫人像,其史料记载可追溯到宋代,如为自然形成,则不属摩崖造像之列,惜原石在十年特殊时期中被毁。现虽为后人补刻,但常有人将其称为旧刻,故记此一笔。

---

[1]俞福海主编:《宁波市志外编》,中华书局1998年版,第171页。
[2]李前泮修,张美翊纂:《奉化县志》卷五,清光绪三十四年(1908)刊本,第2—3页。

第六节　慈溪市已毁失摩崖

东山"劳堪钓台"四字摩崖

慈溪市观海卫镇北侧有两座东西走向的小山，也称东山。其东侧一座称为营房山，西侧一座称为下宝山。据记载，山上有一块呈方形的巨石，当地称"石抽斗"。传说，当地有一个放牛小孩，曾在这个石抽斗里拿龙袍穿。这块巨石也被称为劳堪钓台。虽然现在下宝山周边是一片稻田，但在历史上山脚下就是海岸线，这里有钓台之称，也理所当然。

劳堪（1529—?），江西德化县（今九江市）人，明嘉靖三十五年（1556）进士，后以都察院右副都御史巡抚福建，逮捕了"乡居武断，夺人产业"的洪朝选，洪朝选在狱中畏罪自缢。其子为父报仇，联络在京官员弹劾劳堪，万历十五年（1587），劳堪被发往慈溪观海卫充军，十年后遇诏赦返乡。著有《宪章类编》《武夷山志》《词海遗珠》等。

劳堪被贬之地，之前史书中记载不详，有宁波说，也有定海说。史学家万斯同在《明乐府洪侍郎序》中提到劳堪谪戍观海卫。而钓台以劳堪为名，或许是其在观海卫十年间经常来此之故。

据《慈溪县志》记载："东山钓台题字……劳堪钓台。"[1]观海卫文史研究专家莫非老师询问了当地八十多岁的老人，确认了被称为劳堪钓台的巨石原位于

---

[1] 杨泰亨：《慈溪县志》卷五十二，清光绪二十五年（1899）刻本，第33页。

下宝山西北角。想必，作为摩崖题名的"劳堪钓台"四字题名摩崖便曾刻于那块巨石之上。

关于这处摩崖题字，还有一段故事，据说，"劳堪钓台"四字特别明显，很远都可以看到，不过，当走近一看，只有一块光秃秃的巨石，看不到任何字迹。《申报》还特意写过文章介绍这一奇特的现象。《慈溪县志》记载："东山钓台题字，刻高五尺五寸，广一尺二寸，一行，正书，径一尺，在观海卫。"[1]可见，"劳堪钓台"四字摩崖是真实存在的。相传其书法梭骨峥嵘、挺拔轩昂。近代著名书法家李叔同、钱罕都对这一摩崖书法称赞不已。可惜我们已无眼福，20世纪70年代，因为修建海塘之需，在此开山取石，劳堪钓台及"劳堪钓台"四字摩崖均已被毁。

---

[1] 杨泰亨：《慈溪县志》卷五十二，清光绪二十五年（1899）刻本，第33页。

第七节　余姚市已毁失摩崖

1. 龙泉山"祭忠台"三字摩崖

明代学士倪宗正《祭忠台》诗说："沧江落日祭宗台,动地风云郁未开。忠节重为天下惜,英魂疑向朔方来。玉堂茅屋心相许,白鹤声猿调转衷。片石嵯峨倚峰顶,野僧时上扫莓苔。"[1]诗中所说祭宗台在余姚城内龙泉山山顶。明正统年间(1436—1449)宦官王振专权,翰林侍讲刘球直陈时政为王振所杀。姚江布衣成器邀集胡伯常等人,在龙泉山顶以此石代祭桌,杀鸡斟酒,诵读祭文,遥祭刘球。此石便称为祭忠台,成为余姚城一景。据《余姚县志》记载:"祭忠台题字,刻高二尺八寸,广一尺,字径九寸。'祭忠台,阳明山人书。'"[2]阳明山人即明代杰出思想家、文学家、军事家、教育家王阳明(1472—1529),其名守仁,字伯安,号阳明子,余姚人。明弘治十二年(1499)中进士,历任贵州龙场驿丞、庐陵知县、两广总督、兵部尚书、左都御史等职,封新建伯,逝后追赠新建侯。有《王文成公全书》传世。王阳明所提出的以"致良知""知行合一"为代表的阳明心学是明朝中晚期的主流学说之一,对日本和东亚影响深远。

现在龙泉山西侧山顶祭忠亭前的山石上确也立有一块山石,中部深凿后,刻有"祭忠台"三字,一旁有落款"阳明山人"四字,所刻内容与方志记载相符。

---

[1]余姚市政协文史委员会编著:《余姚历代风物诗选》,1998年内部印刷,第197页。
[2]孙德祖撰,邵友濂修:光绪《余姚县志》卷十六,清光绪二十五年(1899)刻本,第36页。

但据史料记载,明朝时,余姚一群文士曾集于此,以石为台作祭。从旧影中可见祭忠台是一片横卧的山石,扁平宽大,上部较平,也易设祭,岩石一侧中部先凿一平面后,再纵向刊刻"祭忠台"三字(图6-7-1),与山石浑然一体,且文字背向山下的候青江,面南。而现在山上只有零星的几块山石,"祭忠台"三字所刻的山石呈梭子形,但文字朝向仍面南。

其实,在"文革"中,原"祭忠台"连同王阳明题写的摩崖一同被炸毁,让人痛恨和惋惜。现在所见到刻有"祭忠台"三字的山石是20世纪80年代在原祭忠台遗址上所重立,文字则是依原样所仿刻。

2. 历山摩崖

据《余姚县志》记载,历山原有两处摩崖,一为榜书"敬佛智慧"四字:"历山大龙潭摩崖,刻高九寸,广三尺八寸,横书四字,字径八寸,'敬佛智慧'。"[1]另为榜书"耕隐"两字:"历山摩崖,耕隐,《康熙志》:山方广仅数亩,高寻丈许,山阳石壁镌'耕隐'二字。案元郑彝隐于历山,尝作《后历山赋》,此二字疑即郑彝书。"[2]历山原为一座孤立的小山,其址大概位置在今天余姚市低塘街道历山村舜韵华庭小区。因其石质较好,20世纪50年代末的"大跃进"期间,在此山开山采石,现已夷为平地。山址上现已兴建有住宅小区、厂房、教堂等,历山摩崖也荡然无存。

3. 和山摩崖

据《慈溪县志》所载:"和山石孔潭题字:第一刻高二尺二寸,广七尺,横列径二尺。第二刻高五尺五寸,广一尺一寸一,行径一尺。第三刻高七尺六寸,广三尺一,行径二尺八寸。俱正书,在和山。'水净心澄。山骨真泉。聚星'。"[3]

---

[1] 孙德祖撰,邵友濂修:光绪《余姚县志》卷十六,清光绪二十五年(1899)刻本,第29页。

[2] 孙德祖撰,邵友濂修:光绪《余姚县志》卷十六,清光绪二十五年(1899)刻本,第28—29页。

[3] 杨泰亨:《慈溪县志》卷五十二,清光绪二十五年(1899)刻本,第32页。

可见,和山石孔潭上有三块摩崖。

慈溪市观海卫镇的石孔潭较为著名,原属慈溪县境内,但其边上无和山。据方志所载:"和山,七十里,玲珑屈曲,奇巧如画,下临大江,省城往还船必经此。"[1]大江即指姚江,和山在今余姚市凤山街道蜀山村。村庄虽小,但其东有夜飞山,西有和山,都属于非常低矮的小山包。据了解,原和山的北坡有一个天然石洞,石洞内长年滴着水,山水汇集之处形成了一个水潭,称为石孔潭。即使在干旱时节,一旁的姚江干涸时,此潭中仍有水,全村人便来此取水,颇为神奇。摩崖原来即在此洞内,以"山骨真泉"四字最为显眼。1993年出版的《余姚市志》对此还有记录:"和山石孔潭摩崖题刻,共3处,东首石壁上横镌'聚星';稍西斜壁上直镌'三骨真泉';石孔内壁东横镌'水净心澄',均为楷书,刻于明代。"[2]或许当时是依据慈溪县志所抄录,或许当时此摩崖还尚存。但无论当时这些摩崖是否尚存,和山后来因开山取石,山体逐渐萎缩。从新旧航拍地图对比,现在所遗存的和山山体,只是原山体西部的一小块,显然,位于原北麓的石洞、石孔潭及摩崖题刻皆已被毁。

4. 白水山摩崖

余姚梁弄镇南有白水山,又名白山。相传,山间有一白道人在此诵经修炼,故称。其在余姚城经梁弄入四明山必经之古道边,景色绝佳。山谷间有一帘飞瀑从50余米的高处飞泻而下,如白龙飞天,称为白水飞瀑,俗称白水冲,历代来此游览、吟咏的文人雅士甚多。据《余姚县志》记载:"白水山石壁题名,宝祐三年。宝祐乙卯,暮春之杪,上虞刘用父、山父、龙父、丰德肤、白云山人郭仲休由锡雪回丹山,憩飞瀑之下,分石列坐,浮觞清流,视永和暮春觞咏,其致一也。主山水施若识。"[3]这一题刻,再现了宋代文人仿兰亭雅集,沿溪流而坐,饮酒赋诗的场景,但此摩崖至今未曾找到。

---

[1]阳正笋修,冯鸿模纂:雍正《慈溪县志》卷三,清雍正八年(1730)刻本,第4页。
[2]余姚市地方志编纂委员会编:《余姚市志》,浙江人民出版社1993年版,第918页。
[3]孙德祖撰,邵友濂修:光绪《余姚县志》卷十六,清光绪二十五年(1899)刻本,第14页。

白水山流传最广的是苗启平所题的四字摩崖，其四字的最后一字也略有差别。"白水冲摩崖题刻，瀑布左壁上镌刻行书'白水潺湲'，书者民国余姚县长苗启平，刻于民国18年（1929），在今让贤乡紫溪村"。[1]"白水冲的峭壁原多摩崖石刻，大多年久湮灭，仅存民国十八年县长苗启平题的'白水潺涛'四个字，可供观赏。"[2]也有一说称此四字为"白水潺湲"。苗启平（1895—1958），号允青，江苏睢宁人，民国十七年（1928）四月至民国二十年（1931）五月间任余姚县长。为国民党立法委员。在余姚境内已经发现其题写的"丹山赤水""羊额古道"等摩崖，因此，其非常有可能也为白水冲瀑布题写过摩崖。

　　2016年2月，笔者与家人一起去白水山寻找摩崖，特别关注了沿途溪流周边的岩石、白水冲瀑布两旁的山岩，甚至走到了山上的瀑布口去寻找，都未曾发现摩崖痕迹。

　　现在所找到余姚境内苗启平题写的几处摩崖，均刊刻较深，应该很容易发现，但可惜的是，除了2009年为了旅游开发新刻的"白龙潭"摩崖，未曾发现方志中所记载的两处摩崖。而且白水冲瀑布左侧岩体凹凸错落较大，裂隙和杂草较多，可容刊刻的岩面较为狭窄，如果当初确有刊刻，必定要深凿成平面后再进行刊刻。而瀑布右侧较为光滑平整，且宽度较左侧大几倍，更适宜于摩崖的刊刻。而记载却是左侧，也让人费解。白水山摩崖，只待有缘人去发现。

5. 九龙山摩崖

　　《余姚六仓志》中有两段对九龙山摩崖的记载："九龙山石刻：听玉坡，三字，字径五寸许，横刻山下石壁。浴影潭，三字，字如听玉坡，横刻池左残石。迎仙洞，三字刻石隙左。岩岩石，三字如斗大，刻悬崖左。通玄谷，三字较岩岩石略小，横刻悬崖右。洒砚池，篆三字，字径五寸许，横刻池上石。""东岩记：东岩石室镌谢少宰丕像，右刻东岩自记，草书二十二行，行七字者十七，五行七行十一行二十行皆八字，末行五字。东岩在汝湖之东，登岩则山光水色，与诸峦迥

---

[1] 余姚市地方志编纂委员会编：《余姚市志》，浙江人民出版社1993年版，第917页。
[2] 老剑：《寻圣白水冲》，载李浙杭主编《宁波当代作家散文选（2006—2010）（下）》，宁波出版社2010年版，第678页。

异,余爱之,经营结构垂二十年,厘其景为二十八。自浴影潭至来鸥阁,循级上下几二百步,姚志称为天造之难,非溢美也。景中为点易窦者颇幽,遂命工辟为石室,凿余像于壁间,遵时制用忠靖冠服,来游者见之,辄曰逼真。汝湖门人徐南芝题石屋之楣曰大明汝湖谢先生像,且请余自为记,俾兹像留天壤间,与兹岩同不朽云。嘉靖壬子端阳留园晦老识。"[1]九龙山位于余姚市临山镇九龙山村东,海拔59米,此山有九座山峰遥拱,故名九龙山。因在古汝仇湖之东,故又称为东岩,俗称湖门山。文中提到的留园晦老、汝湖谢先生、谢少宰丕都是指谢丕,字以中,号汝湖,明弘治十八年(1505)进士,授编修。正德初,太监刘瑾祸乱,谢丕被削职为民。嘉靖初,谢丕恢复编修之职。他曾任太常少卿、吏部左侍郎等,去世后,赠礼部尚书。因其为明代宰相谢迁第二子,故称其为谢少宰丕。嘉靖壬子即明嘉靖三十一年(1552)。可见,九龙山上摩崖源起于谢丕归乡后在此建起自己的别墅留园,亦称东岩精舍,其也由此自号留园逸叟、留园晦老、留园野老等。据东岩记按语所记:"按东岩二十八景,今多湮没蒙茸岩略间,可识别者止此七景。"此七景包括听玉坡、浴影潭、仰仙洞、岩岩石、通玄谷、洒砚池六景,每景都刻有题名摩崖,另一景是石室,在石室内凿有谢少宰丕像,右刻东岩自记。但是,此处摩崖至今未曾发现。

6. 严公山摩崖

据《余姚县志》记载:"严公山摩崖。《康熙志》:子陵二十三世孙,唐绛州刺史浚请于玄宗立庙白雪峰,有平石阔数丈,刻'严公山'三大字,苔藓侵剥面,披佛可观。案史浩《客星庵记》云:石壁峭然,勒苏学士题'严公山'三大字,遒古可鉴。"[2]

严公是指东汉著名隐士严光,又名遵,字子陵,自小聪颖,勤奋好学。20岁时,随父去北方,入长安太学学习。与汉光武帝刘秀是同学和好友。刘秀即位后,多次请其为官,但他隐姓埋名,退居富春山。其不图名利的品格为后世所赞

---

[1] 杨积芳:民国《余姚六仓志》第20卷,民国九年(1920)印本,第14—15页。
[2] 孙德祖撰,邵友濂修:光绪《余姚县志》卷十六,清光绪二十五年(1899)刻本,第6页。

誉。其故里就在余姚低塘街道黄清堰村，村南有山，为纪念他称为严公山，又称白云山，俗称面前山。严公山摩崖据县志所载为唐代所刻，而又提到史浩作记和苏学士题字。苏学士即著名书法家、文学家苏东坡。据网上信息，陶婆岭西黄沙湖西南的白云峰峰顶有一块孤立的大石头，其高约 1.5 米，长约 3 米，宽约 1 米，石呈灰褐色，石上隐约可见有"严公山"三字，但风蚀严重，字迹模糊。此摩崖如果被发现，至少是宋代所刻，且与严光相关，价值颇高，但至今也未见官方确认或相关报道，故先列为未发现摩崖。

7. 四窗岩摩崖

余姚市大岚镇大俞村大俞山巅有座长方形悬崖，崖上自然形成深 3 米左右、长 20 米左右的岩洞，面朝西南。天然巨石将岩洞一分为四，而又洞洞相通，四个开口宛如四扇明亮的窗户，故名四窗岩。

据《剡源乡志》记载："四窗，二大字，在四窗岩。衡案唐谢遗尘已云，相传，谓之'石窗'则由来已久，疑此亦唐刻。徐柳泉谓宋元人所作，恐非。"[1]无论是唐代，还是宋元时所刻，明代诗人沈明臣游历四窗岩后，并未记录这处摩崖在其游记中，却提到了另四处摩崖："中岫石一鼓如而平者，题曰'悬鼓'。厂口石一磬如而折者，题曰'垂磬'，中卧者题曰'片云'，厂口平立如壁者而不下，尽题名及岁月。右岫半壁陷者，尺题曰'藏书处'。"并对其有进一步描述："字皆汪生手书，分篆楷行草具，惟'悬鼓'仰书，滴石乳作墨沈云。"[2]

实地考察四窗岩，其洞内石面与镇海钩金塘摩崖所在岩石相仿，岩石犹如结晶状，高低起伏，极为不平整。笔者寻遍洞内外，也未见有摩崖题刻的痕迹。

8. 余姚其他地方摩崖

相传，清代有位老僧路过今天余姚梁弄的斤岭新凉亭下一块石边小憩，提

---

[1]赵霈涛：《剡源乡志》卷二十二，清光绪二十八年（1902）活字本，第 1 页。
[2]黄梨洲：《四明山志》卷八，清康熙四十年（1701）抑抑堂版，第 6 页。

笔在巨石上写下"斤岭"和"阿弥陀佛"字样,写后飘然而去。村民见此,便将其凿刻为字。此摩崖在历代《余姚县志》中都未见记载,仅见于《梁弄镇志》。

自梁弄镇翻岭至鹿亭中姚村正好16华里,古时以16两为一斤,所以称此岭为斤岭。也有一说,即老僧登山至半道休息时,看山岭如一杆秤,而休息处的巨石像是秤砣,便取名斤岭,并题字其上,后来此岩便被称为凿字岩。斤岭上有条古道,是旧时四明山民去梁弄市集,以及沟通余姚、宁波、奉化的交通要道,至今部分古道及路亭等都还保存完好。凿字岩在斤岭下村至半山的它山庙之间,据其岩名,猜测岩上原刻有摩崖的可能性较大,其内容可能为"斤岭"题名摩崖,以及"阿弥陀佛"佛号摩崖。据《梁弄镇志》记载,此岩及摩崖都因"造荷梁公路时被毁"[1]。荷梁公路起于海曙区洞桥镇荷花池,终于余姚梁弄,是四明山区的一条主要的盘山公路。

另据《慈溪县志》所载:"岩宝潭题字……'观泉,伯岩子书'。"[2]岩宝潭在何处已无从考证,因区域几经变更,今天余姚四明山部分区域原属慈溪境内。笔者猜测,岩宝潭很有可能是四明山的某处,故而将此信息暂存为余姚失考摩崖。

[1]《梁弄镇志》编纂委员会编:《梁弄镇志》,浙江古籍出版社2020年版,第634页。
[2] 杨泰亨:《慈溪县志》卷五十二,清光绪二十五年(1899)刻本,第33页。

第八节　宁海县已毁失摩崖

1. 茶山摩崖

据清光绪《宁海县志》记载："'真逸'二字刻盖苍山石上,旧传陶宏景从张少霞游,此'真逸'乃宏景道号,或其自镌云。"[1]"真逸"两字在清乾隆《象山县志》也有记载:"按盖苍山,一名茶山,上有水帘,东有石刻'真逸'二字,即陶弘景……"[2]盖苍山属宁海和象山的界山,因此两地县志中都有记载。因山上产茶,习惯称之为茶山。其山脉范围较大,以摩柱峰为最高,海拔872.6米,山林间风景秀丽,有百丈水、南洞、北洞、观音岩、月边瀑、石船、茶山寺旧址等胜迹。1958年10月,建林场于此,至今仍以产茶山云雾茶而闻名,曾一度开发旅游,改称为东海云顶。

县志中提到的陶弘景(456—536),字通明,南朝齐梁秣陵(今属南京)人。幼年时,其得葛洪《神仙传》,便开始修炼养生。从小勤奋好学,读书万卷,琴棋书画,件件皆精,善作草书和隶书,年少时便颇有名气。不到20岁,齐高帝便特聘他为诸王子侍读。年长后,其不愿为官,淡泊名利,隐逸在南京周边山林之中,潜心研究阴阳五行、医术本草等。他所造的浑天象,进一步印证了张衡在天文学的贡献。梁武帝即位,对陶弘景十分尊崇,每遇大事,必去山中请教,因此,

---

[1]王瑞成修,张浚纂:《宁海县志》卷二十一,清光绪二十八年(1902)刻本,第46页。
[2]姜炳璋等:《象山县志》卷二,清乾隆二十四年(1759)刻本,第1页。

陶弘景有"山中宰相"之誉。相传，其曾远游至茶山。山中原有一地，状如畚斗而得名畚斗湾，为纪念陶弘景到此之游，后改名为陶湾，也称陶公湾。"盖苍山有岩刻'真逸'二字，真逸乃陶洪景道号。"[1]正因为此摩崖"真逸"两字恰巧是陶弘景之号，也难怪《宁海县志》提出"或其自镌云"。但笔者对此并不认同：其一，从字面上理解，"逸"是指安闲、安乐。真逸是指题写者在此融入大自然，放飞了心情，感受到了真正的快乐，题写在茶山某风景佳处，也是顺理成章。其二，如果陶弘景确曾来此云游，也不会仅把自己的道号刻在岩石之上，这不合常理。由此认为，茶山"真逸"摩崖两字即使存在，也不会和陶弘景相关。

茶山上"真逸"两字摩崖是否还在呢？历代都有文人雅士来到茶山寻访"真逸"摩崖。清代文士叶际春也曾专程到茶山寻访，留有《游盖苍山》："为访山林胜，林嫌步履艰。清泉喧谷口，峭石矗云间。径窄人难到，峰高鸟倦还。欲寻陶处士，策仗叩禅关。"[2]从其诗意中看，其也未曾找到此摩崖。《宁海县茶山林场志》在《"旋磨"天象称奇特》一文中，提到"陶弘景还在百丈岩刻石'真逸'"[3]。《宁海县志》的"茶山"一条中记载："山上有百丈岩，相传梁方士陶弘景从张少霞游此。今存刻石'真逸'两字，乃弘景道号。"[4]两书不仅记载茶山上有"真逸"两字的摩崖，而且也确定了至今尚存茶山百丈岩。而2007年宁波市非物质文化遗产田野调查时，在采访茶山村蓝风村余永立时，他说："今天登上茶山，可见观闰（音）岩东侧的陶湾，石刻'真逸'二字犹存。"[5]陶湾在桃花溪景区的最深处，有月边瀑等景观。无论在百丈岩还是陶湾，"真逸"两字摩崖似乎真的存在，2008年所立的《茶山茶事碑》也明确写上了"南朝陶弘景游于此，有'真逸'刻石在焉"[6]。按理说，"真逸"两字摩崖如果保存完好，这一处重要文化遗迹在《宁海县茶山林场

---

[1] 洪颐煊著，徐三见点校：《台州札记》，中国文史出版社2004年版，第35页。
[2] 《宁海县茶山林场志》编委会编：《宁海县茶山林场志》，浙江人民出版社2012年版，第323页。
[3] 《宁海县茶山林场志》编委会编：《宁海县茶山林场志》，浙江人民出版社2012年版，第331页。
[4] 宁海县地方志编纂委员会编：《宁海县志》，浙江人民出版社1993年版，第783页。
[5] 《甬上风物：宁波市非物质文化遗产田野调查·宁海县力洋镇》，宁波出版社2008年版，第6页。
[6] 《宁海县茶山林场志》编委会编：《宁海县茶山林场志》，浙江人民出版社2012年版，第196页。

志》中即便不作重点介绍，也会单独提到，但翻遍此书，却没有更多记述。其实，当地文保部门、地方史研究者、茶山职工一直在寻找"真逸"两字摩崖，但至今谁也没有见过这一摩崖。

2021年五一节期间，妻子开车送笔者去宁海茶山，与赶来的宁海童相兵夫妇、任亚亚、曹炜、陈增辉等一起相约到茶山寻访摩崖，先后到了喜鹊潭、美女瀑、西滴水、东滴水、月边瀑、南洞、北洞。其中月边瀑就位于观音岩东侧的陶湾，是桃花溪沿线最深处的一个景点，也是余永立所提到"真逸"摩崖所在地，但是找遍周边，仅在瀑布西侧巨石上找到2012年10月所刻的一处摩崖："千里桃花坑，峻崎天地生。千仞舞银蛇，万壑泣鬼神。用平。二〇一二年十月。"（图6-8-1）用平即马用平，原是宁海城关中学老师，在宁海多处风景名胜地都刻过自撰的诗文摩崖。南洞和北洞不在桃花溪上，北洞石质风化严重，其山石就如同由小方石堆砌而成，显然不易刊刻摩崖。而南洞一旁的岩石与北洞不同，其石质细腻，一旁的巨石像是一刀斜劈而下，无不让人感叹大自然的力量。两山间仅容一人通过，两侧山壁平整，高达十余米，自然形成一线天美景，其周边有多处位置都是刊刻摩崖的绝佳位置，但同样没有发现历史上留存下来的摩崖。其中，在一线天内，岩壁上左右分布有三块新刻的摩崖，均与一旁南洞前兴建小庙捐款有关。此行虽然因时间关系，没去百丈岩和百丈水，但就在此行前一星期，童相兵老师已经特意两次去那里寻找摩崖，也是一无所获。

以史料记载为依据，笔者也相信茶山曾刻过"真逸"两字，但现在所传此摩崖尚存的信息，难免让人怀疑以讹传讹。此摩崖或许已风化，淹没在历史的长河中，或许还在茶山某处，静待有缘人去找寻。

2. 宁海其他地方摩崖

据民国《台州府志》记载："留云观海四字摩崖，右摩崖在宁海县浮玉山浮玉洞旁，细字剥落，惟崇祯九年桂月六字可辨，宁海新志稿著录。"[1]此为明崇祯九年（1636）所刻的榜书题刻摩崖。宁海县七市乡小梅枝村东南方有一座山，

---

[1] 喻长霖：《台州府志》卷九十一，民国二十五年（1936）版，第19页。

海拔200余米,大致呈南北走向,因形如卧狮,其头在南,尾在北,故称其为狮子山。即使当地也很少有人知道此山便是古籍中所称的浮玉山。方志记载其摩崖为"留云观海",因此,在洞中必定能看到海。此山东朝大海,西北旧为海湾,因此,在山上任何一个位置,在历史上都可以看到海,浮玉洞在山的任何一侧都有可能。村民几十年不曾上山,只是全凭儿时游玩的记忆,称山上有好几个洞。浮玉山的山石主要分布在五座山峰,洞在哪座山峰下?哪个才是浮玉洞?哪个洞中有摩崖?已无人知晓。

浮玉山山坡陡峭,林木茂盛,根本没有山路可寻。为寻找浮玉洞摩崖,2021年12月间,笔者在宁海好友童相兵、曹炜、任亚亚及狮子山庄童老板等人的协助下,走访当地知情人士,并三次从不同位置上山,对五个山峰都进行了实地调查。分别在最南侧第一、二座山峰间的东侧山坡下找到了一个山洞,洞口圆形,高约一人,宽约2米,洞深约2米。在第四座山峰东坡峰顶下找到了一个山洞,宽约6米,高10余米,深约6米。在第五座山峰西坡峰顶下也找到了一个山洞。但寻遍几个石洞的周边山崖,都没有发现摩崖的痕迹。

据《宁海县志》记载:"'瀛岩'二字刻亭头山石壁,宋祥符间郑世雄题。旧志作高述,误。路旁写字岩又镌有诗,今磨灭不可辨。"[1]《宁海县文化志》对其纪年记载更为精确:"越溪亭头上鹰嘴岩上镌'瀛岩'二字,款题宋大中祥符二年(1009),郑世雄题。"[2]如果此摩崖至今尚存,将成为宁波有纪年摩崖中最早的一处。经查,亭头山在宁海县越溪乡北,亭头山隔白溪与越溪村相望,山体向南伸向白溪。其最尖处称为鹰嘴岩,因其山下就是宁松线,在拓宽此公路时,摩崖被毁,十分可惜。

宁海县深甽镇大蔡村摩崖,据村民回忆,在原村口的岩壁上。此摩崖不见方志记载,但当地有传言称,谁若能识得此千字文,谁便能高中状元。但20世纪八九十年代时,摩崖所在山岩因村中建房被毁。

据县志记载,"硖石门山石壁有刻字,语怪不可读"[3]。硖石门原在深甽镇至大里村间的古道上,是一处标志性景观,其岩石如门,故称,但因建造公路被毁。

---

[1]王瑞成修,张浚纂:清光绪《宁海县志》卷二十一,清光绪二十八年(1902)刻本,第48页。
[2]宁海县文化广播电视局编:《宁海县文化志》,1993年内部印刷,第121页。
[3]王瑞成修,张浚纂:清光绪《宁海县志》卷二十一,清光绪二十八年(1902)刻本,第46页。

在《宁海县志》记载的摩崖中，有四处刊刻位置今已属台州境内，故只列现状，不再详述，存毁情况如下：一、"大奎洞三字在娄坑贵人山巅石洞中，俗传仙人所镌。山麓平畴中有石大如屋，相传有令重九日经此石，自山飞堕与前，乃镌飞来石三字于石，西面又镌'跃龙'二字。"[1]大奎洞今名大辉洞，今属台州市三门县珠岙镇娄坑村，洞中确有"大魁洞"三字摩崖。而"飞来峰"三字据记载为明县学曹学程所书，已毁。二、"峰环水带四大字镌后畈村左路西崖壁，旁镌雍正己酉知宁海县事郭文志书。"[2]此摩崖原在三门县后畈村，毁于"大跃进"时期。三、"峰回路转四字，镌小桐岩村，前临溪，石壁上高十余仞，字大径二尺，笔势飞舞遒劲，嘉庆初陈令鹏南题。"[3]此摩崖在三门县境内，扩建临三公路时被毁。四、"衣香履迹四字，镌桐岩岭东路旁石壁，郭令文志书，两旁细字磨漫不可辨，半岭上镌'保障'二字，陈令鹏南书。"[4]此两处摩崖也在三门县境内，其中"保障"两字也毁于扩建临三公路时。"衣香履迹"四字今天尚存，为邑人陆鑫所书。

《宁海县志》"福兴寺"一条载："福兴寺，在东四十里南溪……寺后有石镌岩镌十余字，不可辨。"[5]南溪今称东南溪村，在宁海县茶院乡，福兴寺又称福圣寺，1958年为建南溪水库迁往大梁山，其原址已没入水库，此摩崖或也没入水中。

据相关记载，桥头胡龙潭村、龙宫倒挂布袋、梁皇山梁皇溪畔、白峤岭宝剑岩、桑洲白岩寺山后等地，也刻有"南无阿弥陀佛"摩崖。其中，除白峤岭摩崖已被发现外，其他地方是否有摩崖仍不可确定。

---

[1] 王瑞成修，张浚纂：清光绪《宁海县志》卷二十一，清光绪二十八年（1902）刻本，第48页。

[2] 王瑞成修，张浚纂：清光绪《宁海县志》卷二十一，清光绪二十八年（1902）刻本，第48页。

[3] 王瑞成修，张浚纂：清光绪《宁海县志》卷二十一，清光绪二十八年（1902）刻本，第48页。

[4] 王瑞成修，张浚纂：清光绪《宁海县志》卷二十一，清光绪二十八年（1902）刻本，第48页。

[5] 王瑞成修，张浚纂：清光绪《宁海县志》卷二十二，清光绪二十八年（1902）刻本，第19页。

第九节　象山县已毁失摩崖

1. "东谷"题名摩崖

象山县旧城东北的东谷属山间峡谷地带,曾是县城与象北之间,以及渡象山港到宁波去的重要交通要道。据明嘉靖《宁波府志》记载:"东谷,县东四里,岩壁有'东谷'二字,世传罗隐经此而书。"[1]民国《象山县志》引用钱沃臣《蓬岛樵歌》:"城东三里铁溪,又名锦溪,有四板桥,溪旁崖石如壁,刻'东谷'二字,大二尺余,罗隐书也。"[2]

罗隐(833—909),唐代文学家,字昭谏,号平山、江东生,浙江富阳人。早年功名不第,有退隐之心,故更名为"隐"。曾任湖南幕府、衡阳主簿等职。光启三年(887),任钱塘令、司勋郎中、给事中等职。其才气纵横,愤世嫉俗,疾恶如仇,被民间所推崇。在象山丹城、西周、泗洲头、儒雅洋等地,流传着他的很多故事。

可惜,20世纪50年代,东谷一带兴建水库,东谷所在崖壁有被炸之险,幸有当地好事者将此摩崖整体取下,藏于城东起春庙,但庙宇在几次维修中,辗转多处。象山文史研究者虽进行过寻找,但不曾找到,据知情者回忆,今埋于庙前台阶之下。如有一天,能重见天日,则也不负当年好事者保存古迹之心。

"东谷"两字县志多称为罗隐所书。清雍正元年(1723),象山人钱志朗对此摩崖称赞不已,曾作诗:"一径溪桥窄,有客此题壁。莫作布衣悲,千秋高仰格。想见

---

[1]俞福海主编:《宁波市志外编》,中华书局1998年版,第489页。
[2]陈汉章:民国《象山县志》点校本,方志出版社2004年版,第1098页。

罗平山,伤心端正驿。"[1]罗平山,即指罗隐。晚清书法家、湖州人温纯(字一斋),不知从何得到东谷摩崖拓片,他将此拓片寄赠著名书法家梁同书,梁同书收到后,回札中写道:"手拓唐碑寄老夫。"看来,他也认可"东谷"两字是唐代罗隐所书。

清乾隆年间象山人倪象占在《蓬山清话》中,并没有一味跟着志书定为罗隐所书:"旧志称罗隐经过所书,然不勒名,无可考也。"[2]此后,关于"东谷"两字何人所书,学者也提出不同的说法。其中,有赵善晋之说,称东谷原有东谷泉亭,为宋嘉定十二年(1219)县令赵善晋所建,认为此摩崖也是由其所题。也有黄思路之说,称元末象山人黄思路,别字东谷,称其遍游名山大川,认为其以所居之地取其字,也有可能是其所书。

"东谷"属地名,也不会有人将自己的别字刻成摩崖,显然,黄思路之说并不可信。今仅浙江图书馆藏有一份"东谷"摩崖的拓片(图6-9-1),[3]其宽56厘米,高97厘米。从照片中看,"东谷"两字为纵书、楷体,没有上下款,笔画较粗,线条厚重,结体平正,呈左紧右松之势,书写者并非普通民众,必定是常习书法之人。其线条内刊刻并不深,也并非圆底,应是平底的可能性较大。此摩崖与宁波其他地区的摩崖相比较,笔者也认为可能不是唐代罗隐所书,或属宋人遗迹。

2. 蓬莱山蓑衣岩摩崖

据宝庆《四明志》:蓬莱山西麓蓑衣岩上有古篆数行,不可识。象山人倪象占《象山杂咏》:"山中真逸本华阳,翠壁双题錾盖苍。若解蓑衣岩上篆,真名今在应真乡。"[4]可见,蓑衣岩摩崖是真实存在过的,而且此文因是"古篆"无法识别。

蓬莱山又称炼丹山、丹山,位于象山旧县城西,《四明谈助》云:"西麓有蓑衣岩,岩壁篆书数行,不可识,疑异人笔也。"[5]据当地老人回忆,蓑衣岩俗称水

---

[1] 象山县政协委员会编:《象山历代诗选》,三秦出版社1995年版,第104页。
[2] 倪象占:《蓬山清话》,载象山县地方志编纂委员会编《象山县地方文献丛书》,中华书局2010年版,第27页。
[3] 张利民、邵鹏编著:《名人与象山(象山县政协文史资料)》,浙江科学技术出版社2009年版,第27页。
[4] 象山县政协委员会编:《象山历代诗选》,三秦出版社1995年版,第145页。
[5] 徐兆昺著,桂心仪等点注:《四明谈助》,宁波出版社2003年版,第1524页。

牯岩。自山下溪流溯流而上，可见此岩就在山腰的溪流之旁。其位置大概在今彭姥岭，但彭姥岭隧道和象西线的开通，使这一带面貌大改，今已成为象山城西的交通要道，蓑衣岩摩崖估计已经在工程建筑中被毁，蓑衣岩上古篆文也成了永远解不开的历史谜团。

3. "陈侯所憩"四字摩崖

据民国《象山县志》："摩崖'陈侯所憩'四大字，存。道光县志：四大字，正书，径尺许，在上张村道左石壁上，旁摩陈天祥题。按《秩官·注》：盖万历十三年（1585）任象山者。今在陈隘官路傍龙角岩，旁有'万历□年□月立'字。"[1] 从记载中看，原来上张村旁应有一处明代万历年间的"陈侯所憩"四字榜书摩崖。上张村在象山西周镇，县志中提到的官路，曾是通行于两山之间的狭长地带，自北向南连接莲花、潘埠、湖边、陈隘、上张等村落，一直通往儒雅洋乡。但由于兴建上张水库以及修路，龙角岩和摩崖等均已毁。

4. 象山其他地方摩崖

据《南田县志》记载："鱼山云石，山脊石岩重叠堆积如云，同知杜冠英镌刊二字曰'岫云'。""大佛头山，山多鹿鹤，飞翔舞跳，花雨缤纷，称为海中第七十福地，同知杜冠英刊有'如来幻相'四字。"[2] 杜冠英（1840—1890），字芸生，安徽黄山人，清代抗倭名将。清光绪三年（1877）任浙江玉环同知，同年到宁波镇海，协同海防事务，建立起威远、靖远、镇远等炮台，加强了海防。1883年10月，任职宁镇营务处，架设了宁波到镇海的通信线路，为中法战争的胜利发挥了巨大的作用。其为官清正，做了大量基础性工作，使百姓安居乐业。县志中提到的鱼山今称为渔山，大佛头山在花岙岛，都属于海防前线。由此猜测，如县志中所记载的摩崖存在，则当属杜冠英为巡视海防后所题写，但这两处摩崖至今都不曾被发现。

---

[1] 陈汉章：民国《象山县志》点校本，方志出版社2004年版，第1124页。
[2] 吕耀钤、历家祯等：民国《南田县志》卷三十四，民国十九年（1930）印本，第59—60页。

图版

图 1-2-1

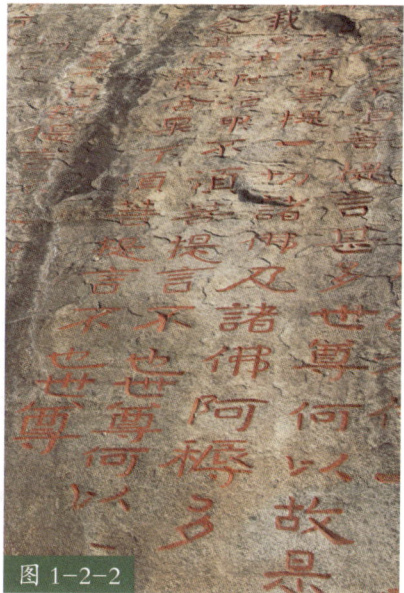

图 1-2-2

图 1-2-3

图 1-2-4

图 1-2-5

图 2-1-1

图 2-5-1

图 2-5-2

图 2-5-3

图 2-5-4

图 3-1-1

图 3-1-2

图 3-1-3

图 3-1-4

图 3-1-5

图版

图 3-1-6

图 3-1-7

图 3-1-8

图 3-1-9

图 3-1-11

图 3-1-10

图 3-1-12

图 3-1-14

图 3-1-15

图 3-1-13

图 3-1-16

图 3-1-17

图 3-1-18

图 3-1-19

图 3-2-1

宁波摩崖石刻

图 3-3-1

图 3-3-4

图 3-3-2

图 3-3-5

图 3-3-3

图 3-3-6

图 3-3-7

图 3-3-8

图 3-3-9

图 3-3-10

图 3-3-11

图 3-3-12

图 3-3-13

图 3-3-15

图 3-3-14

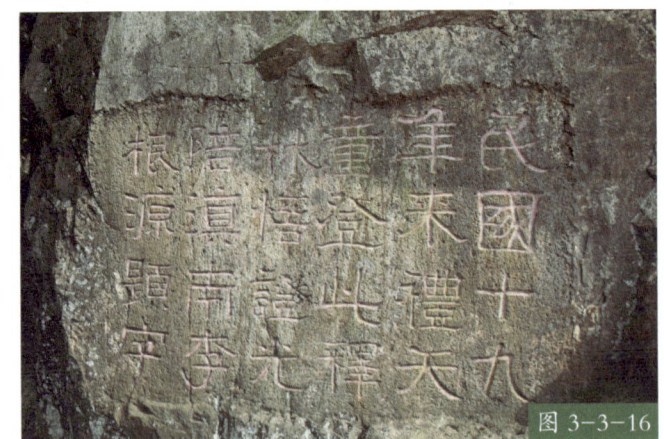

图 3-3-16

图 3-3-17

图 3-3-18

图 3-3-19

图 3-3-20

图 3-3-21

图 3-3-22

图 3-3-24

图 3-3-23

图 3-3-25

图 3-3-26

图 3-3-27

图 3-3-28

图3-4-1

宁波摩崖石刻

图 3-5-1

图 3-5-2

图3-5-3

图3-5-4

图 3-5-6

图 3-5-5

图 3-5-6

图 3-5-7

注：右图为镇海区"三普办"拍摄

图 3-6-1

图 3-6-2

图 3-6-3

图 3-6-4

图 3-6-5

图版

图 3-6-6

图 3-6-7

图 3-6-8

图 3-6-9

图 3-6-10

图 3-6-11

图 3-6-12

图 3-6-13

图 3-6-14

图 3-6-15

图 3-6-16

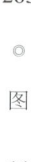

图版

图 3-6-19

图 3-6-17

图 3-6-18

图 3-6-20

图 3-6-21

图 3-6-22

图 3-6-23

图 3-6-24

图 3-7-1

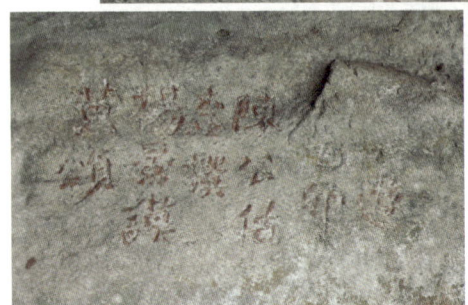

图 3-7-2

图 3-7-3

图 3-7-4

图 3-7-5

图 3-7-6

图 3-7-7

图 3-7-8

图 3-7-9

图 3-7-10

注：左图为慈溪市"三普办"拍摄

图 3-7-12

图 3-7-11

270

宁波摩崖石刻

图 3-7-13

图 3-7-14

图 3-7-15

图 3-8-1

图 3-8-2

图 3-8-3

图 3-8-4

图 3-8-5

图 3-8-6

图 3-8-7

图 3-8-8

图 3-8-9

图 3-8-11

图 3-8-10

图 3-9-1

图 3-9-2

图 3-9-3

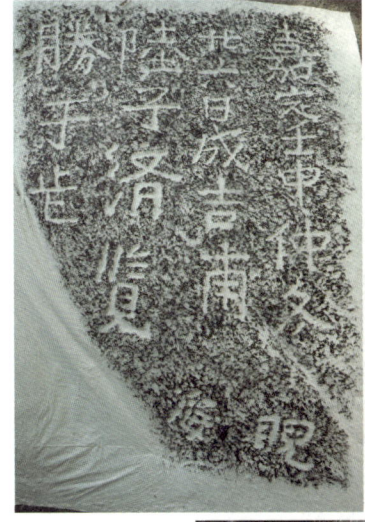

图 3-9-4

277
○ 图版

图 3-9-5

图 3-9-6

图 3-9-7

图 3-9-8

图 3-9-9

图 3-9-10

图 3-9-11

图 3-9-12

宁波摩崖石刻

图 3-9-13

图 3-9-14

图 3-9-15

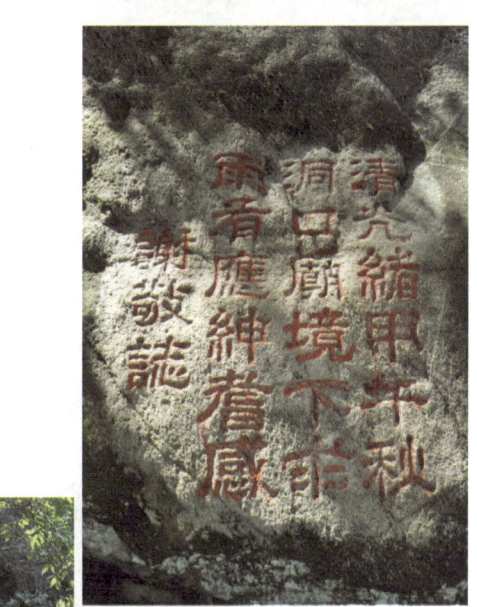

图 3-9-16

图 3-9-17

图 3-9-18

图 3-9-19

图 3-9-20

图 3-9-21

图 3-9-23

图 3-9-22

图 3-10-1

图 3-10-2

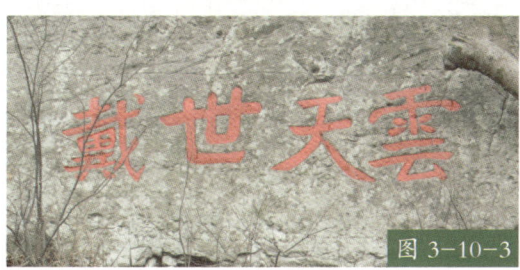

图 3-10-3

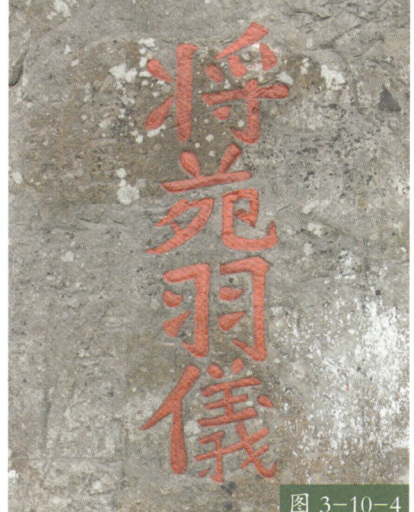

图 3-10-4

图 3-10-5

图 3-10-6

图 3-10-7

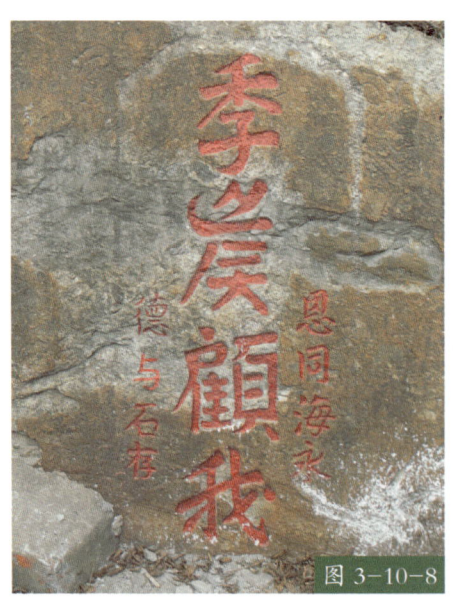

图 3-10-8

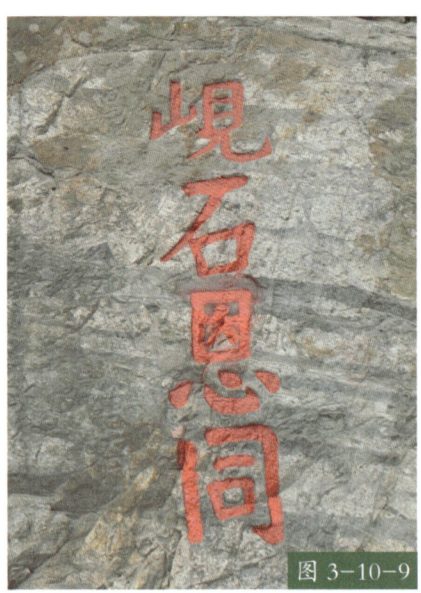

图 3-10-9

图 3-10-10

图 3-10-11

图 3-10-12

图 3-10-13

图 3-10-14

图 3-10-17

图 3-10-15

图 3-10-18

图 3-10-16

图 3-10-19

图 3-10-20

注：上图载 2016 年 8 月 5 日《今日象山》（吴伟峰摄）

图 3-10-21

图 3-10-22

图 3-10-23

图 4-1-1

图 4-1-2

图 4-1-3

292

○ 宁波摩崖石刻

图 4-1-4

图 4-1-5

图 4-1-6

图 4-1-7

图 4-1-8

图 4-1-9

宁波摩崖石刻

图 4-1-10

图 4-1-11

图 4-1-12

图 4-1-13

图 4-1-14

图 4-1-15

图 4-1-16

图 4-2-1

图 4-1-17

图 4-2-2

图 4-2-3

图 4-2-5

图 4-2-4

宁波摩崖石刻

图 4-3-1

图 4-3-2

图 4-3-3

图 4-3-4

图版

图 4-3-5

图 4-4-1

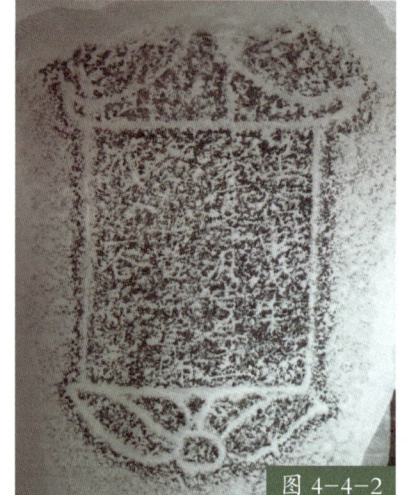

图 4-4-2

图 4-5-1

图 4-6-1

图 4-7-1

图 4-7-2

图 4-7-4

图 4-7-3

图 5-1-1

图 5-1-2

图 5-1-3

图 5-1-4

图 5-1-5

图 5-1-6

宁波摩崖石刻

图 5-1-7

图 5-2-1

图 5-2-2

图 5-3-1

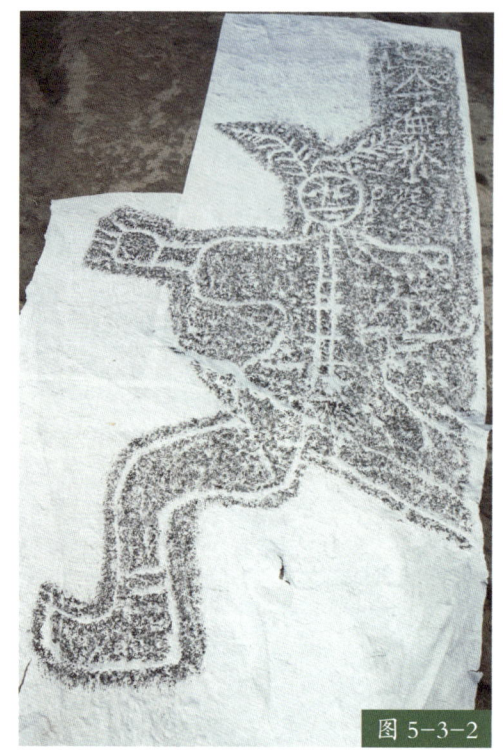

图 5-3-2

图 5-3-3

图 5-3-4

图 5-3-5

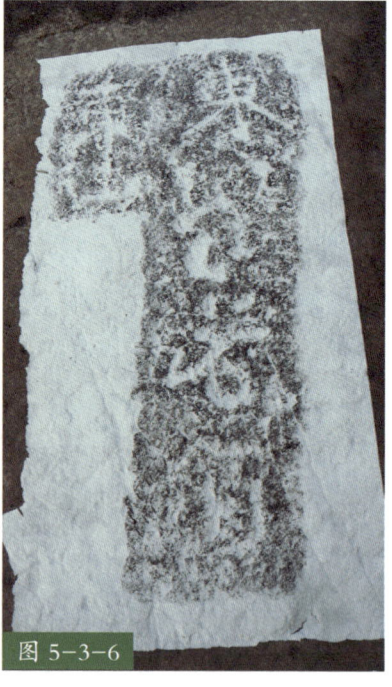

图 5-3-6

图 5-3-7

图 5-4-1

图 5-4-2

图 5-4-3

图 5-4-4

图 6-1-1

图 6-1-2

图 6-2-1

图 6-4-1

图 6-7-1

图 6-5-1

宁波摩崖石刻

图 6-9-1

笔者与友人在实地考察宁波摩崖期间的合影

附录　宁波现存摩崖石刻总表

序号	摩崖名称	所在地点	年代	文物级别	备注
1	屏风岩"四明山心"四字摩崖	海曙区章水镇杖锡村	一说为汉代，一说为宋代	区县（市）级文保单位（1986）	公布文保单位时隶属于鹿窠摩崖群
2	字岩下村"四明山心"四字摩崖	海曙区章水镇字岩下村	据考为明末清初之前	区县（市）级文保点（2005）	—
3	"再来石"三字摩崖	海曙区章水镇杖锡村	南宋开庆元年（1259）夏	区县（市）级文保单位（1986）	隶属鹿窠摩崖群
	"诃佛"两字摩崖		依"再来石"摩崖纪年定为南宋		
	"中峰"两字摩崖				
	经文摩崖				
	中峰偈语摩崖				
	西岩偈语摩崖				
	"三峡"两字摩崖				
	"醉泉"两字摩崖				
	"潺湲洞"三字摩崖				
	"浴心"两字摩崖				
	"过云"两字摩崖	海曙区章水镇李家坑村百步阶自然村			
4	女儿岩元祐三年摩崖	海曙区横街镇芝岭村	北宋元祐三年（1088）	—	宁波已知有准确纪年的两块北宋摩崖石刻之一
	女儿岩岩画		疑为北宋元祐三年（1088）		—
	女儿岩小字"佛法"摩崖		—		—
	女儿岩大字"佛法"摩崖		—		—
5	天井岙"元吉在上"四字摩崖	海曙区龙观乡天井岙村	清嘉庆七年（1802）秋	区县（市）级文保单位（2007）	郭文志书
6	狮子潭"显赫"两字摩崖	海曙区横街镇惠民村	疑为明代	区县（市）级文保点（2010）	文物层面归余姚市管理
7	武陵山摩崖造像	海曙区横街镇武陵山	明正德九年（1514）	—	—
8	石佛亭摩崖	江北区慈城镇东观庄村白鹤山	疑为宋代	"三普"发现，未正式登录	—
9	阚山摩崖石刻	江北区慈城镇阚山	—	市级文保点（1992）	未寻见

续表

序号	摩崖名称	所在地点	年代	文物级别	备注
10	"佛"字摩崖	鄞州区东吴镇天童森林公园	疑为民国	—	朱祖柄书
	常荣清等纪游摩崖		民国二年（1913）六月六日	"三普"登录点	常荣清等
	"崖洞天成"摩崖		民国六年（1917）二月		徐蔼堂书
	"惠源"题名摩崖		不早于民国	—	区县（市）级文保点"玲珑洞"保护范围内，为新发现
	"佛"字摩崖		—	—	
	"盘陀石"题名摩崖		疑为民国	区县（市）级文保点（2010）	—
	"悟心洞"摩崖题刻		民国二十三年（1934）	区县（市）级文保单位（2010）	净心书
	"洞外有天然喜"摩崖		疑为民国		
	林贯之等纪游摩崖		南宋庆元三年（1197）	—	林贯之等
	陈克甫等纪游摩崖		南宋嘉定三年（1210）	—	陈克甫等
	方子万等纪游摩崖		南宋宝庆年间（1225—1227）	—	方子万等
	"天然台"题名摩崖		民国	—	周庆云书
	"仙人井"题名摩崖		疑为民国	"三普"登录点	登录时为"仙人井"组成部分
	"飞来峰"题名摩崖		疑为民国		—
	王一亭诗刻摩崖		民国十四年（1925）六月		王一亭书
	蔡雨潮诗刻摩崖		民国十五年（1926）九月	区县（市）级文保单位（2010）	蔡雨潮书
	"如"字摩崖		民国二十六年（1937）夏		—
	李根源纪游摩崖		民国十九年（1930）		李根源书
	"变化密移"摩崖		民国十五年（1926）夏		文质书
	"晒经台"摩崖			—	—
	"观音洞"题名摩崖		疑为民国	区县（市）级文保单位（2010）	公布时为"观音洞水月亭"组成部分
	"拜经台"摩崖			—	—

序号	摩崖名称	所在地点	年代	文物级别	备注
11	"佛迹"题名摩崖	鄞州区五乡镇鄮山	民国六年(1917)	"三普"登录点	—
	念佛岩题名摩崖		—	—	—
	"南无阿弥陀佛"六字摩崖		—	—	—
	"仙书岩"题名摩崖		清	—	畹荃书
	"飞来石"题名摩崖		民国	—	褚德彝书
	"损岩"题名摩崖		早于清咸丰年	—	—
12	"阿弥陀佛"四字摩崖	鄞州区横溪镇亭溪岭	—	市级文保单位(2018)	公布时为"亭溪岭古驿道"组成部分
	"南无"两字摩崖	—	明万历六年(1578)		
13	大梅山"梅仙岩"题名摩崖	鄞州区横溪镇清塘村	明代或更早	区县(市)级文保点(2005)	—
14	小普陀摩崖及造像	鄞州区东钱湖霞屿山	南宋	区县(市)级文保单位(1986)	—
15	云南山摩崖造像	东钱湖韩岭村云南山		市级文保点(2013)	
16	"毗婆尸佛"摩崖	北仑区大碶街道先锋村灵峰山	—	—	—
	"尸弃佛"摩崖		—	—	—
	"俱那含牟尼佛"摩崖		—	—	现被泥土所覆盖
	"拘留孙佛"摩崖		—	—	—
17	梵文摩崖	镇海区招宝山	—	区县(市)级文保点(2000)	—
	艾氏墓碑摩崖		—	"三普"发现,未正式登录	
18	巾子山"钩金塘"三字摩崖	镇海区招宝山街道招宝山和巾子山之间	清乾隆十三年(1748)六月	省级文保单位(1989)	公布时为"后海塘"组成部分
19	"日涉成趣"四字摩崖	镇海区招宝山街道梓荫山	民国二十五年(1936)冬	"三普"登录点	陈德法书
	张久照等纪游题刻摩崖		清嘉庆九年(1804)八月	—	张久照等
	"惩忿窒欲"四字摩崖		南宋嘉定十三年(1220)	区县(市)级文保点(2011)	冯柄书
20	凤翼山"听涛"两字摩崖	镇海区九龙湖镇河头乡郎家坪	清光绪十七年(1891)	"三普"登录点	吴引孙书

续表

序号	摩崖名称	所在地点	年代	文物级别	备注
21	钱中扬墓园"玲珑"两字摩崖	镇海区九龙湖镇横溪村	民国六年（1917）夏	"三普"登录点	钱宝儒书
22	筹市岭摩崖	镇海区九龙湖镇塔山	—	"三普"发现,未正式登录	—
23	"醒狮"两字摩崖	奉化区锦屏山	疑为民国	"三普"登录点	—
24	"烟声"两字摩崖	奉化区溪口镇雪窦山	明崇祯十五年（1642）	区县（市）级文保点（2003）	吴梦泰书
	千丈岩筑路纪功摩崖之一		民国五年（1916）秋		沈皆诚书
	千丈岩筑路纪功摩崖之二		疑为民国		—
	"乐不"两字摩崖		民国五年（1916）		沈皆诚书
25	"清音"两字摩崖	奉化区溪口镇雪窦山十八折古道	疑为元代	—	中峰书
	"宴坐岩"三字摩崖		—	—	—
	禅鉴大师诗摩崖		—	—	—
	《中夏书怀》诗摩崖		—	—	—
	惠靖赋摩崖		—	—	—
	"古雪窦"三字摩崖		—	—	—
	《游上雪窦》诗摩崖		—	—	—
	残文摩崖		—	—	—
26	武岭学校"武岭幽胜"四字摩崖	奉化区溪口镇	民国二十年（1931）春	省级文保单位（2011）	公布时为"武岭学校"组成部分。蒋介石书
27	"佛国"两字摩崖	奉化区江口街道甬山	—	—	—
	"西径"两字		—	—	—
	"磐陀石"三字摩崖		—	—	—
	"屋石"两字摩崖		—	—	—
	"心"字摩崖		—	—	奉江居士书
	"问心石"三字摩崖		—	—	—
	甬山岩洞摩崖		民国四年（1915）		
28	白象山"石泉"两字摩崖	奉化区岩头村	清	—	毛玉佩书
	"岩溪"两字摩崖		—	—	—
29	石井龙潭"嘘气成云"四字摩崖	奉化区大堰镇石井村	民国二十年（1931）六月	—	—

续表

序号	摩崖名称	所在地点	年代	文物级别	备注
30	右军石砚题刻	奉化区溪口博物馆	清	列为可移动文物	毛玉佩书
31	白杜摩崖造像	奉化区西坞街道白杜村	—	—	—
32	栲栳山石谷亭摩崖	慈溪市桥头镇栲栳山	北宋熙宁八年（1075）	区县（市）级文保点（1986）	宁波已知最早一块有纪年摩崖石刻
33	佛迹洞摩崖题刻（1）	慈溪市龙山镇达蓬山	南宋隆兴二年（1164）	省级文保单位（2011）	宁波已知最早一块南宋纪年摩崖，宁波已知有纪年摩崖年代排名第三
	佛迹洞摩崖题刻（2）		南宋淳熙九年（1182）	—	—
	佛迹洞摩崖题刻（3）		清康熙三十五年（1696）	—	秦宗游书
	达蓬山摩崖造像		疑为宋元时期	—	—
	"灵台自若"四字摩崖		清康熙五十九年（1720）春	—	—
34	梅湖"寿"字摩崖	—	—	区县（市）级文保点（1986）	—
35	"渐入"两字摩崖	慈溪市龙山镇伏龙山	疑为宋代	区县（市）级文保单位（2003）	—
	"莫退"两字摩崖				—
	"无量寿佛"四字摩崖				—
	"玉莲岩"三字摩崖				—
	"涌岊"两字摩崖				—
36	"紫霞洞"题名摩崖	慈溪市观海卫镇鼓楼山	疑为明代	—	玄谷书
37	洞山寺古道摩崖	慈溪市掌起镇任佳溪村洞山寺古道	—	—	—
38	小桃花岭古道摩崖	慈溪市龙山镇河头村小桃花岭古道	—	"三普"登录点	—
39	"南无阿弥陀佛"小字摩崖	慈溪市龙山镇河头村夹岙岭古道	—	"三普"登录点	—
	"南无阿弥陀佛"大字摩崖		—	—	—

续表

序号	摩崖名称	所在地点	年代	文物级别	备注
40	"龙泉"两字题名摩崖	余姚市龙泉山	民国	—	堵福诜书
	王阳明诗摩崖			—	
41	羊额岭"羊额古道"四字摩崖	余姚市梁弄镇羊额岭	民国十九年（1930）十月	—	苗启平书
42	北斗湾"阿弥陀佛"四字摩崖	余姚市梁弄镇北斗湾	—	—	—
	助建羊额庵摩崖		明嘉靖五年（1526）	—	—
43	"鼎新潭"三字题名摩崖	余姚市大隐镇章山村鼎新潭	清顺治十二年（1655）	区县（市）级文保单位（2010）	王绣书
	"其泽配天"四字摩崖		清乾隆二十七年（1762）		窦忻书
44	临山镇"麟山第一泉"五字摩崖	余姚市临山镇南岭路	清	区县（市）级文保点（2004）	陈梓书
45	何胜村助建拱桥芳名摩崖	余姚市梨洲街道雁湖村何胜自然村	清康熙五十八年（1719）	—	—
46	柿林村"丹山赤水"四字摩崖	余姚市大岚镇柿林村	民国十九年（1930）	区县（市）级文保点（2014）	苗启平书
47	胡公岩摩崖造像	余姚市阳明街道胡公岩	明至民国	省级文保单位（2005）	—
	观音殿东侧摩崖		疑为民国		
	"佛光普照"四字摩崖		民国二十四年（1935）		胡世铝书
	"无量寿佛"四字		—		
	胡公组雕摩崖		疑为明嘉靖四十年（1561）		—
	胡公像左侧摩崖		疑为民国		
	胡公像右侧摩崖		民国三十五年（1946）		黄冑书
	"皆大欢喜"四字摩崖		民国二十三年（1934）		俞赞书
	"死于安乐"四字摩崖		疑为民国		
	白居易诗摩崖		—		
	白居易诗右侧诗句摩崖		—		
	弥勒亭外悬崖摩崖		民国		
	济公亭人物坐像摩崖造像		明至民国		
	"我佛慈悲"四字摩崖		民国二十五年（1936）		毛迪甫书

续表

序号	摩崖名称	所在地点	年代	文物级别	备注
47	"东林道范"四字摩崖	余姚市阳明街道胡公岩	疑为民国	省级文保单位（2005）	—
	"胡公岩"三个行书榜书大字		明嘉靖三十四年（1555）		李伯生书
	观音赞摩崖		疑为民国		—
	"圣泉"两字摩崖		民国十八年（1929）	—	苗启平书
48	石台山石台联句摩崖	宁海县城关石台山	南宋庆元二年（1196）	区县（市）级文保点（2011）	胡融书
	"远瞻"后摩崖		疑为南宋		仅少数字可见
49	淳熙十五年摩崖	宁海县西店镇桶盘山	南宋淳熙十五年（1188）	—	刘倓书
	嘉定五年摩崖		南宋嘉定五年（1212）		
	刘倓诗作摩崖		南宋	—	刘倓书
	题刻摩崖		—		
50	天门山白岩阿铭摩崖	宁海县西店镇桥棚村	南宋绍熙四年（1193）		刘倓书
51	阆风山香岩铭并序摩崖	宁海县西店镇礼村阆风山	南宋嘉熙四年（1240）		叶梦鼎书
	阆风山摩崖题记		南宋绍熙四年（1193）	—	
52	石屏山摩崖	宁海县西店镇石屏山	元大德二年（1289）		宁波已知唯一一块有纪年的元代摩崖。哈剌䚟书
	《题樟林寺》摩崖		疑为北宋	—	
53	狮子山摩崖	宁海县深甽镇沙地村	南宋庆元元年（1195）		—
54	新岭"头上青天"四字摩崖	宁海县新岭	清乾隆五十四年（1789）	区县（市）级文保点（2011）	郭文志书
55	新岭"民具尔瞻"四字摩崖	宁海县一市镇新岭脚村	清道光九年（1829）	—	曹炳辉书
56	松岩潭摩崖	宁海县梅林街道兰丁村	清光绪二十年（1894）	—	
57	"石龙窦"三字摩崖	宁海深甽镇龙宫村石龙窦	疑为宋代	—	
	"水晶宫"三字摩崖			—	
58	寿宁寺袖石摩崖	宁海县跃龙街道港头村	疑为宋代	—	

续表

序号	摩崖名称	所在地点	年代	文物级别	备注
59	"禁潭界"三字摩崖(1)	宁海县深甽镇清潭村	—	—	—
	"禁潭界"三字摩崖(2)		—	—	—
	"放生潭"三字摩崖		—	—	—
60	"阿弥陀佛"四字摩崖	宁海县城关白峤岭	—	—	—
	绍定五年"阿弥陀佛"四字摩崖		南宋绍定五年（1232）	—	—
	康熙三十七年题记摩崖		康熙三十七年（1698）	—	—
	"县东岭"三字摩崖		—	—	—
61	"求"字摩崖	宁海县深甽镇避火岗	—	—	—
62	钻山摩崖造像	宁海县梅林街道东岙村	明嘉靖四年（1525）	—	—
63	长岩岭岩画	宁海县前童镇柘湖杨村	疑为明代	—	—
64	邹山岩画	宁海县跃龙街道赵家山村	明崇祯五年（1632）	—	—
			民国三十三年（1944）	—	—
65	"视卒当如婴儿"六字摩崖	象山县石浦镇二湾	明万历二十一年（1593）	区县(市)级文保单位（1984）	单椿书
	"云天世戴"四字摩崖		—		—
	"将苑羽仪"四字摩崖		—		—
	"严侯永瞻"四字摩崖		明崇祯九年（1636）		—
	"石存恩在"四字摩崖		明崇祯九年（1636）		—
	"松屏蒲藩"四字摩崖		—		文字难识
	"季侯顾我"四字摩崖		—		—
	"岘石恩同"四字摩崖		—		—
66	"沧海恩波"四字摩崖	象山县石浦镇江心寺后	—	区县(市)级文保点（2010）	—
	"恩绩如山"四字摩崖		—		—
	"世侯永乾"四字摩崖		—		—

续表

序号	摩崖名称	所在地点	年代	文物级别	备注
67	"游春径"三字摩崖	象山县丹城丹山	—	区县(市)级文保单位(1990)	—
	"占鳌头"三字摩崖		—		—
	"招鹤峰"三字摩崖		—		—
	"流华涧"三字摩崖		—		—
	"洗心池"三字摩崖		—		—
	"移情台"三字摩崖		—		—
	"眠云坞"三字摩崖	象山县丹城丹山	—	区县(市)级文保单位(1990)	—
	"飞霞洞"三字摩崖		—		—
	"蓬莱胜境"四字摩崖		—		—
68	"仙岩"两字摩崖	象山县南韭山岛	—	—	—
	"逸仙洞"题名摩崖		—	—	—
	"东南半壁"四字摩崖		—	—	—
69	高头山摩崖	象山县鹤浦镇黄金坦村保安洞寺	疑为清咸丰年间	"三普"登录点	—
70	"白龙潭"题名摩崖	象山县鹤浦镇白龙潭	民国二十六年(1937)四月	区县(市)级文保点(2007)	梁翼镐书
	"天下奇观"题刻摩崖		—		
71	大百丈岩画	象山县鹤浦镇大百丈村	—	省级文保单位(2011)	—
72	百花洞岩画	象山县石浦镇金屏社区	疑为宋代	区县(市)级文保点(2010)	—

注:"三普"即第三次全国文物普查。

后　记

　　2007年，适逢第三次全国文物普查启动，笔者被招入市文保所（今称宁波市文化遗产管理研究院），从事文物普查和文保工作。2011年调入江北区文保所后，也从事文保工作。2013年底，因故愤而辞职，恰有宁波服装博物馆登报招聘，便应聘从事了五年博物馆工作。2019年又调入鄞州区文保中心，继续从事文保工作。十余年来，虽然工作几经变动，但主要从事文保工作，一直没有离开文博系统。因个人兴趣爱好所至，尤为关注宁波金石资源。摩崖作为金石文化中不可或缺的重要组成部分，一直是笔者研究的重点对象。笔者利用工作契机和业余时间，几乎遍访宁波大市范围内的摩崖石刻，对全市摩崖石刻现状有所了解。

　　摩崖石刻有着太多的独特性，多处在深山密林之中，不易寻找，多因风化严重、草木遮挡等原因使文字难以辨认，多因以讹传讹而只知其一不知其二。长久以来，资料的欠缺和错误，认知的肤浅和片面，致使宁波摩崖石刻不被重视，即使从事地方文史研究者对宁波摩崖石刻也了解不多，甚至存在"宁波摩崖石刻没啥价值"的观点。

　　记不清多少次日出而行，日落而归，多少次独自一人在空寂的山林间苦苦找寻，多少次披荆斩棘，清洗掉摩崖上的厚厚污垢和苔藓，才换来对宁波摩崖石刻较为全面的了解，但也越来越觉得有责任将宁波摩崖石刻进行系统的梳理，有责任为宁波摩崖石刻正名，有责任呼吁全社会关注和保护宁波摩崖石刻。受宁波市哲学社会科学发展规划领导小组垂爱，宁波摩崖石刻研究被列入2021

年度宁波文化研究工程,得到研究和出版扶持,又得到鄞州区文学艺术界联合会、鄞州区文艺评论家协会、宁波出版社的鼎力支持,始有此书问世。

此书付印之际,首先要感谢著名书画篆刻家沙更世先生为本书题名,感谢好友陈英浩先生为本书作序,感谢仇柏年、曹炜、吴伟峰、陈绍波先生为本书提供部分照片。回顾十余年摩崖石刻的调查和研究,始终得到相关领导、前辈师长、亲朋好友的支持和帮助,他们甚至陪笔者一起爬山寻访摩崖。感谢邵斌、史晓卿、成风、任茹文、田荣华、水银、严雪松、徐兆丰、金琪军、应芳舟、程健捷、朱永宁、沈建国、程洪波、钱文华、童相兵、葛俊俏、任亚亚、陈一鸣、徐高、石唯辉、王群、莫非、邵宏国、郑道平等先生对笔者开展此项研究的帮助。

有些摩崖笔者尚未见到,或已毁失;有些摩崖只闻其名,未见其影;有些摩崖仍存于山中,但未能所知。因摩崖石刻寻找难度较高和个人水平有限,此书仍有不少遗憾,也难免差错,期待有识之士加以补正。

李本侹

2022 年 8 月 12 日于六源斋